一蓑煙雨任平生

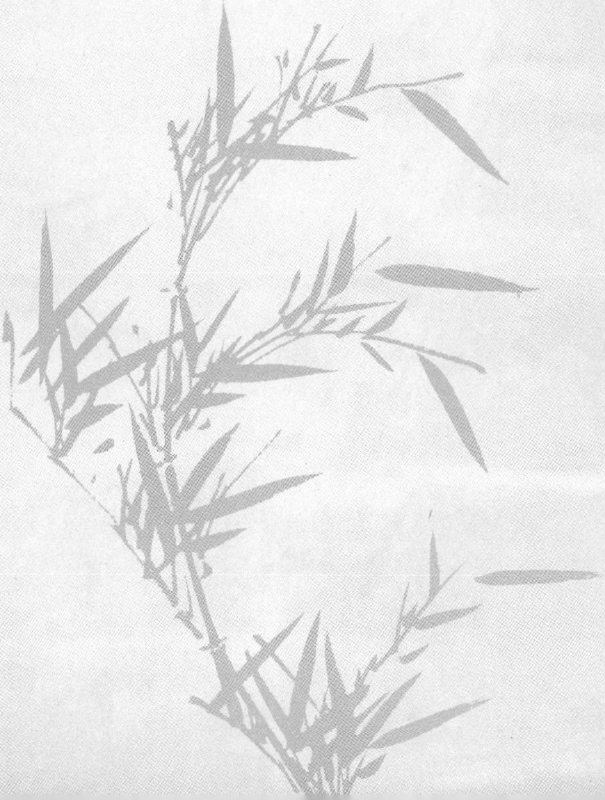

遇見東坡，是因緣

有趣的靈魂吸引有趣的人

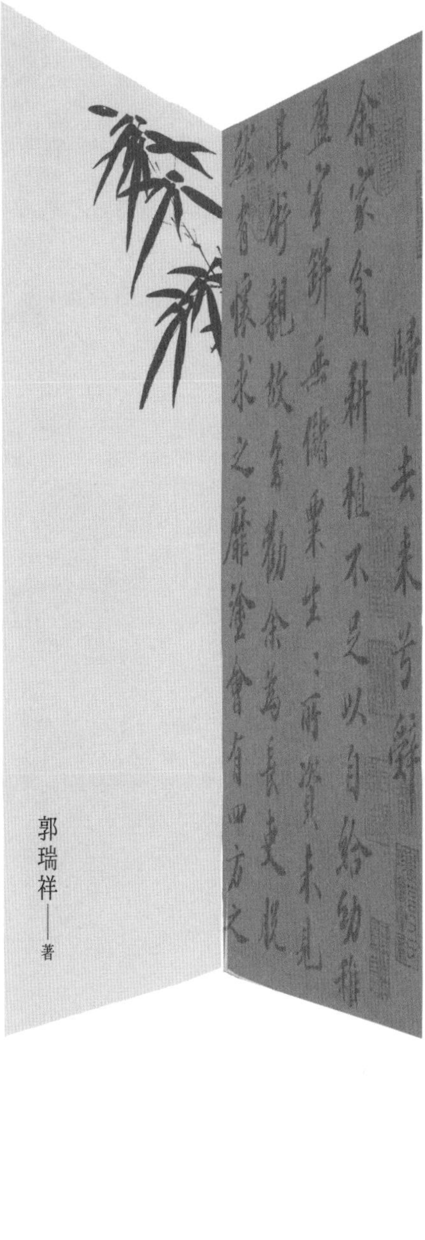

郭瑞祥——著

元・趙孟頫《蘇軾小像》北京故宮博物院

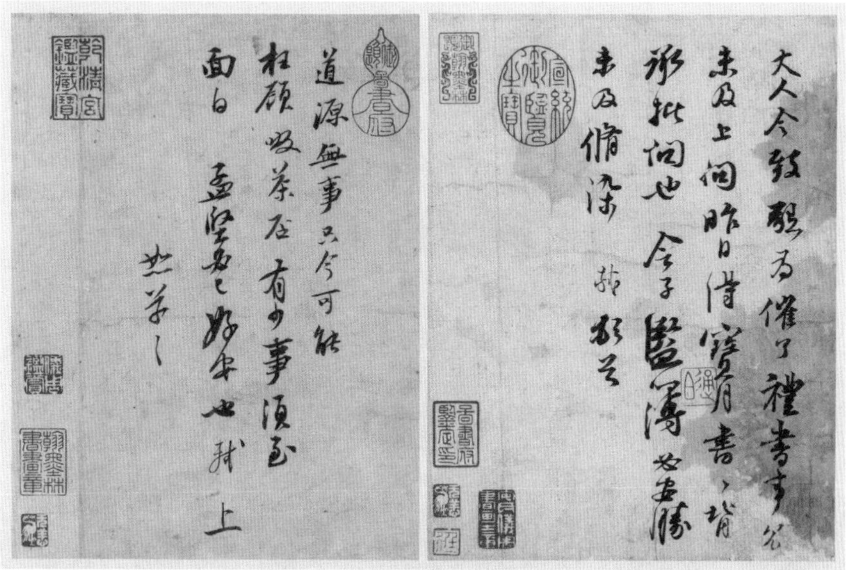

宋．蘇軾《寶月啜茶二帖》國立故宮博物院

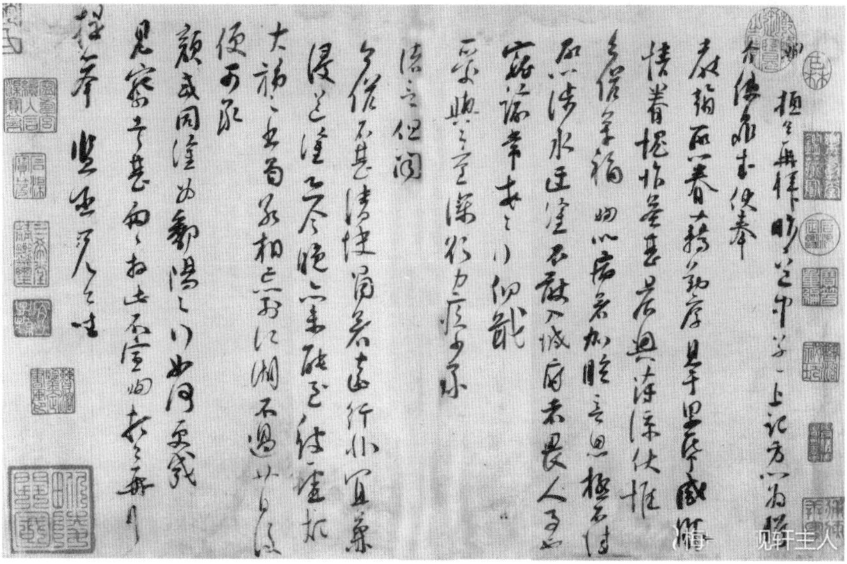

宋．蘇洵《致提舉監丞帖》國立故宮博物院

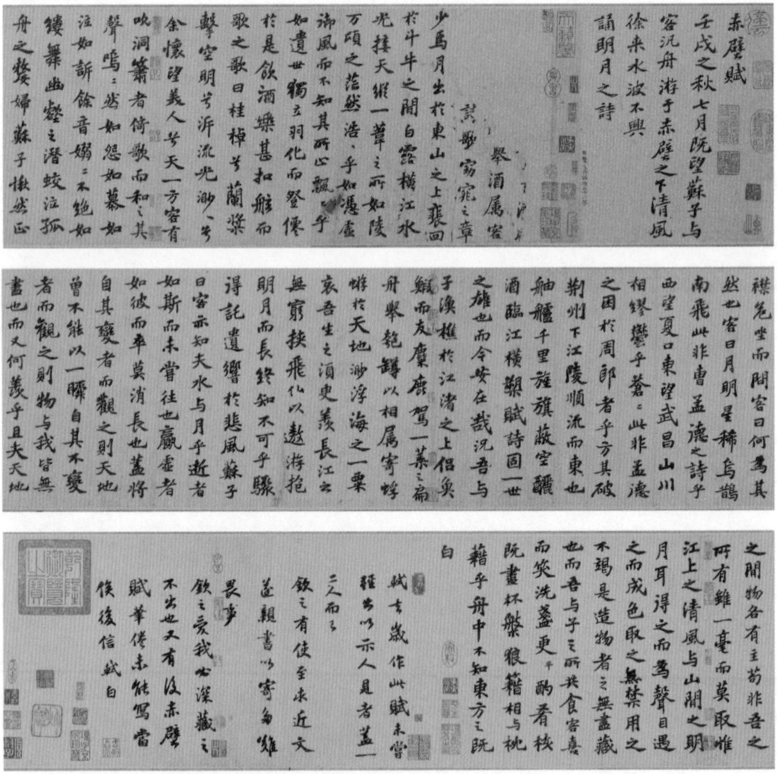

宋・蘇軾《前赤壁賦》國立故宮博物院

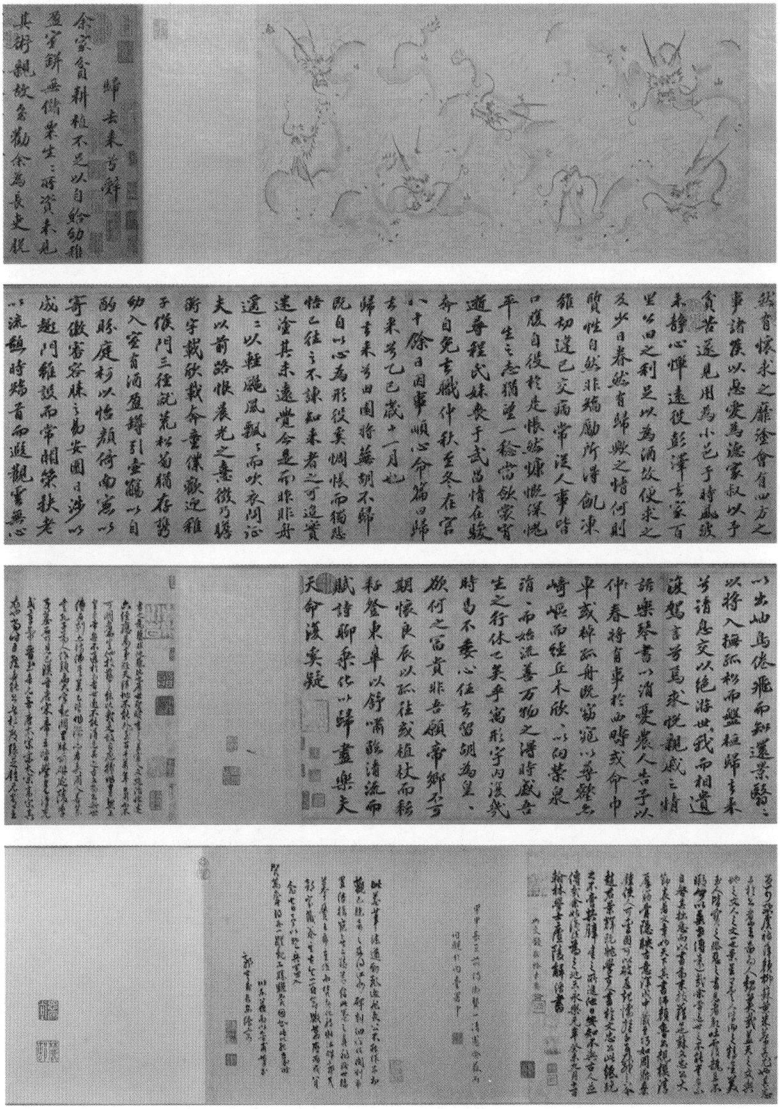

宋・蘇軾《歸去來兮辭》國立故宮博物院

宋 • 趙佶《文會圖》國立故宮博物院

宋・文同《墨竹圖》國立故宮博物院

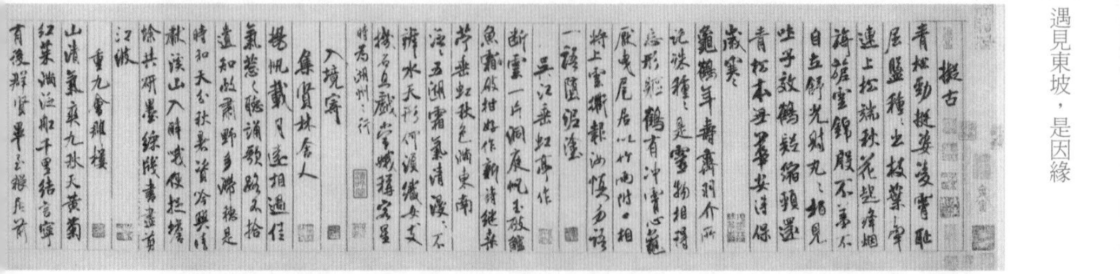

宋・米芾《蜀素帖》國立故宮博物院

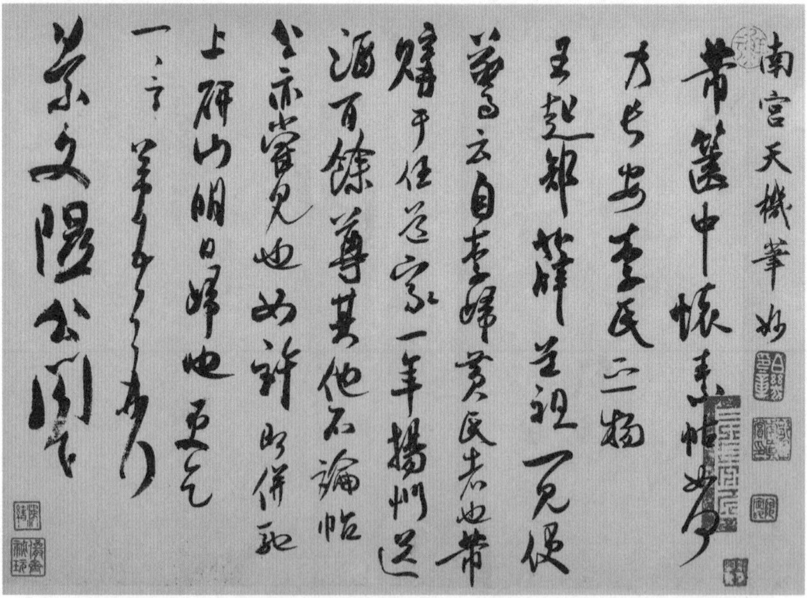

宋・米芾《篋中帖》國立故宮博物院

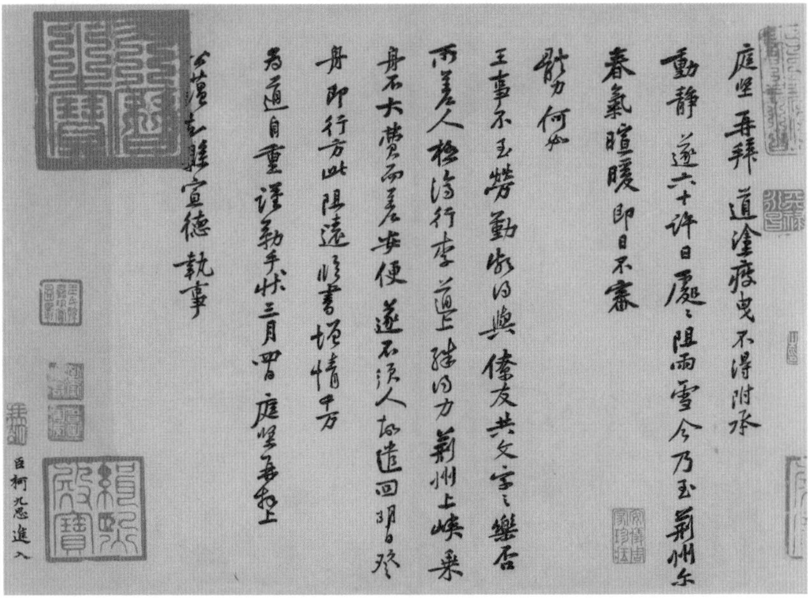

宋 · 黃庭堅《荊州帖》國立故宮博物院

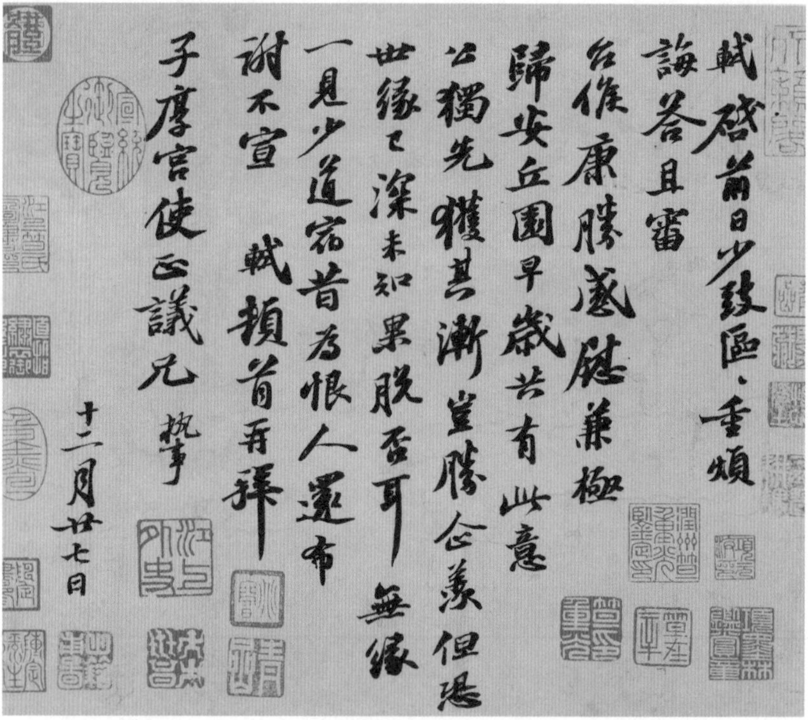

宋・蘇軾《歸安丘園帖》（又名《致於厚宮使正議尺牘》）國立故宮博物院

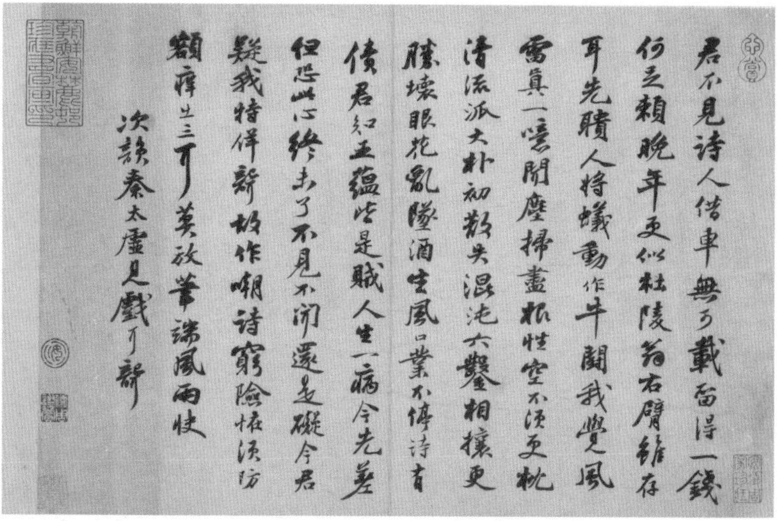

宋 · 蘇軾《次韻秦太虛見戲耳聾詩帖》國立故宮博物院

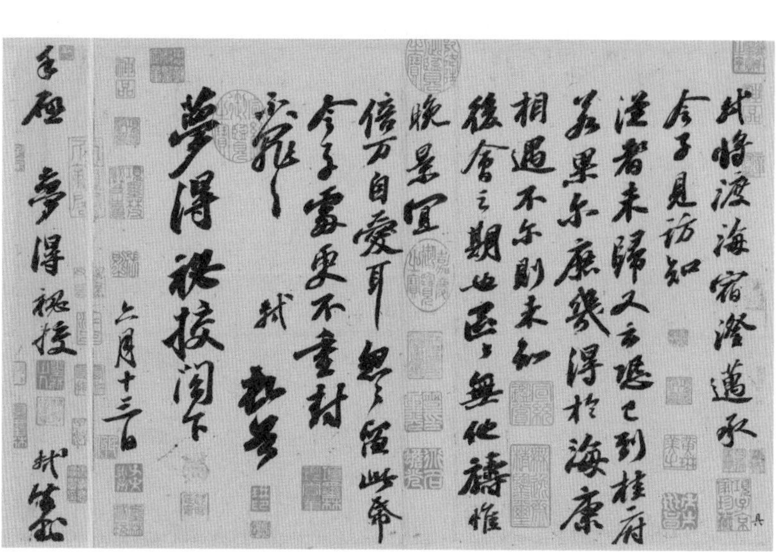

宋 · 蘇軾《渡海帖》（又名《致夢得祕校尺牘》）國立故宮博物院

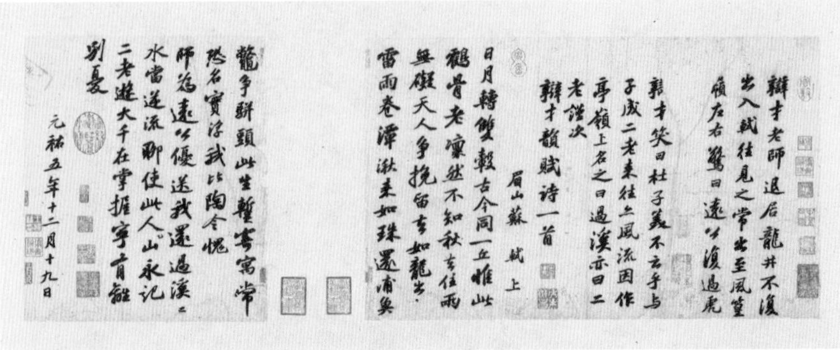
辯才老師退居龍井不復
出入軾往見之常出至風篁
嶺左右驚曰遠公復過虎
溪矣辯才笑曰杜子美不云乎與
子成二老來往亦風流因作
亭嶺上名之曰過溪亦曰二
老謹次
辯才韻賦詩一首
眉山蘇軾上
日月轉雙轂古今同一丘惟此
鶴骨老凜然不知秋去住兩
無礙天人爭挽留去如龍出山
雷雨卷潭湫來如珠還浦魚
鱉爭駢頭此生暫寄寓常
恐名實浮我比陶令愧
師為遠公優送我還過溪溪
水當逆流聊使此山人永記
二老遊大千在掌握寧有離
別憂
元祐五年十二月十九日

宋 ‧ 蘇軾《次辯才韻詩帖》國立故宮博物院

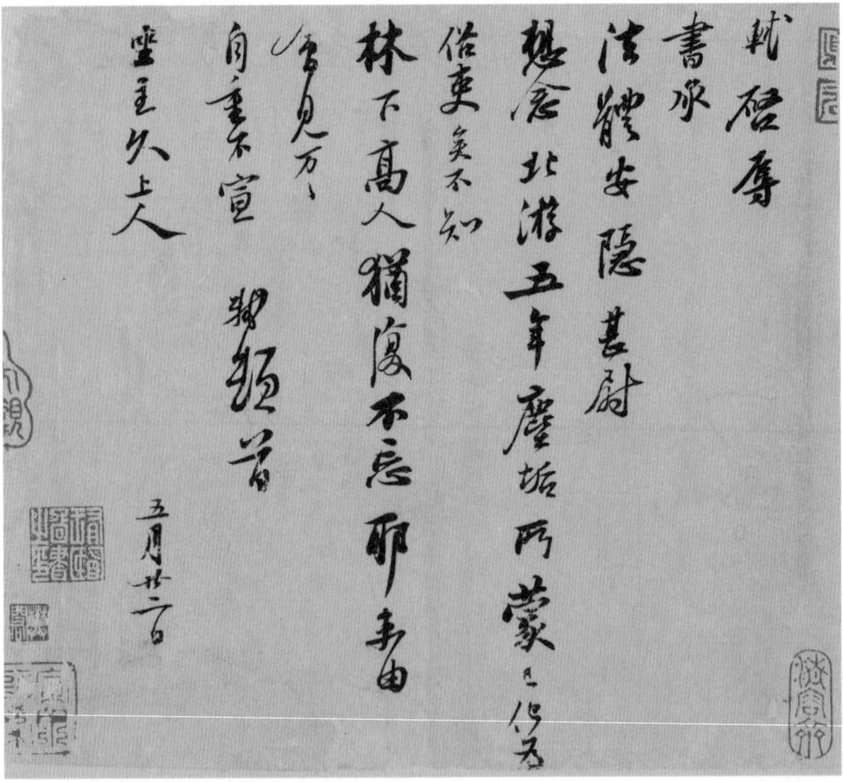
軾啟辱
書承
法體安隱甚慰
想念北遊五年塵垢所蒙已化為
俗吏矣不知
林下高人猶復不忘耶未由
會見萬萬
自重不宣 軾頓首
堅上人
五月廿二日

宋 ‧ 蘇軾《北遊帖》國立故宮博物院

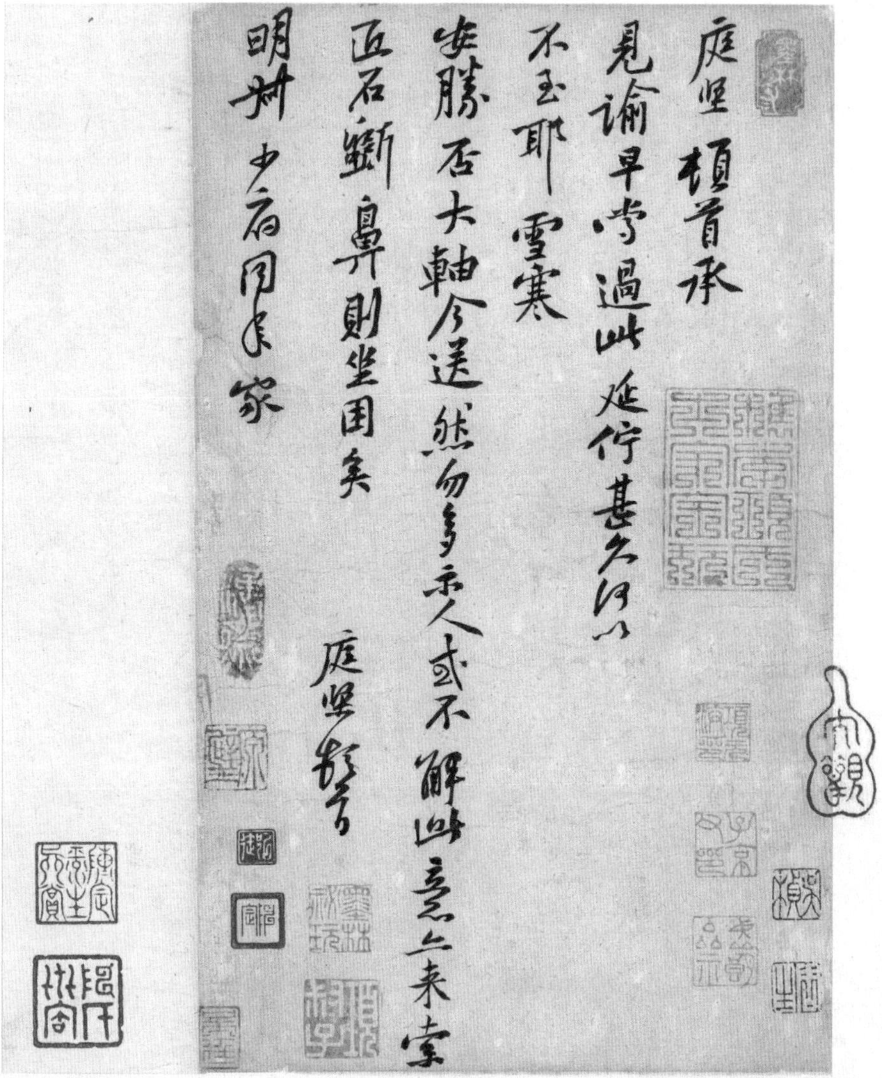

宋 · 黃庭堅《雪寒帖》國立故宮博物院

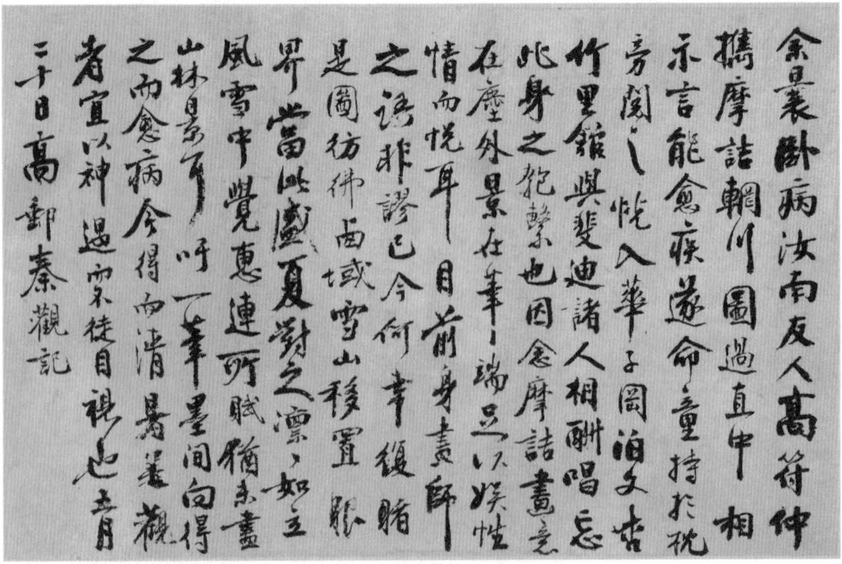

余曩臥病汝南友人高符仲
攜摩詰輞川圖過直中相
示言能愈疾遂命童持於枕
旁閱之恍入華子岡泊文杏
竹里館與裴迪諸人相酬唱忘
此身之匏繫也因念摩詰畫意
在塵外景在筆端足以娛性
情而悅耳目前身畫師
之語非謬已今何幸復睹
是圖彷彿西域雪山移置
眼界當此盛夏對之凜凜如立
風雪中覺惠連所賦猶未盡
山林景耳呼一筆墨間向得
之而愈病今得而清暑善觀
者宜以神遇而不徒目視也五月
二十日高郵秦觀記

宋・秦觀《摩詰輞川圖跋》國立故宮博物院

序言

蘇軾這一生

古往今來，蘇軾無疑是最偉大的文學家之一，是才華橫溢的文藝天才，是受讀者擁護的智慧人物。

暫且拋開蘇軾的藝術創作和藝術成就，單從經歷來看，蘇軾的人生跌宕起伏，生與死、貧與富、順與逆、南與北、信任與攻訐、朋友與敵人、朝堂與江湖、繁華與荒蕪、豪邁與多情，交織錯雜，起落不定，足以構成蕩氣迴腸的樂章。

景祐三年十二月十九日（一〇三七年一月八日），蘇軾出生於四川眉山縣。這是個典型的鄉紳之家；爺爺蘇序是個快樂逍遙的農村老頭，好喝酒卻經常喝得爛醉，不讀書卻能謅幾句詩；父親蘇洵二十五歲才懂得發憤讀書，熱衷功名卻屢考不中；母親程氏是青神縣的大家閨秀，知書達理又能相夫教子。

良好的遺傳基因、自足的經濟條件、和睦的家庭關係、自由的生活方式，就像空氣、水和肥料一樣，滋養、培育了蘇軾這棵幼苗。

蘇軾八歲時，蘇洵外出遊學，把蘇軾送到天慶觀跟隨道士張易簡讀書。四年後蘇洵遊學歸來，開始認真教導子女。不過蘇軾的史學觀和人生觀受母親程氏影響極大，母親為他點評歷史上的人物，幫助他分清忠奸善惡。蘇軾很小就表示要像漢朝范滂那樣，做一個正直而勇敢、為追求真理不惜奉獻生命的人。

長大後的蘇軾靈活而機敏，不拘禮教，儒學大盛的時代，他創立的蜀學最自由、最包容。但這並不意味著蘇軾沒有自己的立場，他在細節上可以變通，在大節上決不妥協——即便後來與王安石緩和了關係，仍堅決反對王安石陪祀宋神宗。也許從幼時讀〈范滂傳〉那天起，這種為人處世的原則就牢固地扎根於他的心底，從來沒有動搖。

十九歲，蘇軾娶青神縣王弗為妻，昔日活潑好學的天才少年長大成人了！父親帶著他和小他兩歲的弟弟蘇轍前去謁見知益州張方平，希望得到張方平的賞識和舉薦。張方平驚歎於兄弟二人的才華，待以國士，並介紹他們到京城拜謁歐陽修，期望讓他們在更高、更遼闊的天空中翱翔。

嘉祐二年（一〇五七），蘇軾、蘇轍參加了由歐陽修主考的科舉，歐陽修盛讚蘇軾的文章，舉為第二，認為「此人可謂善讀書，善用書，他日文章必獨步天下」。這一科，兄弟二人都中了進士，蘇洵在歐陽修的宣揚下，文章被士大夫認可，父子三人名動京師，後來均列入「唐宋散文八大家」。

宋仁宗時期，文壇風清氣正，朝臣處事公允，不計恩怨，像蘇洵父子這樣沒有背景、沒有關係的平民布衣才有可能脫穎而出，並享受眾星捧月般的待遇。等到熙寧黨爭起，士大夫根據政治立場站隊，互相攻訐，朝野再也沒有魚躍龍騰、百舸競發的生動景象了。

兄弟二人成績都不錯，本來可以立即授官入仕，但母親程夫人這時不幸去世了，按禮制當回鄉守孝二十七個月。四年後，他們參加朝廷舉行的特殊人才選拔——制科考試，蘇軾以優異成績獲得三等，蘇轍獲得四等，蘇軾被任命為鳳翔府簽判，而蘇轍留在京城陪伴年邁的蘇洵，雖授官但未赴任。

蘇軾在鳳翔府受到歷練，秩滿後判登聞鼓院，招試館閣，又以優異的成績直史館。而館職一般被認為是宰相的後備隊伍，其時蘇軾年僅三十歲。

正當仕途順遂、意氣風發之時，妻子王弗和父親蘇洵相繼病逝，蘇軾與蘇轍為父親扶柩歸鄉，又在遠離朝政的地方閒居了三年。丁憂期滿，蘇軾續娶王弗堂妹王閏之為妻，攜全家再次出川。這時在位的皇帝是宋神宗，他雄心勃勃地推行變法，任命王安石為相，相繼出臺青苗法、均輸法、免役法等，物是人非，再也不是蘇軾所熟悉的那個朝堂了。

仁宗朝老臣大多反對變法，蘇軾天然地站入舊黨的隊伍。他上表反對新法，特別是反對改革貢舉。然而朝廷最終採納了王安石的建議，貢舉取消詩賦科目，只考經文。由於蘇軾反對激烈，王安石黨徒謝景溫狀告蘇軾守喪期間利用官船販賣木材、私鹽，蘇軾被迫請求外放，於熙寧四年（一〇七一）通判杭州。

杭州雖是「人間天堂」，但畢竟是蘇軾第一次在官場遭受挫折，這次外放預示著此後將官運多舛、仕途多艱，對想要大展宏圖的蘇軾來說，無疑像澆了一盆冷水而心有不甘，於是牢騷滿腹。

此後蘇軾移知密州、知徐州、知湖州。在密州，他治匪、治蝗，將一座廢棄的高臺修整一新，並將其命名為「超然臺」；在徐州，他率領軍民抗洪，水退後在城東門築高樓，是為黃樓。蘇軾廣撒「英雄帖」，求當世名士為超然臺和黃樓作記、作賦，張耒、秦觀等都有歌詠之作。

蘇軾到地方赴任後，文學創作漸入佳境，在杭州作〈飲湖上初晴後雨〉等詩；密州中秋夜懷念在齊州的弟弟，作〈水調歌頭‧明月幾時有〉，這一時期還有〈江城子‧密州出獵〉；告別徐州時，作〈江城子‧天涯流落思無窮〉。其熙寧年間的詞作，盡顯豪放詞風，讓詞壇繼柳永之後，呈現出新的氣象。

元豐二年（一〇七九）四月，蘇軾到任湖州。朝中御史何正臣、舒亶、李定等彈劾蘇軾以詩歌攻擊朝政，「包藏禍心，怨望其上，訕讟謾罵」，宋神宗下令勘查。七月二十八日，蘇軾在湖州被捕，押解到京，打入御史臺大獄。監察御史李定和知諫院張璪擔任主審官，他們從蘇軾的詩文集中吹毛求疵，尋找他誹謗朝政、抱怨皇帝的證據，羅織罪名成「烏臺詩案」。蘇軾在獄中被關押了一百三十多天，險些喪命，最後責授黃州團練副使，本州安置，不得簽書（宋人因避英宗趙曙諱，改作「簽書」）公事。蘇轍想營救蘇軾，反受牽連，責授監筠州酒稅。王詵、王鞏、司馬光、張方平等二十餘人受到牽連和不同程度的處罰。

在「烏臺詩案」中撿得一命，蘇軾到黃州後驚魂未定，不敢與親戚朋友聯繫，也減少了與外界的書信往來。這時，隱士陳慥、書法家米芾、道士楊世昌、弟子李廌等前來看他，給他帶來了很大的慰藉。從此，蘇軾開始認真研讀佛道典籍和陶淵明的著作，從中汲取精神力量，終於度過一生中最艱難的時刻。經歷過烏臺詩案和戴罪黃州的生死劫，蘇軾對人生有了新的覺悟，看開了生死，放下了恩怨，變得豁達、超脫、淡然、從容。

在黃州，蘇軾創作了前、後〈赤壁賦〉，詩詞〈念奴嬌‧赤壁懷古〉、〈定風波‧莫聽穿林打葉聲〉等，標誌著文學創作進入新的境界，超越了那個時代，達到文學史上的巔峰。

寓居黃州迫於生計，在太守的關照下，蘇軾在城東得到一塊廢地，他開荒墾田，種上莊稼，名之「東坡」，也給自己取了個別號「東坡居士」。由於黃州經歷在蘇軾一生中占有特殊地位，時人愛以「東坡」稱之。

元豐七年（一〇八四），蘇軾量移汝州，標誌著朝廷對他的管束有所鬆動。他借此遊覽廬山，寫下「不識廬山真面目，只緣身在此山中」的名句。他到江寧拜會王安石，二人多年恩怨得以緩解，蘇軾發出「從公已覺十年遲」的感歎。

元豐八年（一〇八五），宋神宗去世，宋哲宗即位，宣仁太后攝政。太后先將打算賦閒的蘇軾召為登州太守，上任僅五天，又調入朝中，不到一年四次升遷，歷任起居舍人、中書舍人、翰林學士知制誥，為皇帝侍讀。元祐年間，蘇軾的仕途達到頂峰。

宣仁太后拜司馬光為相，盡廢新法，而蘇軾認為新法中也有可取成分。討論廢除免役法時，蘇軾和司馬光發生激烈爭執，司馬光的黨徒對蘇軾懷恨在心。司馬光去世後，舊黨分裂，洛黨以程頤為領袖，朔黨以劉摯為領袖，蜀黨以蘇軾為領袖，三派在學術、政見、禮制上差異巨大，水火不容。蘇軾受到以洛黨成員為主體的臺諫圍攻，被迫再次請求外放，於元祐四年（一〇八九）知杭州。在杭州任上，他開西湖，築長堤，該堤人稱「蘇堤」。

宣仁太后對蘇軾恩寵有加，元祐六年（一〇九一）三月又召入朝，為禮部尚書，改翰林承旨。但這一次，他沒有在朝中待多長時間，御史臺中好事者又從他的詩詞中截取隻言片語，攻擊他聽到神宗駕崩的消息後，不悲反喜。蘇軾只好再次請郡，此後知潁州、知揚州。

元祐七年（一〇九二）九月，蘇軾再次以兵部尚書召至朝廷，尋除端明殿學士兼翰林學士侍讀，守禮部尚書。但好景不長，元祐八年（一〇九三）對於蘇軾來說是禍不單行的一年，先是與他長相廝守的夫人王閏之去世，九月，一直庇護他的宣仁太后薨逝。在太后羽翼下委屈了許多年的宋哲宗得以親政，意味著朝堂將出現劇烈震動。蘇軾意識到形勢對舊黨不利，外出避禍，知定州。

蘇軾上任定州不久，宋哲宗就確定了「紹述神宗政治」的基本國策，重新任用新黨，舊黨悉數外放，舊黨中處罰最重的是宣仁太后最為恩寵的蘇軾：紹聖元年（一〇九四），貶到海南，知英州，行到中途，敕命又到，落職，惠州安置，不得簽書公事。

惠州乃蠻荒之地，蘇軾在這裡生活困苦，但心態比在黃州時平和多了。他遊賞山水，遍歷寺院，與僧道為伍，與平民交遊，把惠州當作陶淵明的桃花源，作和陶詩一百零九首，結集成冊。蘇軾在惠州三十一個月，共作詩詞文章五百八十七首（篇），迎來文學創作的又一高峰。

看不到北回中原的希望，蘇軾打算在惠州長久定居，他在白鶴峰上建了新居，準備把全家老小都接過來。房子才建好幾個月，朝廷追貶元祐黨人，蘇軾又被流放到海南島儋州了。

儋州的生活更加艱辛，不僅吃不到肉，甚至經常吃不到米飯，但蘇軾都淡然處之。在儋州，他自食其力，還教化民眾，興辦教育。他給瓊州的學生姜唐佐題詩曰：「滄海何曾斷地脈，白袍端合破天荒。」姜唐佐苦學成才，赴廣州參加鄉試，獲得省試資格，成為海南第一位舉子。後人一直把蘇軾看作海南文化的拓荒者。

元符三年（一一〇〇），宋哲宗去世，宋徽宗即位，主張政治融合，寬宥元祐黨人，蘇軾遇赦北歸。北歸途中，天氣炎熱，蘇軾中暑患病，於建中靖國元年七月二十八日（一一〇一年八月二十四日）病逝於常州。

蘇軾以詩文享譽後世，但他展示了多方面的藝術才華，繪畫、書法都有很深的造詣。任職鳳翔時，結識了天才畫家文同，跟隨文同學習畫竹，他的「墨竹畫」不遜於文同，木石畫則過之，成為湖州畫派的代表人物。蘇軾在歷史上第一次提出「士子畫」的概念，成為「文人畫」的先聲。

書法上，蘇軾位列北宋四大家之首。他在黃州悲憤之中寫下的《寒食帖》，被譽為「天下第三行書」。他的字在當時就被人們看重收藏。好朋友給他寄送物、信，下人爭相當使者，就是為了得到他的字，以遺後世。

除了無法遮掩的才華，蘇軾還有個特點：敵人多。新黨執政時，他是主要打擊對象，王安石指使人檢舉他，宋神宗將他下獄，想置其於死地。舊黨執政時，他受到洛、朔兩黨夾攻，致使在朝堂無法立足。還有些昔日好友背叛他，如張琥、章惇等，對他變本加厲地進行迫害。王安石、章惇、呂惠卿、林希、程頤、劉摯這些青史留名的人物，都曾是蘇軾的政治對手，真可謂群狼環伺，步步驚心。

然而，他的朋友更多，遠超於敵人。朝廷重臣中，司馬光、張方平、范鎮既是長輩，也是朋友；李常、孫覺、王鞏等與他交真心，為他受累、受罰，沒有絲毫怨言。他是藝術領袖，那個時代的文學家、藝術家無不想與他結交，書法家米芾、墨竹畫家文同、山水人物畫家李公麟、駙馬王詵等，經常與他聚會，一起暢飲、縱談、唱和。他的弟子遍天下，黃庭堅、秦觀這些史上著名的文學家都歸入他的門下，「四學士」、「六君子」、「後四學士」，他充當伯樂，善於發現和培養年輕人的文學才能，是當之無愧的文壇盟主。更有趣的是，他還有一幫僧人、道士、隱士朋友，在最困難的時候陪在身邊，伴他走過人生的溝坎。

蘇軾的人生如此豐富多彩，興趣領域如此寬闊博大，藝術如此精湛卓越！蘇軾絕大部分文學作品都留了下來，又曾居政治旋渦中心，史料記載俯拾皆是，所以他的形象十分具體和豐富。從不同側面、不同角度觀察蘇軾，會得出不一樣的結論。目前市面上關於蘇軾的著作非常多，但讀者依然對這位天才充滿好奇、充滿疑問、充滿從不同路徑去探索的衝動。

本書以蘇軾的人際交友圈為觀察點，透過考察他的社會和藝術交往，更深入、更詳盡地理解其所處的社會環境，以及他的人生哲學、文學創作、藝術成就、宗教活動，讓讀者從熟悉的蘇東坡裡看到不同的面龐。

本書雖屬通俗讀物，但參考了大量原始歷史資料、文學典籍以及現代學者的著述，本著「無一字無出處，無一事無來歷」的原則，不杜撰、不附會、不獵奇，讀者看到的即是最接近歷史真實的蘇軾。

【目錄】

本書所涉年表

帝王	年號	西元
宋仁宗	景祐元年至景祐五年	1034年～1038年
	寶元元年至寶元三年	1038年～1040年
	康定元年至康定二年	1040年～1041年
	慶曆元年至慶曆八年	1041年～1048年
	皇祐元年至皇祐六年	1049年～1054年
	至和元年至至和三年	1054年～1056年
	嘉祐元年至嘉祐八年	1056年～1063年
宋英宗	治平元年至治平四年	1064年～1067年
宋神宗	熙寧元年至熙寧十年	1068年～1077年
	元豐元年至元豐八年	1078年～1085年
宋哲宗	元祐元年至元祐九年	1086年～1094年
	紹聖元年至紹聖五年	1094年～1098年
	元符元年至元符三年	1098年～1100年
宋徽宗	建中靖國元年	1101年
	崇寧元年至崇寧五年	1102年～1106年
	大觀元年至大觀四年	1107年～1110年
	政和元年至政和八年	1111年～1118年
	重和元年至重和二年	1118年～1119年
	宣和元年至宣和七年	1119年～1125年

卷一

家人

更結來生未了因

第一章

父母為師，學霸的成長密碼

「蜀道之難，難於上青天！」蜀地偏遠，道路艱險，不與中原通人煙。然而蜀地天和地潤，鐘靈毓秀，歷代頂級的文學天才半數在蜀地。漢賦的扛鼎之人司馬相如、揚雄都是成都人，登臨唐朝詩歌巔峰的李白是江油人，宋朝詩文革新運動主將歐陽修也出生在綿陽。

嘉祐二年，蘇洵帶著蘇軾和蘇轍走出巴山蜀道，風塵僕僕來到汴京。他們帶來一股新的文學旋風，人們再次對四川刮目相看，宋朝文學註定由此開啟最絢爛的篇章。

蘇洵和蘇軾、蘇轍並稱「三蘇」。三人並駕齊驅，看似文友，實際上蘇洵既是二人的父親，又是老師。

血脈上的烙印

現代基因學告訴我們，人們的生老病死、性格愛好都與ＤＮＡ上那一串神祕資訊有關，包括天賦。

蘇家的基因裡顯然有文學天賦。蘇味道生活在唐高宗、武則天時代，二十歲考中進士。唐朝進士有多難考，科舉不常設，每次錄取人數僅二、三十人而已。白居易及第時欣喜若狂，寫下「慈恩塔下題名處，十七人中最少年」的詩句，那一年錄取的十七人中，所謂的「最少年」也快三十歲了。那位寫過「春風得意馬蹄疾」的孟郊，進士及第時四十六歲。唐朝才子中，二十歲前及第的只有婁師德、常建等寥寥數人而已。蘇味道天分既高，又會處事，一路仕途順遂，官至宰相，還寫下了《蘇味道集》十五卷，並有些詩歌傳世，其中比較有名的如〈正月十五夜〉：「火樹銀花合，星橋鐵鎖開。暗塵隨馬去，明月逐人來。」

蘇味道的處世哲學是「難得糊塗」，比如當上宰相後，別人問他天下事，他總是「模稜以持兩端可矣」，因此為後世貢獻了一個成語「模稜兩可」。但此後蘇味道的倒楣運就來了，吃過官司、坐過牢，武則天倒臺後被貶到遙遠偏僻的蜀中，任眉州刺史。

蘇味道死於離任眉州的途中，當時他的次子蘇份還沒來得及啟程，就在眉州州治眉山縣安了家、落了戶，繁衍後代。這就是眉州蘇氏，蘇軾的族支。

此後蘇家一直是眉州的豪紳。到了北宋初年，蘇家家主是蘇序。蘇序有一副俠義心腸。李順起義時波及眉州，他在眉山縣城參與防禦，表現勇敢。眉山城中有個茅將軍廟，香火旺盛，卻騙人錢財。蘇序不信鬼神，醉酒後帶領二十多名村民將茅將軍像砸毀。

蘇序是個熱心且樂善好施的人。他家裡有些土地，大部分被種上了不容易霉爛變質的粟，吃不完就裝進糧倉儲存起來，等到荒年開倉救濟窮人。他平日裡對自家事不管不問，鄰里族人有事卻分外熱心。

蘇序待人真誠、厚道。他出入很少騎馬，並對孩子們說：碰到年老的長輩在路上行走，騎馬怎麼跟他們打招呼呢？

蘇序對當官比較淡泊。宋仁宗慶曆年間詔令各州府辦學，鼓勵縣裡也設立公辦學校。公辦學校有個職位叫縣學執事，有點文化的人都在爭搶，蘇序是眉山大戶，是強有力的競爭者，但他主動放棄，甘心過淡泊自守的布衣生活。

雖然蘇序不想做什麼縣學執事，但宋仁宗時期，政府一直宣導地方辦學，鼓勵貴族和平民子弟學習文化。好文之風吹到眉州這個偏遠小地方，改變了蘇家的命運。

蘇序有三個兒子，長子蘇澹、次子蘇渙、三子蘇洵。次子蘇渙在宋仁宗天聖二年（一〇二四）考中進士，對於蘇家來說，這是件天大的事！從蘇份開始，三百多年來蘇家還沒有出過進士，也沒有人能被朝廷選拔出來做官。從蘇味道到蘇渙，終於接續了進士的族脈。

當官差送來報喜的公文和官服、笏板之類的公物，蘇序正在鄉下喝酒，喝得酩酊大醉。蘇序接過喜報，抑制不住歡喜，當著眾人的面高聲宣讀。他把官差送來的公物裝進兩個行李袋中，由於過於激動，吃剩的半塊牛肉也一起被裝進了袋子。他騎著毛驢回家，雇了個村裡的後生挑行李。村裡的人跑來圍觀，看到毛驢上東倒西歪的進士父親，和後面奇奇怪怪的行李，無不哈哈大笑。蘇序就是這樣一個有趣的人。

俠義、熱心、真誠、淡泊、有趣，這些特質都被傳承下來，融進了蘇軾的性格中。

蘇序讀書不多，不過喜歡寫詩，常常不假思索，脫口而出。這些詩質量可能不高，但可見蘇家的文學基因一直都在。

三子蘇洵，從當時來看，遠沒有哥哥那麼爭氣。蘇洵繼承了蘇序的一些特質，比如不愛讀書但頗講俠義，他整日與眉山城裡無所事事的少年混在一起，放鷹逐犬，鬥茶飲酒，屬於不走正道的「邊緣少年」。有人向蘇序告狀，蘇序淡然一笑：「他這樣一個人，不用擔心他不學習。」蘇洵也有與蘇序大不同的地方，他沉默寡言，遠不及父親那樣樂觀豁達，這一點後來遺傳到了蘇轍身上。

知子莫若父，果如蘇序所言，大約二十五歲時，蘇洵覺悟了，開始疏遠那些酒肉朋友，把心思用在讀書上。蘇洵讀書的本意當然是想像哥哥一樣考個進士，但二十多歲才開始讀書確實晚了些，他甚至沒有通過進士的地方選拔——鄉試。

不過蘇洵透過讀書收穫了更多，他喜歡上《論語》、《孟子》和韓愈的文章。宋朝之前流行韻文，文章如詩歌，多由對仗、排比的句子組成，讀起來很美，但限制了內容的表達。而先秦諸子文章都是散文，表達自由，內容充實，主題更有針對性。唐朝韓愈反對駢文華而不實的文風，提倡古文即散文，後因五代戰亂，這場古文運動被迫停了下來。到了宋朝，歐陽修等又掀起詩文革新運動，接過了韓愈的旗幟。四川偏僻，詩文革新之風還沒有吹到這裡，但蘇洵棄時文、好古文，可見天才大多具有與時代同步的特質。

到二十七歲，蘇洵文章精進，已經在當地小有名氣了。流行於明、清的蒙學讀物《三字經》上有「蘇老泉，二十七。始發憤，讀書籍」的句子。

蘇家的祖墳在老翁泉，蘇洵成名後便俗號老泉。

蘇洵幡然悔悟、發憤讀書，為兒子們的成長樹立了良好的榜樣。

經營家庭的女人

蘇洵十九歲結婚娶妻，新娘是同城官宦、大理寺丞程文應之女。大理寺丞正七品，屬寄祿官，只代表級別，不是實際職位。不過對於蘇家而言，與程家結親已經屬於高攀了。

程夫人下嫁，蘇洵又是浪蕩子，但程夫人並沒有半句怨言，也不勸導蘇洵。直到蘇洵主動覺悟，發憤讀書，程夫人才開口說：「我早就打算督促你學習，但又不想讓你為我而學。你如果有志向，安心讀書，生計的事就讓我來操心吧。」蘇洵是個有福之人，父親、妻子對他都很寬容，他終其一生很少過問家事。

結婚後，蘇洵與妻子從大家庭裡搬出去獨立門戶，在街上租房居住，他們的生活陡然困頓起來。程夫人娘家富有，有人勸她去娘家求些錢財，程夫人擔心蘇洵會被人看輕，寧願過著清貧儉樸的日子。有天，租住的屋子地面塌陷了一個坑，露出一個大甕，上面蓋著烏木板。傭人們猜測裡面一定藏著金銀寶物，爭相拿工具想挖坑起甕，但程夫人不願得不義之財，很冷靜地讓人用土把坑填實，對大甕裡裝著什麼一點也不在意。

景祐二年（一〇三五），程夫人生下女兒，在蘇家大家庭排行老八，按風俗叫作八娘。蘇八娘後來嫁給程夫人的內侄程之才，婚姻並不幸福，不久後抑鬱而亡。蘇洵心疼女兒，寫文章大罵程家，勒令妻兒與他們斷絕關係。

一人托兩家的程夫人無疑更為痛苦，但她始終沒有埋怨丈夫，而是默默地承受了這一切。

次年，景祐三年（一〇三七），蘇軾誕生；又過了三年，寶元二年（一〇三九），幼子蘇轍誕生。

蘇洵吸取自己「少壯不努力」的教訓，重視對蘇軾兄弟的教育，蘇軾八歲時把他送到天慶觀北極院學習，拜道士張易簡為師。蘇洵自己就是讀書人，為什麼要把蘇軾送到學堂讀書呢？蘇洵的文學成就集中在政論文，比如為人熟知的〈六國論〉，傳世的詩歌卻很少，律詩更少且品質平平。這說明蘇洵對於聲律之學不太精通。蘇洵在〈上田樞密書〉中說：「曩者，見執事於益州。當時之文，淺狹可笑，饑寒窮困亂其心，而聲律記問又從而破壞其體，不足觀也已。」蘇洵評價自己前期的文章淺狹可笑，原因之一是需要遷就聲律。在〈送石昌言使北引〉中，更坦承「吾後漸長，亦稍知讀書，學句讀、屬對、聲律，未成而廢」。究其原因，大約少年是學習聲律的最佳時期，有些事一旦錯過就不易追回，蘇洵被迫吞下了遊蕩不學的苦果。

當時詩賦是科舉考試的一門主科，蘇洵屢試不中，應該與不精聲律有關。一次科舉失敗後，蘇洵惱怒之下把讀的書、寫的文章一把火燒掉，開始醉心於《論語》、《孟子》之文，於聲律記問之學更加生疏了。

科舉是讀書人的唯一出路，蘇洵可以自我放棄，但對兒子們的前程不敢有絲毫馬虎。他把蘇軾送到天慶觀學習，主要學聲律之學，補自己的短處。關於在天慶觀讀書，蘇軾曾留下不少回憶，大多與詩詞有關。如一位矮個子道士吟誦兩句詩「夜過修竹寺，醉打老僧門」，蘇軾覺得很可愛；又如一位朱姓老尼給他念蜀主孟昶的詞，他印象深刻。

蘇軾在張道士處讀書，蘇洵又按捺不住自由散漫的性情，仿效古人開始外出遊歷。四川名山無數，但蘇洵似乎有恐高症，站在山頂頭暈目眩、手足打顫，遊歷了岷山、峨眉山之後，便不再登山。他坐船東下，從夔州（今重慶萬州）經三峽到湖北襄陽，然後走陸路到汴京，去看京城的繁華世界，同時尋找新的發展機會。蘇軾學了三年，從天慶觀「畢業」，程夫人獨自承擔起撫養教育的擔子。

程夫人認為讀書是為了更好地做人，她告誡蘇軾兄弟說：「讓你們讀書，不僅是要一個書生的名頭。」她教兒子們讀史，從中挖掘豐富的人文思想，啟迪兒子們做對國家、社會有用的人。一次讀《後漢書・范滂傳》：漢桓帝時，宦官弄權，以「黨人」罪名打擊士大夫，將李膺、杜密等二百多人下獄，並禁錮他們終身不得參政。漢靈帝即位後，太傅陳蕃、大將軍竇武密謀誅除宦官，但宦官得知消息，提前動手，陳蕃、竇武反而被殺。宦官開始大肆搜捕黨人，其中包括范滂。汝南督郵吳導奉命拘捕范滂，他有正義之心，不忍動手，在宿舍裡伏床而泣。范滂聽到消息，不想讓吳導為難，主動投了案。

范滂的母親與他訣別，范滂忍住眼淚勸慰母親說：「弟弟孝敬，足以供養母親。我與父親地下相見，生死各得其所。只希望母親放下難以割捨的恩情，不要悲傷。」范母深明大義，反過來安慰他：「你能夠與李膺、杜密齊名，死也不留遺憾了。既想留下美名，還不想捨棄性命，世上哪有這樣兩全的事情！」范滂覺得臨終前應該向兒子交代些什麼，但此時所有的道理都蒼白無力，他無奈地說出了自己的困惑和最後的控訴：「我想讓你作惡，但這是不對的；我想讓你行善，又怕你落得像我一樣的下場。」路人聽後無不流淚。

程夫人引導蘇軾讀這段，講范滂的大義和臨危不懼，蘇軾深受感動。他仰起小臉問母親：「我想做范滂這樣的人，母親許我嗎？」程夫人知道兒子對名聲氣節已經「入腦入心」，暗自讚許，凜然答道：「你能做范滂，難道我不能做范母嗎？你若真的為正義而死，我不會悲傷。」

程夫人十分寬容。蘇軾兄弟愛去市集上看熱鬧，愛到山野裡踏青，程夫人從不禁止。她認為小孩子就應該保持自然爛漫的天性。蘇軾浪漫主義的性格和文風，既得自於祖父，也緣於母親的呵護。

當年二老人，喜我作此音

蘇序在慶曆七年（一〇四七）五月去世，蘇洵奔喪回家，此後一直居家讀書，親自教授兩個兒子，直到他們一起赴京考取功名。

這期間，蘇洵給兩個兒子取了學名，即「軾」和「轍」。蘇洵有篇文章〈名二子說〉，解釋為什麼取這兩個名字：

> 輪、輻、蓋、軫皆有職乎車，而軾獨若無所為者。雖然，去軾則吾未見其為完車也。軾乎，吾懼汝之不外飾也。天下之車，莫不由轍，而言車之功者，轍不與焉。雖然，車僕馬斃，而患亦不及轍。是轍者，善處乎禍福之間也。轍乎，吾知免矣。

輻是連接車輪和車轂的木條，蓋指車頂上的帳篷，軫是車廂底部四周的支架；軾是車廂前面的橫木，用作扶手。古代車廂裡沒有座位，人只能站立車上，為防跌倒，在車廂前端安裝軾，後來有了座位，但軾做為裝飾品被保留下來。

車輪、輻條、車蓋、車軫都屬於車輛的重要零件，人人都能認識到它們的作用。即使沒有軾也不會影響車輛正常行駛，但這樣車輛就不完整了。軾貌似無用，又不可或缺，蘇洵為兒子取名軾，意在告誡兒子低調處世，掩飾自己，像車上的軾一樣。

古代車輪是木製的，沒有彈性，行車的道路經常被碾壓出深深的轍痕，後來的車輛沿著轍痕行走省力、平穩。

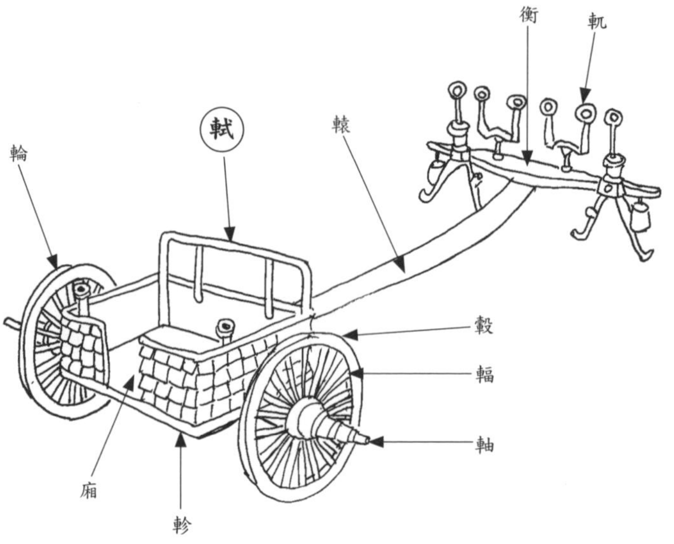

「軾」和「轍」示意圖

車之所以能向前行走，人們會想到車輪、車身以及外力如馬匹的功勞，大多會忽視車轍的作用。不過，如果車輛側翻、馬匹倒斃，也不會有人加罪於車轍。蘇洵為小兒子取名轍，與軾相近，希望不求有功，但求避禍。

蘇洵取這兩個名字，絕非心血來潮或賣弄學問。知子莫若父，他太了解兩個兒子的性情脾氣了，名字或寄託希望，或隱含告誡，均有的放矢。

蘇軾豪放不羈、鋒芒外露，總是成為黨爭攻擊的對象，特別是新黨總會第一個拿他開刀。蘇軾終究沒有能成為

「軾」，蘇洵冥冥之中預知了蘇軾遭遇的災難。

蘇轍含蓄穩重，一生雖然也起起落落，但沒有像哥哥那樣成為顯眼的靶子，在舊黨諸公中算是結局比較好的。這一點蘇洵也沒有看走眼。

蘇洵把他們讀書的地方取名來風軒，在這裡指導兒子們抄寫史書，背誦史籍，並且要求嚴格，每天都指定具體的內容，確定可行的目標。譬如讓蘇軾兄弟抄寫《春秋》、《漢書》，每天抄多少字，多少天抄完，蘇洵會親自檢查。

四十年後，遙遠的海南，樹木蔥郁，天氣清和，兒子蘇過琅琅的讀書聲在綠蔭中迴旋。蘇軾驟感似曾相識，思緒飄蕩回少年時的眉州，想起自己在父親督導下學習的情形，親情漫溢，提筆寫道：

今日復何日，高槐布初陰。良辰非虛名，清和盈我襟。
孺子卷書坐，誦詩如鼓琴。卻去四十年，玉顏如汝今。
閉戶未嘗出，出為鄰里欽。家世事酌古，百史手自斟。
當年二老人，喜我作此音。淮德入我夢，角羈未勝簪。
孺子笑問我，君何念之深？

當年，我如你這般大的年齡，父母也是這般歡喜地聽我誦讀啊！

蘇洵教學手段靈活，除了誦讀，還會有意提高他們聯想和發散的能力。一次，讀到名臣富弼出使遼國的語錄。當時遼國趁宋、夏戰爭向宋朝施壓，威脅將發動戰爭。富弼對遼國君主說：戰爭只對臣子有好處，對你這個君主一點好處也沒有。如果戰勝了，功勞屬於主戰的臣子，君主還得賞賜他們；如果戰敗了，國家受其害。不管勝負，君主總是有弊無利。富弼的這番外交辭令打消了遼主發動戰爭的念頭。蘇洵讚歎之餘，決定考考蘇軾，問他說：「古代有沒有類似的說辭？」蘇軾馬上想到漢武帝時侍臣嚴安的一封奏書，雖然道理沒有富弼講得透徹，但大意相同。

讀書的成就最終要體現在文章中，蘇洵非常重視對蘇軾兄弟的作文訓練，經常給他們安排作業，讓他們就某個歷史事件作文章，寫感想，寫策論。有次，他以魏晉名臣夏侯玄（字太初）為題，要求蘇軾寫一篇〈夏侯太初論〉，蘇軾文中有句曰：「人能碎千金之璧，不能無失聲於破釜；能搏猛虎，不能無變色於蜂蠆。」蘇洵看後臉上掛滿欣慰的笑容。

蘇洵仍擔心蘇軾兄弟的聲律歌賦，便繼續為他們尋找良師。有個叫劉巨的學者開館授學，蘇洵把兄弟二人送到那裡就讀。蘇軾在這裡進步巨大，顯露了詩詞天賦。一次劉巨作詩詠鷺鷥，有「漁人忽驚起，雪片逐風斜」兩句，蘇軾以為後句沒有歸宿，建議改為「漁人忽驚起，雪片落蒹葭」，動靜結合，意境上更加完整。劉巨驚異，微微搖頭說：「我已經沒有資格做你的老師了。」

到嘉祐元年（一〇五六），蘇洵帶著兩個兒子拜謁知益州張方平，標誌著蘇軾兄弟學問有成。張方平將他們介紹給文壇盟主歐陽修，三蘇出川，更遼闊的天空等待著他們自由翱翔。

次年，兄弟倆進士及第，一夜之間成為京城名人。正當他們躊躇滿志想有一番作為時，四川傳來消息，程夫人因病去世。這位蘇家的有功之臣，相夫教子，操勞一生，沒有等到兒子金榜題名的喜報，沒有來得及享受兒子帶來的榮耀，獨自撒手人寰。篤信佛教的她，一定天天焚香禱告，為兒子的未來祈福；她一定經常到城門口眺望，期盼喜從天降，兒子們衣錦還鄉。然而她沒有等到那一天，帶著些許孤寂、些許遺憾，告別了傾心愛過的世界。她一定想拉著兒子的手，再說一次：我願意看到你成為忠義之臣！然而，她還是悄悄離開了人世，不想給兒子的功名帶去一丁點的干擾。

按禮制，兄弟倆回鄉為母親行哀禮，守制二十七個月。服喪期滿後，再次出川。這次他們將家眷帶在身旁，舉家遷徙，在京城西岡租了個宅院居住。韓琦、歐陽修推薦蘇洵任祕書省校書郎，這時老蘇文章名滿天下，不願屈就，便以官職太低、薪俸太少為由拒絕出仕。次年被舉薦為霸州文安縣主簿，毋需赴任，只在朝廷中編纂禮書，老蘇對做學問（特別是儒學禮制）懷有很深的情愫，半推半就做了官。這是他一生唯一的官職。

治平三年（一〇六六）三月，蘇洵編撰的一百卷《太常因革禮》完成，還未來得及奏報朝廷，即於四月二十五日去世，年五十八。天子聞而哀之，特賜光祿寺丞——終於趕上了他岳丈的職務。他還有一部《易傳》寫了一半，臨終交代蘇軾按照他的構想幫助完成。

蘇洵去世，蘇軾兄弟哀痛不已，他們請交情深厚的大學者歐陽修為其作墓誌銘，張方平為其作墓表。司馬光來弔唁時，兄弟倆想起慈母去世已經九年，尚無人記述她的功德，哭請司馬光為母親作墓誌銘。他們兄弟深知，成長的道路上，父母是不可或缺的因數，在那樣一個父勤奮、母寬容的家庭裡，藏著他們成長的密碼。

治平四年（一〇六七）十月，蘇軾、蘇轍將父母合葬於安鎮山之老翁泉旁。歐陽修〈故霸州文安縣主簿蘇君墓誌銘〉中說：「偉歟明允，大發於文。亦既有文，而又有子。」文章和兒子是蘇洵不朽之傑作。司馬光〈武陽縣君程氏墓誌銘〉中寫道：「嗚呼，婦人柔順足以睦其族，智能足以齊其家，斯已賢矣。況如夫人，能開發輔導成就其夫、子，使皆以文學顯重於天下，非識慮高絕，能如是乎？」睦族、齊家、相夫、教子則是程夫人偉大的成就。

第二章

一起歷劫的女人們

如果說人生如旅程，中途會遇到各式各樣的劫難，陪你一起歷劫的人是最值得珍愛的。有三個女人相繼陪同蘇軾幾乎走完一生。這三個女人絕非過客，而是真正的伴侶。

最深情、最難忘

眉山縣南六十里，有一座秀麗的縣城，叫青神縣，相傳蜀人先王蠶叢氏在此穿青衣教人農桑，故得此名。青神縣的名勝之地，當數「三岩」，即上岩、中岩、下岩，又以中岩為最，號稱「川南第一山」。唐代時，有人在山中建寺，宋時依寺辦學，教師為鄉貢進士王方。

至和元年（一〇五四），蘇軾十九歲，到了婚齡，蘇洵為他聘王方之女為妻。王女名弗，年十六。

蘇軾與王弗是媒妁之言還是自由戀愛，史書未載。但至晚到清朝，青神縣流傳著蘇軾與王弗「喚魚池」的愛情佳話。

中岩是一座小山，像一方盆景佇立於岷江東岸，林泉清洌，環境幽雅。傳說蘇洵與王方是好友，曾送少年蘇軾到這裡讀書。

寺院不遠處有峭壁削立，下有一泓清潭，如善睞之目，如青冥之月。

一日，蘇軾在潭上觀水，總覺得少了些什麼，驀然有悟：魚是水之靈魂，如此好水，豈能無魚？於是使勁拍手，竟有許多魚應聲跳出水面，凌空浮翔。圍觀的師生無不稱奇。王方與寺院長老商量，美景當有美名，便邀請當地文士和寺中學生為潭水取名。眾人情緒高昂，紛紛援筆，但都不能讓人滿意。最後蘇軾亮出了他的題名「喚魚池」，大家頷首稱奇。這邊讚歎之聲未落，那邊有丫鬟送來了王弗於閨中書寫的題名，展紙一看，也是「喚魚池」。一時間眾人歎絕，認為這兩個孩子心有靈犀，韻成雙璧。王方欣賞蘇軾的才華，有意玉成二人，向蘇家暗示，這才有了二人的婚姻。

《青神縣誌》對「喚魚池」傳說的記載，反映出民間對蘇、王二人郎才女貌、恩愛甜美的認同和祝福，但傳說本身並不可信。

據蘇軾親筆記載，剛結婚時，並不知道王弗識字。蘇軾讀書，王弗紅袖添香，終日不去。他以為是新媳婦黏夫君，並未在意。

有次，蘇軾用到一個典故，怎麼也想不起來，王弗在旁告訴他典故內容出自哪本書第幾頁。蘇軾大驚，才知道妻子能識文斷字，並且記憶力比自己還好。蘇軾因此稱讚王弗是個「敏而靜」的女人。

王弗具有傳統美德，是那個時代標準的賢慧女子。她待嫁時侍奉父母，出嫁後侍奉公婆，皆恭敬謹慎。他們結婚後兩年，蘇家的男人都離家進京趕考，家裡只有王弗和婆婆程夫人、蘇轍夫人史氏。程夫人年長且尊，在家是老太君，只需發號施令即可，史夫人是弟媳，年齡不大，所以家庭重擔都落在王弗身上。王弗關心照顧程夫人，友愛弟媳，像大管家一樣操持日常，從無怨言。

程夫人病故後，王弗和史氏跟隨夫君去了京城。此後王弗待在蘇軾身邊照顧，再未離開，直到她去世。王弗和程夫人一樣，不貪財、不圖利。蘇軾〈記先夫人不發宿藏〉一文，先記述程夫人不挖掘前人埋藏財物的故事，接著有個後續。

據說，蘇軾在鳳翔府任簽判時，有一尺見方的地方不積雪，天晴了這個地方又隆起數寸。蘇軾疑心下面藏有丹藥，想要挖掘，王弗用程夫人的故事制止了他。這則故事至少說明三點，一是王弗無財利之心；二是王弗對婆婆非常敬重；三是王弗對丈夫「管教」很嚴。而蘇軾對王弗的批評欣然接受，可見小夫妻感情深厚。

蘇軾在書齋中長大，性情天真，社會經驗少，又少年得志，不免輕狂。木秀於林，風必摧之，蘇軾渾然未覺，而王弗卻頭腦清醒。在鳳翔，蘇軾每天去哪裡、見什麼人，王弗都要過問，並且反覆叮囑：「離開了父母，不可以不謹慎。」她經常用蘇洵告誡蘇軾的話去規勸他。王弗擔心蘇軾在人際交往中受騙吃虧，家裡有客人時，她在屏風後面聽，事後幫助蘇軾分析人物事理。比如王弗說：「某人言辭模稜兩可，你按照自己的意願行事就行了，不用跟他商量。」有人來與蘇軾結交，想拉關係，王弗給蘇軾潑冷水：「這個人急切靠近你，恐怕難以長久。」結果一一被王弗說中。

王弗的謹慎正是蘇軾所缺乏的，二人可說是一對互補型夫妻。若王弗一直在身邊，蘇軾的人生也許會少些坎坷。

也許是操勞過度，治平二年（一〇六五）五月，蘇軾鳳翔任滿回京不久，王弗病逝，年僅二十七歲。蘇洵囑咐說：「媳婦在艱難時跟著你，將來應該把她葬在你母親旁邊。」六月初六，蘇軾暫時將王弗殯於京城西郊。不料一個月後，父親蘇洵竟也亡故。蘇軾辭去剛通過考試得到的直史館一職，向朝廷申請船隻，扶護父親棺槨回鄉，夫人王弗靈柩一併運送。

次年十月，按照家鄉風俗，蘇軾、蘇轍合葬父母，一併將王弗葬在父母墓葬之西北八步。蘇軾顯達後，王弗被追封為崇德縣君、通義郡君。

因王家祖上曾被封過魏城縣君，蘇軾也用這個封號稱呼亡妻，在黃州期間，委託侄子到王弗墳前祭掃，有「哀哉魏城君，宿草荒新墓」的詩句。

王弗嫁到蘇家十一年，生有一子，名邁，當時年僅六歲。蘇軾對王弗一往情深，一生難忘。十年之後，熙寧八年（一〇七五）正月二十日，蘇軾任職密州，晚上夢見王弗，淒然作詞：

十年生死兩茫茫，不思量，自難忘。千里孤墳，無處話淒涼。縱使相逢應不識，塵滿面，鬢如霜。

夜來幽夢忽還鄉，小軒窗，正梳妝。相顧無言，惟有淚千行。料得年年腸斷處，明月夜，短松岡。

首句「十年生死兩茫茫」，直語貫出，字裡行間卻橫亙著茫無涯際的荒涼。從來不曾想起，永遠不會忘記，「不思量，自難忘」，情感如江水順流直下，無需外力推動，自然勢不可擋。

「上窮碧落下黃泉，兩處茫茫皆不見。」曾經相濡以沫，如今卻隔著冰冷的墳塋，手難牽，人難見，情知所起而不知何所已，這樣的悲傷怎不痛徹心骨！

你的模樣，都是回憶中的模樣；你的盈盈一笑，永遠定格在二十七歲美麗的韶華。「縱使相逢應不識」，所有離去的歲月都是畫蛇添足，所有改變的容顏都是對感情的輕瀆。

一個宦遊無定所，另一個永遠駐居於千里之外。兩個人的傷心，無非找你不見，話你難傳。你在他鄉還好嗎？你在另一個世界還好嗎？我的牽掛你知曉嗎？「料得年年腸斷處」，最是情深，最是難忘。

最長情、最歉疚

蘇軾服母喪時，曾與王弗到青神縣岳丈家裡小住，與王弗家親戚熟識。王弗的弟弟、妹妹都是蘇軾的小粉絲，纏著蘇軾聽他講故事，說京城的繁華和科舉的榮耀。尤其十一、二歲的堂妹王閏之，欽佩蘇軾的學問，羨慕堂姐嫁了這樣一個了不起的夫君。

王閏之，字季璋，在家族中排行二十七，蘇軾稱她二十七娘。安葬了蘇洵和王弗後，在兩家的撮合下，蘇軾很快與王閏之訂婚。由於有孝在身，暫時不能舉辦婚禮，大約在熙寧元年（一〇六八）年中，蘇軾服除，將王閏之娶進了家門。時王閏之二十一歲，蘇軾三十三歲。年底，蘇軾兄弟再度出川，攜王閏之同行，王閏之開始了與蘇軾長達二十五年的陪伴。

蘇軾是政壇一顆冉冉升起的新星，王閏之內心滿懷憧憬。但她沒想到，正是從這次回朝開始，蘇軾仕途坎坷，就像出川的道路，崎嶇險要，處處荊棘。

到達京師已是熙寧二年（一〇六九），宋神宗任用王安石為參知政事，開啟了旨在為國聚財、富國強兵的變法運動。王安石成立了制置三司條例司，做為變法的指揮部，直接對皇帝負責，不受宰相制約，之後陸續出臺了青苗法、募役法、方田均稅法、農田水利法、市易法、均輸法、保甲法、將兵法等新政，涉及農業、商業、教育、兵役等多個領域。以司馬光為首的舊黨反對新政，朝中黨爭激烈，舊黨遭到貶黜打壓。蘇軾贊同改革，但不同意王安石的變法措施，站到了舊黨陣營，成為新黨的攻擊對象，被外放通判杭州、知密州、知徐州。王閏之跟著他沒有享幾天福，反而輾轉南北，受盡顛簸。

蘇軾才華橫溢，放蕩不羈，將對新政的不滿訴諸筆端。他詩名滿天下，這些詩被廣為傳播，讓新黨人物感到害怕，必欲除之而後快。元豐二年，蘇軾調任湖州，按朝廷規矩給皇帝寫了謝表。新黨成員抓住其中「伏念臣性資頑鄙……知其愚不適時，難以追陪新進。察其老不生事，或能牧養小民」這幾句話，彈劾蘇軾愚弄朝廷。緊接著，御史中丞李定從詩集中尋找蘇軾妄議朝廷的「證據」，上報宋神宗。宋神宗正要找個反面典型殺雞儆猴，下令官差到湖州緝捕蘇軾。

對於這個家庭來說，蘇軾就是天，天塌下來了，妻子、兒女自然驚懼失措。蘇軾《東坡志林》裡記述：

> 真宗既東封，訪天下隱者，得杞人楊朴，能為詩。召對，自言不能。上問：「臨行有人作詩送卿否？」朴言：「惟臣妻有一首云：『更休落魄耽杯酒，且莫猖狂愛詠詩。今日捉將官裡去，這回斷送老頭皮。』」上大笑，放還山。
>
> 余在湖州，坐作詩追赴詔獄，妻子送余出門，皆哭。無以語之，顧謂妻曰：「獨不能如楊處士妻作一詩送我乎？」妻子不覺失笑，余乃出。

面對官差，蘇軾也惶恐不安。但他們夫妻感情很好，蘇軾不忍妻兒落淚，用楊朴妻子打油詩的典故化解王閏之的情緒，讓王閏之樂觀起來。從這則記載還可以看出，王閏之或許粗識字，但不能作詩，才情無法與王弗比肩。

王閏之情緒稍有舒緩，接著就發生了更恐怖的事情。蘇軾〈黃州上文潞公書〉中記述：

軾始就逮赴獄，有一子稍長，徒步相隨。其餘守舍，皆婦女幼稚。至宿州，御史符下，就家取文書。州郡望風，遣吏發卒，圍船搜取，老幼幾怖死。既去，婦女恚罵曰：「是好著書，書成何所得，而怖我如此！」悉取燒之。比事定，重複尋理，十亡其七八矣。

被緝捕時，長子蘇邁跟在蘇軾身邊，其他一家老小待在家裡等候消息。到宿州這個地方，御史臺有指令下來，派捕吏到湖州搜家。捕吏如狼似虎，一家人從來沒見過這樣的場面，差點被嚇死。做為沒有見過多少世面的家庭婦女，王閏之把滿腹怨恨發洩到蘇軾和他的詩文上，搜查結束後，將蘇軾的詩文燒了，殘留不足十之二三。蘇軾存世作品中，徐州、湖州時期數量較少，應與這次「焚書」有關。

不過，世人無權因此指責王閏之。她「恚罵」蘇軾是家庭婦女在特殊情況下的本能反應，恰好說明這件事給王閏之帶來的傷害之深，讓這位賢淑的女子精神接近崩潰。

其實王閏之的賢慧一點也不亞於堂姐王弗。王閏之進蘇家門時，王弗唯一的兒子蘇邁年僅十歲，王閏之視如己出，即便自己生育蘇迨、蘇過兩個兒子後，仍然像親生母親一樣關心蘇邁，從沒有對他做任何區別對待。蘇軾忙於公務和官場應酬，王閏之承擔了所有家務，將家裡打理得井井有條，對蘇軾的照顧無微不至，蘇軾才得以筆吟風月、翰墨丹青。

早在通判杭州時，蘇軾於臘日進山訪僧，寫詩道：「臘日不歸對妻孥，名尋道人實自娛。」過節優哉游哉不回家，全憑王閏之應付家事，不需要他操心。

蘇軾湖州被拘捕後，經過「烏臺詩案」，貶任黃州團練副使，不得簽書公事，事實上被監視起來。由於官職降低，薪資待遇大幅減少，生活窘迫，不得已開荒種地五十畝。蘇軾由優渥無憂的官員變成親自下田的農夫，王閏之也不能再待在家裡做「全職太太」了，養蠶織絲，春種秋刈，協助蘇軾田作，以緩解家庭經濟壓力。

王閏之來自農村，小時候應該有過勞作經驗，熟悉一些耕種知識。有次家裡的牛生病了，全身長出大大小小的斑塊，狀似豌豆，叫作豆斑瘡。

豆斑只是外在表現，根源在於身體內有熱毒，不能排出體外。牛痛苦難忍，抽搐不止。蘇軾找來獸醫，獸醫沒見過這種病，無從下手。王閏之了解情況後，用青蒿草煮粥餵牛，果然見效，不久牛就痊癒了。青蒿草中含有青蒿素，能抗菌消炎、去熱解毒。*王閏之雖然不知道青蒿素，但曾經的農村生活讓她了解許多樸素的醫學知識，挽救了牛的生命，保障了五十畝田地的耕作。

「烏臺詩案」對蘇軾最大的打擊還是在精神上。之前一路順遂，沒有遭受過重大的坎坷，「烏臺詩案」險些要了命，初到黃州，蘇軾驚魂未定，常常鬱鬱寡歡、愁眉不展。後來他回憶道：

小兒不識愁，起坐牽我衣。我欲嗔小兒，老妻勸兒痴。
兒痴君更甚，不樂愁何為。還坐愧此言，洗盞當我前。

---

* 屠呦呦發現和提煉出青蒿素而獲得二〇一五年的諾貝爾醫學獎。

大勝劉伶婦，區區為酒錢。

年幼的兒子不知道父親正心煩意亂，拉著衣服要跟他玩。蘇軾想對兒子嚷嚷，王閏之趕忙過來勸解。詩的第四、五、六句都是勸解的內容，意思是你怪兒子愚鈍，其實你比兒子更愚鈍，愁有什麼用，應該讓自己開心起來！這樣的勸解讓蘇軾豁然開朗，終於意識到自己的偏狹，不應該對兒子發脾氣。見到丈夫情緒有所紓解，王閏之又忙著去洗碗刷鍋了。

劉伶是晉朝名士，以愛喝酒聞名。劉伶妻子擔心喝酒傷身，勸劉伶戒酒，把酒具藏起來不讓用。劉伶的妻子並不是為了省錢才讓劉伶戒酒，蘇軾故意說她「區區為酒錢」，就是為了突出王閏之對自己的寬容和遷就。

蘇軾愛飲酒，而且經常帶朋友回家聚飲。黃州時，生活困頓，吃飯都是難題，酒算奢侈品了。但王閏之總是想方設法滿足蘇軾的「愛好」。蘇軾〈後赤壁賦〉中提到：

已而歎曰：「有客無酒，有酒無肴，月白風清，如此良夜何！」客曰：「今者薄暮，舉網得魚，巨口細鱗，狀如松江之鱸。顧安所得酒乎？」歸而謀諸婦。婦曰：「我有斗酒，藏之久矣，以待子不時之需。」於是攜酒與魚，復遊於赤壁之下。

月白風清的良夜，沒有美酒佳餚，不能盡興。他們守著長江，撒網捕魚十分方便，但是酒呢？回家和王閏之商量，得知王閏之早有準備，收藏了一些酒以備不時之需。正是因為王閏之，才有〈後赤壁賦〉這篇千古傑作。

婚姻生活中，愛的付出總是相互的。王閏之忍辱負重地照顧家庭和丈夫，近乎完美地詮釋了傳統女性的道德典範。蘇軾對王閏之則心懷感恩，他在另一首詩中宣示「妻卻差賢勝敬通」。敬通是東漢馮衍的字，慷慨大節，有文采，可惜妻子是有名的悍婦。蘇軾認為自己其他地方或許比不上馮衍，唯有妻子比馮衍的妻子賢慧，這一點足以讓蘇軾自豪。

元祐年間，蘇軾的政治處境得到改善，知杭州。王閏之生日是閏正月初五，蘇軾通常在正月初五為她過生日。由於二人都信佛，這一年蘇軾準備的生日慶賀別出心裁，他舉行了一場放生活動：

泛泛東風初破五。江柳微黃，萬萬千千縷。佳氣鬱葱來繡戶。當年江上生奇女。

一盞壽觴誰與舉。三個明珠，膝上王文度。放盡窮鱗看圉圉。天公為下曼陀雨。

岷江穿青神縣而過，故曰「當年江上生奇女」。三個明珠指蘇邁、蘇迨和蘇過。王文度（名坦之）是東晉官員，從小受到父親王述疼愛，長大了還經常坐在父親膝上，這裡代指兒女。曼陀雨是佛家認為的福德。

元祐八年八月初一（一〇九三年八月二十五日），王閏之病逝。王閏之陪蘇軾度過了最艱難的「烏臺詩案」和黃州歲月，受盡驚嚇和勞碌，蘇軾對她深感愧疚，曾對兄弟蘇轍吐露心聲：「身後牛衣愧老妻。」王閏之去世次日，蘇軾深情寫下祭文：

嗚呼！昔通義君，沒不待年。嗣為兄弟，莫如君賢。婦職既修，母儀甚敦。三子如一，愛出於天。從我南行，菽水欣然。湯沐兩郡，喜不見顏。我曰歸哉，行返丘園。曾不少須，棄我而先。孰迎我門，孰饋我田？已矣奈何，淚盡目乾。旅殯國門，我實少恩。惟有同穴，尚蹈此言。嗚呼哀哉！

通義君是王弗的追封，王閏之的封號為同安郡君。蘇軾高度評價王閏之這位老妻：她和睦家庭，對三個兒子一視同仁；吃苦耐勞，對生活安之如飴。蘇軾對王閏之的去世表示深深的遺憾和痛苦，曾承諾和她一起退居鄉野林園，過清淨閒適的生活，這個願望最終未能實現。蘇軾鄭重承諾，自己死後將與王閏之埋葬在一起，其實已下定不再娶妻的決心。

八年後，蘇軾去世，蘇轍將其與王閏之合葬，實現了祭文中「惟有同穴」的願望。

比之王弗，王閏之是個普通婦女，她一生經營家庭，為蘇軾解除後顧之憂，讓蘇軾能夠享有大量的閒置時間，保持曠達灑脫的精神風貌。她像那種默默無聞的英雄，不耀眼，卻讓人離不開。如果說王弗是蘇軾的「白月光」，王閏之就是他的「煙火灶」。

最真情、最相知

宋朝士大夫待遇豐厚，許多家庭蓄養私妓，相當於歌舞班子，用於私人娛樂和宴會上招待客人。知名文官如晏殊、歐陽修等概莫能外。家妓是「私人財產」，沒有人身自由，甚至可以買賣和送人，除了演奏、唱歌、跳舞，還得侍奉主人起居，在家裡和酒宴上做一些服務工作。當然，長相漂亮、性情溫柔的家妓有可能被主人納為妾。

蘇軾性情疏朗，好交友，應酬多，也不能免俗。通判杭州時，薪資待遇比在朝時豐厚，於是他買了四個侍婢教習歌舞，其中包括十二歲的王朝雲。

蘇軾給朝雲取了個字，叫「子霞」。宋朝許多女子沒有名字，如蘇軾親姊姊不知名何，喚作「蘇八娘」。蘇軾的女人都有名，王閏之和王朝雲還有字，應該都出自蘇軾之手。比起同時期女子，她們無疑是幸運的。蘇軾學識淵博、語言風趣、性情豁達，無論哪個時代都是受女性追捧的「國民老公」。能與蘇軾月下品詩，為他研墨鋪紙，看他瀟灑揮毫，抑或紅袖添香，與他一同享受讀書的時光，還能吃到他做的東坡肉、東坡肘子，無疑是快樂的。何況因為嫁給了蘇軾，她們有了名、字，並流芳百世。

朝雲聰慧秀美、能歌善舞，在蘇軾的「歌舞團」中很快脫穎而出。朝雲還有一項技能是其他歌妓所沒有的，那就是點茶。宋人喝茶很講究，方式與今天不同。那時的茶不是做成茶葉，而是做成茶餅，先將茶餅炙烤、搗碎處理，然後放入茶碗中，以沸水沖點，邊沖邊用茶筅攪拌直到出現泡沫，茶葉與水充分交融後成了乳狀，茶才算點好，可以飲用了。點茶是技術也是藝術，很有難度。蘇軾在家招待弟子或尊貴的客人，用的必是上好的密雲龍茶，這時必喚朝雲取茶、點茶。學士們談論學問，朝雲得以在一旁聆聽。由此可知蘇軾對朝雲的信任。

大約在黃州時，朝雲已十七、八歲，長成了大姑娘，蘇軾將朝雲納為侍妾。元豐六年（一〇八三）九月，朝雲生下一子，取名蘇遯，小名乾兒。次年四月，蘇軾解除黃州被監視看管的處境，坐船東進，七月船到江寧時，因旅途奔波，不滿一歲的乾兒竟因病早夭。朝雲痛不欲生，蘇軾亦為之落淚，寫下兩首詩，詩題很長，叫〈去歲九月二十七日，在黃州生子遯，小名乾兒，頎然穎異。至今年七月二十八日，病亡於金陵，作二詩哭之〉，其中第二首寫道：

> 我淚猶可拭，日遠當日忘。母哭不可聞，欲與汝俱亡。
> 故衣尚懸架，漲乳已流床。感此欲忘生，一臥終日僵。

喪子之痛對朝雲的打擊見諸筆端，蘇軾對朝雲的憐愛也顯而易見。十七年後，蘇軾亦逝於七月二十八日，與乾兒同天忌日。

宋神宗去世後，宋哲宗即位，宣仁太后攝政，任用司馬光為相，盡棄新法，起用舊黨，史稱「元祐更化」。蘇軾得以回朝，任中書舍人、翰林學士，蘇軾的弟子們也聚集到京城。一日，蘇軾宴請弟子，秦觀在座，見朝雲十分美貌，寫詞贈予朝雲：

靄靄迷春態，溶溶媚曉光。不應容易下巫陽，只恐翰林前世、是襄王。暫為清歌駐，還因暮雨忙。瞥然飛去斷人腸。空使蘭臺公子、賦高唐。

這裡用了「巫山雲雨」的典故，把蘇軾比作楚襄王，把朝雲比作神女，把自己比作蘭臺公子宋玉。據宋玉〈高唐賦〉和〈神女賦〉：楚王到巫山高唐遊賞，走累了就地休息了一會兒，夢見一美人入懷，說：「妾乃巫山之女，聽說您遊高唐，願意與您同床共枕。」於是楚王就臨幸了她。

美人離開時說：「妾在巫山的南邊，通常被高山阻礙，旦為朝雲，暮為行雨，早晚都在高唐之下。」第二天楚王詳細觀察，果然如此，就在這個地方給巫山神女建了一座廟，叫朝雲廟。後來宋玉把這個故事講給楚襄王聽，引得楚襄王心馳神往，晚上果然夢中會見了神女。

詞的妙處在於，巫山神女恰好名為朝雲，與王朝雲暗合。從秦觀這首詞可以揣測，蘇軾為朝雲取名，大概正是源出〈高唐賦〉和〈神女賦〉。

司馬光任政的原則是：凡是敵人支持的都反對，凡是敵人實施的都要糾正。蘇軾與司馬光看法不一樣，認為對新法政策要區別對待，因此與舊黨也發生齟齬，在朝堂上鬧得很不愉快。有次散朝回家，蘇軾吃過午飯，拍著鼓囊囊的肚子，問侍女們：「你們有誰知道我這肚子裡裝著什麼？」

侍女們爭先恐後地回答，有說全是文章，有說滿腹經綸，蘇軾都不以為然。只有朝雲說：「一肚子不合時宜。」蘇軾大為讚賞：「知我者唯有朝雲。」

人們把最能引起自己情感共鳴的女性叫作紅顏知己，王朝雲就是蘇軾的紅顏知己。

宣仁太后去世後，宋哲宗復辟宋神宗政治，改元紹聖，蘇軾的人生再次跌入低谷：紹聖元年貶到荒蕪不宜居的惠州，據說貶到這裡的人很少能活著回到中原；紹聖四年（一〇九七），蘇軾更被貶到遠在天涯海角的海南儋州。蘇軾曾自嘲：「問汝平生功業，黃州惠州儋州。」這三個地方是蘇軾最「倒楣」的地方，他在這些地方度過了最艱難的歲月。

黃州還有王閏之陪伴，等貶謫惠州時，王閏之已經去世，其他侍女紛紛離去，只有朝雲堅定地跟著他，甘願共赴險難。最落魄時才意識到不離不棄的可貴，蘇軾寫下大量詩詞贈送朝雲，其數量遠遠超過兩位正妻。

蘇軾感謝朝雲陪同南遷，寫〈朝雲詩〉：

不似楊枝別樂天，恰如通德伴伶玄。阿奴絡秀不同老，天女維摩總解禪。
經卷藥爐新活計，舞衫歌扇舊因緣。丹成逐我三山去，不作巫陽雲雨仙。

第一句用白居易典故。白居易字樂天，有美妾擅唱楊柳詞，人稱其為楊柳。白居易年老體衰，楊柳竟別他而去。第二句用晉人劉伶玄典故。劉伶玄年老時得一美妾叫樊通德，二人情篤意深，經常一起談古論今。這兩句說朝雲不像楊柳那樣薄情，而像樊通德一樣與自己生死相伴。

第三句用晉初女子李絡秀的典故。她嫁與周浚為妾，相夫教子，培養了兩位顯貴的兒子，只有小兒子阿奴平庸，在身邊伴她終老。第四句「維摩」指維摩詰，是佛教中的菩薩。相傳維摩詰善說法，講到妙處，天女散花。這兩句是說，王朝雲雖然沒有子女在身旁陪伴，但她就是純潔的天女。

紹聖二年（一〇九五）五月四日，蘇軾在惠州貶所已是第二個年頭了。端午節來臨之際，蘇軾再為朝雲作詞，為她祝福：

白髮蒼顏，正是維摩境界。空方丈、散花何礙。朱脣箸點，更髻鬟生彩。這些個，千生萬生只在。

好事心腸，著人情態。閒窗下、斂雲凝黛。明朝端午，待學紉蘭為佩。尋一首好詩，要書裙帶。

此時蘇軾已年近花甲，又篤信佛教，因此清淨獨居，戒欲一年多，與朝雲主要是精神交流。這首詞寫他在「維摩境界」中發現了朝雲之美，沒有任何邪念淫欲，完全是純粹的美。朝雲在蘇軾心中，不僅僅是伴侶，更像天女下凡，給自己帶來感情的慰藉和精神上的救贖。

紹聖三年（一〇九六）春，朝雲生日，蘇軾作詞〈王氏生日致語口號〉：

羅浮山下已三春，松筍穿階晝掩門。太白猶逃水仙洞，紫簫來問玉華君。

天容水色聊同夜，發澤膚光自鑑人。萬戶春風為子壽，坐看滄海起揚塵。

羅浮山是惠州的一座名山，首聯寫春景，頷聯道家語，頸聯寫朝雲容顏之美，尾聯為她祝壽。

是年朝雲三十五歲，蘇軾希望她像天上的神仙一樣長生不老，未料這年七月五日，朝雲遭遇瘟疫，竟撒手人寰。

朝雲剛到蘇家不識字，跟著蘇軾耳濡目染久了，粗通文字，能寫有模有樣的楷書，還能領悟詩詞的意境。她生前最愛唱蘇軾的〈蝶戀花・春景〉：

花褪殘紅青杏小。燕子飛時，綠水人家繞。枝上柳綿吹又少。天涯何處無芳草。
牆裡秋千牆外道。牆外行人，牆裡佳人笑。笑漸不聞聲漸悄。多情卻被無情惱。

有一年秋天，朝雲在惠州為蘇軾唱曲，唱到「枝上柳綿吹又少。天涯何處無芳草」時，歌喉將囀，繼而淚流滿面，哽咽不能繼續。蘇軾問其故，朝雲回答這兩句太令人傷感了。蘇軾笑道：「我在這裡悲秋，你卻又傷春了。」朝雲去世後，蘇軾再也不聽這首詞了。

「枝上柳綿吹又少。天涯何處無芳草」原本告訴世人不要悲觀，春天總在某處草長鶯飛地煥發著生機。可朝雲在惠州看到的春天，卻不同於中原，人是而景非，故鄉在遙不可及的地方，怎能不令人傷感而流涕？

朝雲去世後，蘇軾為她寫了不少悼亡詞，最著名的是一首〈西江月〉：

玉骨那愁瘴霧，冰姿自有仙風。海仙時遣探芳叢。倒掛綠毛麼（同「么」）鳳。
素面翻嫌粉涴，洗妝不褪脣紅。高情已逐曉雲空。不與梨花同夢。

這首詞題作「梅花」，實悼朝雲，「高情已逐曉雲空」近乎明指。詞以梅喻人，人梅合一，讚揚了其冰肌玉骨的高潔風采。「高情已逐曉雲空。不與梨花同夢」，蘇軾後來再遭貶逐，但他的感情之魂留在了惠州，此後再未接近女人。

受蘇軾影響，朝雲亦信佛。蘇軾把她安葬在棲禪寺東南，詩詞裡的惟不改為她寫了墓誌銘，還在墓上築六如亭以示紀念，並親手寫下楹聯：

不合時宜，惟有朝雲能識我；獨彈古調，每逢暮雨倍思卿。

第三章

與蘇轍的命運共同體

蘇軾是蘇轍的第一任教師。

蘇軾比蘇轍大三歲，八歲時到天慶觀跟著道士張易簡讀書。等蘇轍也到了蒙學的年齡，蘇軾從張道士那裡退了學，兩兄弟父母親自教授，蘇軾常常把「正規學校」的知識傳授給蘇轍，所以二人既是同學，又是師生。正如蘇轍所言：「轍幼學於兄，師友實兼。志氣雖同，以不逮慚。」

蘇軾愛護蘇轍，誇獎說：「我少知子由（蘇轍的字），天資和而清。……豈獨為吾弟，要是賢友生。」蘇轍敬重兄長，在〈題東坡遺墨卷後〉中寫道：「兄之文章，今世第一。」他還在一首詩中說：「世人不妄言，知我不如兄。篇章散人間，墜地皆瓊英。」這說的是文章，也是人品。

同學加師生，兄弟加朋友，這種情愫貫穿一生，構成他們情誼的基調。

飛鴻踏雪泥

嘉祐六年（一〇六一）蘇軾授官之前，與兄弟蘇轍可謂形影不離。出川前，父親蘇洵帶著二人共謁益州守臣張方平，張方平出題筆試二兄弟，最後得出結論：「二子皆天才，長者明敏尤可愛，然少者謹重，成就或過之。」張方平從細微末節上洞察出二人性格上的差異。

但這並不妨礙他們的情誼。

嘉祐元年暮春三月，蘇氏兄弟啟程從秦嶺經長安赴京趕考，次年皆高中，進士及第。不料程夫人去世，二蘇返回四川，守孝服喪。嘉祐四年（一〇五九），他們改走水路，從長江三峽下荊門，於次年二月重抵京師。他們拒絕了立即做官入仕，打算走一條「捷徑」，參加嘉祐六年朝廷選拔特殊人才的制科考試，於是寄住在汴京懷遠驛學習備考。最後蘇軾得三等，授鳳翔府簽判；蘇轍為四等，授商州軍事推官。軍事推官為屬吏、幕職，蘇轍嫌官職卑微，以照看蘇洵為由上書請辭，獲得朝廷允許。

十一月十九日，蘇軾啟程赴任，蘇轍為兄長送行。這是他們二十多年生命裡第一次長期分離，心情複雜。二人從來沒有去預想這一天，但這一天終究還是到來了。真到執手離別的時刻，除了難分難捨，還有一些恐懼，不知道今後的生活裡彼此會遭遇什麼，會改變什麼。蘇轍從京師送到鄭州，又送出鄭州西門，才淚眼婆娑地看著蘇軾高大挺拔的背影，以及其妻兒家眷乘坐的車輛逐漸消失在邙山之坳。而蘇軾也屢屢回頭，眺望枯樹下蘇轍一直佇立的瘦長身形。等到終於看不見了，蘇軾拍馬回程，登高回望，目送蘇轍。他終於按捺不住內心悲傷的潮湧，寫下了平生第一首贈子由詩：

不飲胡為醉兀兀，此心已逐歸鞍發。歸人猶自念庭幃，今我何以慰寂寞。
登高回首坡壟隔，但見烏帽出復沒。苦寒念爾衣裘薄，獨騎瘦馬踏殘月。
路人行歌居人樂，僮僕怪我苦淒惻。亦知人生要有別，但恐歲月去飄忽。……

路上行人和沿途居民人人臉上洋溢著快樂的神色，唯獨兄弟二人淒苦悱惻。

收到贈詩，蘇轍馬上回詩一首〈懷澠池寄子瞻兄〉：

相攜話別鄭原上，共道長途怕雪泥。歸騎還尋大梁陌，行人已度古崤西。
曾為縣吏民知否？舊宿僧房壁共題。遙想獨遊佳味少，無言騅馬但鳴嘶。

蘇轍想起他們第一次出川時的往事，過秦嶺後疲憊不堪，中途馬匹竟勞累而死，只好換乘毛驢繼續前行。走到澠池，借宿在僧舍，老僧奉閑對他們照顧十分周到，兄弟二人在寺院牆壁上題詩做為紀念。如今正是冬季，道路依然崎嶇，加上雨雪載途，恐怕更加泥濘難行。過去尚有兄弟說話解悶，互相鼓勵寬慰，現在兄長一人獨遊，只有騅馬嘶鳴為伴了。值得欣慰的是，從京城到鳳翔還要路過澠池，兄長可以重溫他們昔日僧房題詩的情誼。

蘇轍嘉祐二年中進士時，被授官澠池縣主簿，因此有「曾為縣吏民知否」一說。

蘇軾來到澠池，再訪僧舍，沒想到奉閑和尚已經去世了，葬於廟後，成為一座墓塔。兄弟倆題詩的牆壁泥皮脫落，詩文全無蹤跡。蘇軾遺憾和詩，揮筆寫下著名的〈和子由澠池懷舊〉：

人生到處知何似？應似飛鴻踏雪泥。泥上偶然留指爪，鴻飛那復計東西？

老僧已死成新塔，壞壁無由見舊題。往日崎嶇還記否？路長人困蹇驢嘶。

人生東奔西走，飄忽不定，像什麼呢？就像大雁偶爾在雪泥上落腳，雖然留下了爪印，但牠很快會飛走，不會留戀一處。老和尚已經死了，題詩也不見了。你還記得當年我們趕路的情形嗎？道路崎嶇，人困乏，驢羸弱。

這首詩的前四句包含著深刻的人生哲理。人生是一場漫長的征程，駐足之時皆是休整，為了更好地出發，就像當年借宿在僧舍。蘇軾洋溢著樂觀的人生態度，勸弟弟不要傷感，不要留戀過往，要向前看，這裡並非終點。

蘇軾在鳳翔任官三年，其間無時無刻不想念著蘇轍，經常書信往來、詩歌唱和，有時很小一件事也要寫信告訴蘇轍。比如蘇軾愛喝終南山下玉女洞裡的泉水，經常派士卒專程去打水。然而他又怕士卒偷懶，中途用其他水冒充，想了很多辦法仍然不能完全放心。他把這件事告訴蘇轍，蘇轍勸他放下欲望，與其大費周折防止士卒欺騙，不如就近喝自家井水方便安心。

三年後，蘇軾任職期滿，帶著妻兒離開鳳翔。終於快要見到弟弟了，蘇軾抑制不住內心的興奮，寫詩向蘇轍報信：「三年無日不思歸，夢裡還家旋覺非。臘酒送寒催去國，東風吹雪滿征衣。」他像小孩子過年一樣迫不及待、歡喜雀躍。

回京後，蘇軾判登聞鼓院、直史館，但不久蘇轍出任大名府推官，二人被迫再次分開。治平三年四月，蘇洵去世，兄弟二人扶棺返蜀，服喪丁憂。熙寧二年服除，二人相伴再次回到京城。朝中今非昔比，變法如火如荼地展開，兄弟倆的命運隨朝政起起伏伏，如浮萍入水，難計東西。

開始時，蘇轍以積極的態度投身變法，被吸納進入改革機構制置三司條例司。但他很快發現與王安石的政治主張南轅北轍，王安石推行的青苗法、均輸法與民爭利，這是蘇轍無法認同的，於是上〈制置三司條例司論事狀〉，批評新法，同時請求去職。恰好張方平知陳州，蘇轍便應召為陳州州學教授，從此兄弟二人開始了聚少離多的日子。

千里共嬋娟

熙寧四年，蘇軾也不為新黨所容，外放通判杭州，七月離京，路過陳州看望蘇轍，在這裡住了七十餘日。

陳州城北有個柳湖，是當地名勝。蘇轍陪蘇軾遊覽湖景，作長詩〈柳湖感物〉，其中寫道：「開花三月亂飛雪，過牆度水無復還。窮高極遠風力盡，棄墜泥土顏色昏。偶然直墮湖中水，化為浮萍輕且繁。隨波上下去無定，物性不改天使然。」蘇轍用湖邊楊柳作比，喟歎政治風波中飄忽無定的命運。後文又用松樹堅實的秉性作對比，提醒兄長並警醒自己要穩健行事，免得為人所嫌並招致禍端。蘇軾卻不這樣看，和詩說：「子今憔悴眾所棄，驅馬獨出無往還。惟有柳湖萬株柳，清陰與子供朝昏。」楊柳給人們帶來陰涼，供人們歇息，有什麼不好呢？

從這一唱一和兩首詩，可以看出蘇轍與蘇軾性格的相異，也為他們後來的命運埋下伏筆。蘇轍善於反省，在政治旋渦中懂得趨利避害。而蘇軾隨性自由，常按自己的意願行事而不顧忌當政者的感受，更容易成為被槍瞄準的「出頭鳥」。

九月，蘇軾和蘇轍一起去潁州拜會恩師歐陽修，又住了二十多日才依依惜別。此時秋風蕭瑟，「自古多情傷離別，更那堪冷落清秋節」。蘇軾更有別樣感觸：「我生三度別，此別尤酸冷。」蘇軾簽判鳳翔是一別，蘇轍出任大名府推官是二別，蘇轍為陳州學官是三別。這次分別不同於前三別，尤其「酸冷」，因為都是貶謫之身，預示著今後將仕途艱澀。剛出蜀時那種「楚人自古好弋獵，誰能往者我欲隨。紛紜旋轉從滿面，馬上操筆為賦之」的豪情漸漸消磨下去了。

熙寧七年（一〇七四），蘇軾杭州任期將滿，此時蘇轍已移官齊州（大致今山東濟南）任掌書記。蘇軾上章請求派個山東的差事，目的是離蘇轍近些。是年九月，朝廷告下，蘇軾乙太常博士直史館權知密州。在謝表中，蘇軾表示自己很幸運。

去密州的路上，蘇軾得知蘇轍喜添一子，取名「虎兒」，便以「虎兒」為題作詩：「舊聞老蚌生明珠，未省老兔生於菟。」蘇轍屬兔，故以老兔代稱；「於菟」即虎。這首詩幽默詼諧，乃嬉戲之作，可以看出兄弟二人確實如朋友一樣無話不談，不像有些兄弟之間只能板起臉說話。蘇轍則回信說：我們家世世代代習文，我希望能培養一個猛虎般剛強威猛的人。為什麼呢？「不見伯父擅文章，逡巡議論前無當。」他用和兒子講話的口吻說：「你看看伯父，雖然寫得一手好文章，但發表議論需躊躇再三，生怕禍從口出。」

蘇軾剛到密州時，密州正遭遇蝗災，百姓饑饉，他上奏朝廷請求調撥物資、免除課稅，救百姓於水火之中；又針對食鹽專賣、司農寺增損法令、消除貧困上書建言；因山東盜賊橫行，蘇軾懸賞緝盜，形成官民一心合力剿匪的局面，頗有成效；又大力整治棄嬰，救助嬰兒父母，政風、民風為之一新。

任上一年有餘，政局逐漸穩定，百姓安居樂業，政績斐然。熙寧八年，蘇軾發現城西北有一座隋代的廢舊城臺，視野很好，登臺可以望見周邊的馬耳山、常山、濰河等。修葺官舍時，蘇軾順帶對城臺加以修整，以土培高，夯實周邊，花錢不多，打造了一處登高望遠、極目天舒的遊賞景點。

城臺修成，還缺少一個函義雋永、引人入勝的名字。蘇軾寫信向老弟求名，蘇轍借用《老子》中一句：「雖有榮觀，燕處超然」，取名「超然臺」。還附寄一篇〈超然臺賦〉，在序中說明了選用「超然」二字的理由：

> 今夫山居者知山，林居者知林，耕者知原，漁者知澤，安於其所而已。其樂不相及也，而臺則盡之。天下之士，奔走於是非之場，浮沉於榮辱之海，囂然盡力而忘反，亦莫自知也。而達者哀之。二者非以其超然不累於物故邪！

為生計奔波的民眾，只是安於其所，不懂得享受快樂。奔走於是非之場、榮辱之海的士大夫，和普通民眾差不多。有見識的人為他們感到悲哀，因為不能超然於物外。

蘇轍這篇賦強調人要學會隨遇而安、樂天知命、及時行樂，超脫於是非榮辱之外。蘇軾隨即寫了〈超然臺記〉，文中說：蘇轍見我不管在什麼處境下，都能保持一顆快樂的心，因為我「蓋遊於物之外也」，能夠超脫凡俗，不為欲望所累。蘇軾自認為達到了「超然」的人生境界，其實蘇轍何嘗不是在規勸他做事不要太過認真，不要計較是非，不要在意榮辱。而蘇軾直到「烏臺詩案」之後，才頓悟了這一點。

熙寧九年（一〇七六）中秋，蘇軾於超然臺上宴請僚友，幾乎通宵達旦。等大家散去，臺上頓然空寂，只剩下一輪清月相伴。蘇軾想起在齊州的蘇轍，如此良宵卻不能同樂，生出無限惆悵，作詞曰：

> 明月幾時有？把酒問青天。不知天上宮闕，今夕是何年。我欲乘風歸去，又恐瓊樓玉宇，高處不勝寒。起舞弄清影，何似在人間。

轉朱閣，低綺戶，照無眠。不應有恨，何事長向別時圓？人有悲歡離合，月有陰晴圓缺，此事古難全。但願人長久，千里共嬋娟。

這首詞富有敻絕塵寰的宇宙意識，在古詩詞中或許只有張若虛〈春江花月夜〉可以與之相提並論。更難能可貴的是，在渺茫的宇宙設問之中，又準確無誤地將感情落腳於兩點之間，大與小、虛與實、動與靜就這樣奇妙地融合在一起。詞中無一句不寄含深情，無一句不深蘊哲理，難怪有人評價：「中秋詞，自東坡〈水調歌頭〉一出，餘詞俱廢。」從此，「嬋娟」便成為表達思念親人的代名詞。

乞納官以贖兄身

蘇軾奏請任職密州是為了離蘇轍更近些，方便見面。然而宋朝規定，官員任期內非必要不准離開駐地，兄弟倆始終未得相見。熙寧九年十一月，蘇軾從密州離任，差知河中府。他次年正月到齊州，打算與兄弟團聚，過一個熱熱鬧鬧的新年。蘇轍的三個兒子將他迎候到家裡，可惜蘇轍臨時赴京出公差，暫時無法相見。

蘇軾在兄弟家住了個把月，得知蘇轍不再回齊州，便與弟媳、侄兒一併回京與蘇轍團聚。蘇轍一直遠迎到澶濮之間——今河南濮陽和山東鄄城一帶。兄弟二人已經七年不見，感慨萬千，相約同遊。

不久蘇軾接到敕令，遷知徐州，而蘇轍受張方平召辟，到南京應天府任職，剛好同道。由於外官不准入京，蘇轍和蘇軾在京西郊范鎮的東園借住兩個多月，而後一同赴徐州。蘇轍在徐州盤桓百餘日，兄弟倆彷彿回到出仕之前，可以隨時見面日子。

蘇軾雖然新官上任，公務繁忙，仍盡量抽出時間陪伴蘇轍。徐州城東有泗水，蘇軾與老弟同遊，二人議論著河兩岸應該種植什麼植物，蘇軾暢想種上柳樹，躍馬柳下，但又覺得年已不惑，不該再年少輕狂。

除了公務，二人出則同車，睡則同眠。七月的一個風雨之夜，二人同宿逍遙堂。蘇轍想到他們又即將分離，作〈逍遙堂會宿二首〉，詩前有一段長長的引言：

轍幼從子瞻讀書，未嘗一日相舍。既仕，將宦遊四方，讀韋蘇州詩至「安知風雨夜，復此對床眠」，惻然感之，乃相約早退，為閒居之樂。故子瞻始為鳳翔幕府，留詩為別曰：「夜雨何時聽蕭瑟？」其後子瞻通守餘杭，復移守膠西，而轍滯留於淮陽、濟南，不見者七年。熙寧十年（一〇七七）二月，始復會於澶濮之間，相從來徐，留百餘日。時宿於逍遙堂，追感前約，為二小詩記之。

制科考試前，他們寄住在汴京懷遠驛備考，相約將來早點退休，住在一起，在風雨之夜對床而眠，享受閒居之樂。而今宦遊漂泊，「夜雨對床」的舊約終為空文。蘇轍是個穩重內斂的人，悲喜不外露，這兩首小詩卻格外悽楚。其一曰：

逍遙堂後千尋木，長送中宵風雨聲。誤喜對床尋舊約，不知漂泊在彭城。

讀此詩，蘇軾亦不能不傷感。但做為兄長，他還是盡量寬慰兄弟：「猶勝相逢不相識，形容變盡語音存。」總比相見不相識好吧，樣貌雖然一天天變老，鄉音未改，兄弟還是過去的兄弟！

蘇軾堅持留蘇轍住到中秋，那天他邀請許多人設樂置酒，在泗水上泛舟暢飲，為蘇轍送行。蘇轍作詞〈水調歌頭〉，遙相呼應去年中秋蘇軾的〈水調歌頭〉：

離別一何久，七度過中秋。去年東武今夕，明月不勝愁。豈意彭城山下，同泛清河古汴，船上載〈涼州〉。鼓吹助清賞，鴻雁起汀洲。

坐中客，翠羽帔，紫綺裘。素娥無賴，西去曾不為人留。今夜清尊對客，明夜孤帆水驛，依舊照離憂。但恐同王粲，相對永登樓。

漢末王粲滯留荊州十二年，不得施展才華，常登樓遠眺，懷念家鄉，作〈登樓賦〉。蘇轍希望他們兄弟不要像王粲一樣懷才不遇，流落他鄉。

蘇軾則和詞曰：「一旦功成名遂，准擬東還海道，扶病入西州。」用東晉謝安的典故，意指想要歸隱家鄉而不得。

中秋團圓本是幸事，他們卻悲戚難抑。令蘇軾、蘇轍兄弟想不到的是，更大的政治風浪正向他們襲來。

元豐二年，蘇軾移知湖州，先往南京會見蘇轍，住了半個月才動身赴任。湖州任上剛三個月，即發生「烏臺詩案」，官差到湖州將蘇軾拘捕。蘇軾自覺凶多吉少，只有蘇轍可以依靠，便留下一封信給蘇轍，讓他料理後事。

蘇軾被羈押到京，關進御史臺大牢。據說，宋太祖為約束後世君主，盟誓「不殺士大夫」，但宋神宗此時已有殺蘇軾之心。蘇軾以為必死，在獄中寫下絕命詩與弟弟訣別：

聖主如天萬物春，小臣愚暗自亡身。百年未滿先償債，十口無歸更累人。
是處青山可埋骨，他年夜雨獨傷神。與君世世為兄弟，更結來生未了因。

其意為：今生的緣分到此為止了，但兄弟間的感情沒有盡頭，我們還有很多約定沒有實現，願世世代代成為兄弟，重續今生沒有了結的因緣。

蘇轍內心非常焦急，他既要承擔起照顧大家庭的責任，又要想辦法營救蘇軾！他家裡人口本來就多，仍然毫不猶豫地把蘇軾家眷接了過來，靠舉債養活兩家。蘇轍職位很低，在皇帝、宰相面前說不上話，沒有管道營救兄長，但仍然義無反顧地越級上書。他表示願意用現任官職去贖兄長之罪，最低保住性命。其兄弟情深，令人淚下。

透過蘇轍以及其他人的營救，宋神宗終於回心轉意，將蘇軾發配黃州。而蘇轍也受牽連，貶為監筠州鹽酒稅務，相當於筠州的市場管理局和稅務局局長。

年底歲末，蘇軾出獄。雖然被關押一百三十多天，受盡折磨，但能保住一命，已經非常慶幸了。他聽到蘇轍為他納官贖身的消息，寫詩感謝說：「堪笑睢陽老從事，為余投檄向江西。」應天府舊稱「睢陽」，「從事」是屬官，蘇軾戲稱蘇轍為「睢陽老從事」；而筠州在江西，蘇轍因為上書被貶到了這裡。

元豐三年（一〇八〇）大年初一，蘇軾在御史臺官差的押解下前往黃州，約蘇轍在陳州見面。初十，兄弟見面，有一種劫後餘生的喜悅。晚上同室而臥，蘇轍勸蘇軾吸取教訓，少寫詩詞，不要惹是生非。蘇軾答應了，說今後一定「畏蛇不下榻，睡足吾無求」。蘇軾雖然還掛著「團練副使」的空頭官職，但不得簽書公事，薪金也降了，以後生活會面臨很多困難。蘇轍為兄長擔憂，蘇軾說：你住長江東，我住長江西，同在一條長江之上，沒有什麼不方便的。

蘇軾於二月初一到達黃州，蘇轍將自己家眷安頓在江西後，雇船送嫂子、侄子和兄長僕從去黃州。蘇轍在黃州住了十天，與蘇軾一起遊覽了武昌縣寒溪西山寺後，因江西一大家子需要照顧，又有公務在身，只好告別。

世無斯人誰與遊

在黃州五年，蘇軾終於恢復有限的自由，可以脫離監視居住了。蘇軾第一個願望就是去看蘇轍。他一路走來，一路不斷派人給蘇轍送信，告訴他走到哪裡了，其迫切心情由此可知。這年端午他們終於在筠州團圓，熬過了最艱難的日子，彼此分外珍惜，非常滿足。

第二年，宋神宗駕崩，宣仁太后實施「元祐更化」，蘇軾、蘇轍兄弟迎來了人生的高光時刻。他們雙雙還朝，蘇軾任翰林學士知制誥，蘇轍任中書舍人。翰林學士知制誥負責在宮廷裡為皇帝起草詔書，稱「內制」；中書舍人在中書省起草檔，稱「外制」。兄弟二人同時掌內外制，一時傳為佳話。他們同朝為官，經常見面，少了些兩地相思之苦。

事實證明，蘇轍低調內斂的性格在黨爭中更適合生存。即便舊黨執政，蘇軾仍免不了多次出守地方，先後知杭州、知潁州、知揚州。而蘇轍於元祐五年（一〇九〇）任御史中丞，元祐六年任尚書右丞，元祐七年任門下侍郎，成為副宰相。

可惜好景不長，元祐八年，宣仁太后去世，哲宗親政，新黨再次控制了朝政。蘇軾、蘇轍都預感到時局變化，一場血雨腥風恐不可避免。於是蘇軾請郡定州，到東府（尚書省）向蘇轍告別：

庭下梧桐樹，三年三見汝。前年適汝陰，見汝鳴秋雨。
去年秋雨時，我自廣陵歸。今年中山去，白首歸無期。

客去莫歎息，主人亦是客。對床定悠悠，夜雨空蕭瑟。
起折梧桐枝，贈汝千里行。重來知健否，莫忘此時情。

東府的院子裡有一棵梧桐樹，蘇軾每次與蘇轍告別或相聚，都恰巧趕上雨天。梧桐靜靜地矗立在那裡，默默地承受著風吹雨打，不知是悲還是喜。從元祐六年算起，出知潁州在這裡告別，揚州還朝在這裡相聚，加上這次到定州去，已經是三年三見了，梧桐見證了兄弟情誼，更見證了悲歡離合，只是這次分別後，是否還有歸來日？詩中第一個「客」指蘇軾自己，「主人」指蘇轍，可蘇軾有不祥的預感，蘇轍這位主人不久也會離開，成為「客」。蘇軾再次想起「夜雨對床」的承諾，但「對床」遙不可期，只有「夜雨」敲打著離人的愁緒。

這次出守之後，蘇軾再也沒有回到京師。

紹聖元年，蘇轍終於未能倖免，落職汝州，而蘇軾更被貶到遠在嶺南的惠州。閏四月，蘇軾路過汝州，蘇轍從本不寬裕的家資中拿出七千貫錢，交給蘇軾長子蘇邁，讓他到宜興買地置產，為蘇軾在江南留下一支。蓋嶺南九死之地，蘇轍擔心他們一家有去而不復返矣！

紹聖四年二月，噩運再次襲來，蘇轍也被流放到嶺南，雷州安置。唯一值得欣慰的是，兄弟倆同在嶺南，離得稍微近了些。然而老天弄人，新黨不願他們兄弟連枝，竟將蘇軾放逐到海外——海南島儋州。在北宋，流放海南僅次於直接付諸絞刑。

五月，蘇軾在貶謫的路上聽到蘇轍貶雷州的消息，派人騎快馬給蘇轍送信，約在藤州等候，期盼二人能見上最後一面。

這次相見屬蘇軾聽到消息後臨時動議，他們各赴險地，仍然感到意外之喜。蘇軾最擔心蘇轍經受不住政治打擊，但看到蘇轍白鬚紅頰，便放心多了。吃飯時，他們買湯餅進食。嶺南人不常吃湯餅，口味遠不如中原。蘇轍難以下嚥，蘇軾卻早已習慣了，三口兩口吃完，打趣說：「你還要細嚼慢嚥嗎？」為了寬慰蘇轍，蘇軾作詩：「莫嫌瓊雷隔雲海，聖恩尚許遙相望。」雷州在瓊州海峽北岸，與海南遙遙相望。即便在最惡劣的環境裡，蘇軾也能找到不悲傷的理由。

兄弟倆同吃同住，邊走邊聊，戀戀不捨，盡量拖延行程，六月初五才到雷州。蘇轍執意送蘇軾到海濱。是夜，蘇軾痔瘡發作，徹夜疼痛不能入眠。蘇轍在一旁照料兄長，為他誦讀陶淵明〈止酒〉詩，勸他戒酒。

此後雖海峽兩隔，兄弟倆仍書信不斷。這是他們保持了一生的習慣，只要分隔兩地，定然互通音訊。蘇軾經常遙控指導弟弟怎樣適應海濱生活，勸他入鄉隨俗，從鄉野粗鄙中找到生存的樂趣。元符元年（一〇九八）二月二十日，蘇轍六十歲壽，蘇軾沒有禮物可送，便親手為他製作了一根黃花梨木手杖，在窮厄之中顯得彌足珍貴。

宋徽宗即位後，大赦元祐黨人，蘇轍定居潁昌，並邀請蘇軾同居於此。蘇軾考慮到蘇轍家境並不寬裕，決定不與蘇轍同住。但蘇轍一再託人來勸，蘇軾只好答應了下來。就在他們即將實現「夜雨對床」夙願時，朝中再度風雨飄搖，宋徽宗開始厭惡元祐黨人了。蘇軾唯恐再受政治牽連，不願靠近京師，最終決定定居常州，然而不久竟然病逝。

最後的時光裡，蘇軾念念不忘蘇轍，說：「惟吾子由，自再貶及歸，不及一見而訣，此痛難堪！」

蘇軾逝後，蘇轍主持將蘇軾安葬於郟城縣。墓地附近有座小山，酷似峨眉，讓兄弟倆有魂歸故里的感覺。蘇軾生前與蘇轍商議，由蘇轍買下這塊地，他們百年後都葬在這裡。

蘇轍在潁昌閉門謝客，專心著書，絕口不談時事，號「潁濱遺老」。他常常懷念與蘇軾在一起的點點滴滴，迎西風而望黃昏：

歸去來兮，世無斯人誰與遊？

政和二年（一一一二），蘇軾去世十一年後，蘇轍也走完了人生旅程，葬在蘇軾墓旁。

蘇軾、蘇轍雖為兄弟，但親如一人，屬於同一個命運共同體。他們政治觀相同，人生觀接近，文采相當，同氣連枝，並驅而馳；他們生不逢時，命運隨著黨爭起起伏伏，同進共退，榮辱與共；他們人不分彼此，財不分你我，居則對床同臥，分則魚書雁信，兄友弟恭到這般親密，古今無兩。

第四章

惟願孩兒愚且魯

蘇軾生有四子：長子蘇邁，為王弗所生；次子蘇迨、三子蘇過，均為王閏之所出；四子蘇遯，小名乾兒，母親為侍妾王朝雲，不滿一年而早夭。

蘇軾歷盡政治風波，因詩詞而遭禍。他不願兒孫像自己一樣鋒芒外露，聰明反被聰明誤。蘇遯滿月時，他作〈洗兒〉詩：

人皆養子望聰明，我被聰明誤一生。惟願孩兒愚且魯，無災無難到公卿。

這既是他對蘇遯的期盼，也是他對所有兒孫的祝福。

蘇邁「頗有父風」

長子蘇邁，字伯達，嘉祐四年生於眉山，這時蘇軾和王弗結婚已經五年，蘇軾回眉山服母喪結束，正準備回京。

治平二年五月王弗病逝，蘇邁年僅六歲。好在蘇軾續娶的王閏之是他的堂姨，婦德賢淑，把蘇邁當作親兒子撫養。後來王閏之陸續生了蘇迨和蘇過，對三個兒子一視同仁，不分彼此。蘇邁雖然幼年不幸，但不缺少母愛。

蘇軾到地方上做官，總是攜家帶眷。蘇邁因此跟著遊歷各處，增長了不少見識。熙寧十年，蘇邁十九歲，與父親結婚時一樣年紀，蘇軾便張羅著給他說親。蘇軾中意的親家是同鄉的呂陶。呂陶是仁宗皇祐二年（一〇五〇）進士，屬舊黨，兩家有許多共通之處。蘇軾在是年三月寫信為蘇邁求婚：

里閈之游，篤於早歲；交朋之分，重以世姻。某長子邁，天資樸魯，近憑一藝於師傅。賢小娘子，姆訓夙成，遠有萬石之家法。聊申不腆之幣，願結無窮之歡。

先是攀關係，我們是老鄉，很早就有深厚的交情。接著介紹蘇邁，樸實、遲鈍，顯然是謙辭，不過也符合蘇邁的性情特點：算不上多麼聰明，但忠誠可信，還有一些學問。這裡的「藝」指詩文書畫等藝術修養。然後讚揚呂陶的女兒有女德，有「萬石君」的家風。萬石君指西漢大臣石奮，他對子女嚴格教育，恭敬謹嚴，講究禮儀。最後，蘇軾切入正題：送一些聘禮，希望兩家締結婚姻之好。

不久，蘇邁與呂家小娘子結婚，次年生下兒子蘇簟。

蘇軾因「烏臺詩案」在湖州被捕時，蘇邁二十一歲。由於蘇邁其他兄弟年紀還小，蘇軾讓他一個人跟著進京，一路上好有個照應。蘇軾被關押進御史臺，蘇邁每天給父親送飯，並傳遞一些外面的消息。獄卒在場時，有些話不便明講，二人便約定，平時只送肉食和蔬菜，如果有凶訊就送魚。有次，蘇邁脫不開身，委託朋友代勞送飯，卻沒有交代他們的約定。朋友不明就裡，送的飯菜裡偏偏有條魚。蘇軾以為皇帝下了處斬令，絕望之中給蘇轍寫下兩首絕命詩。兩首詩傳到神宗手裡，神宗看到「聖主如天萬物春，小臣愚暗自亡身」兩句，認為蘇軾感念皇恩，並有悔過之意，一高興放了蘇軾一馬。

此後蘇軾責授黃州團練副使，為維持生計在城東開墾了一片坡地，蘇邁是主要勞動者。蘇軾半生奔波，沒有時間好好教育子女，在黃州清閒下來，便開始重視對子女的詩詞訓導。有次，晚上父子對坐，蘇軾要和蘇邁聯句。當時月明星稀，寰宇清廓，蘇軾首先起句：「清風來無邊，明月翳復吐。」蘇邁很快對出：「松聲滿虛空，竹影侵半戶。」蘇軾又曰：「暗枝有驚鵲，壞壁鳴饑鼠。」蘇邁再對：「露葉耿高梧，風螢落空廡。」蘇軾又出：「微涼感團扇，古意歌白紵。」蘇邁再回：「樂哉今夕遊，復此陪杖屨。」從對句中不難看出，蘇軾隱隱透露出悲愁失落，而蘇邁總是有意向輕鬆高亢的格調上引導。

蘇軾高興蘇邁有這樣的詩才，作詩誇蘇邁超過了杜甫的兒子，讓他很欣慰。

蘇邁幼年即表現出一定的詩詞才能，曾經作詩吟詠一種類似於蘋果的水果——林檎，有「熟顆無風時自脫，半腮迎日鬥先紅」兩句，蘇軾讚賞「於等輩中，亦號有思致者」。後來蘇邁做酸棗縣尉，作詩：「葉隨流水歸何處，牛載寒鴉過別村。」蘇軾鼓勵「亦可喜也」。不過，蘇邁文才不甚突出，譬如「葉隨」兩句，蘇軾背後嘲笑「此村長官詩」，意思是描寫農村生活很真實，但立意平平。

在黃州，蘇邁遭遇一次人生變故，原配呂氏去世了，後來又續娶石揚休的孫女。石揚休，字昌言，也是眉州人，兩家住得很近，算是世交。石揚休比蘇洵大十四、五歲，常常拿大棗、栗子給蘇洵吃。蘇洵貪玩，學習句讀、屬對、聲律，半途而廢，而石揚休好學，對蘇洵很失望。後來石揚休考中了進士，蘇洵才意識到二人的差距，從此發憤努力，埋頭苦讀。

蘇家與石家還是姻親，蘇洵的二姐嫁給了石揚休的弟弟。蘇軾提親時，石揚休早已去世，石揚休之子石康伯欣然將女兒嫁到蘇家成為繼室，親上加親。石氏在元祐二年（一〇八七）生育一子，即蘇邁次子蘇符。

元豐七年，蘇軾處境好轉，蘇邁也被授了官，為饒州德興縣尉。意味著蘇邁從此將獨立生活，長年與蘇軾分居兩地。蘇軾親自為蘇邁送行，一直送到江州湖口縣，六月九日遊覽了石鐘山，寫下著名的〈石鐘山記〉。臨別，送給兒子一方硯臺做為第一次出仕的紀念，蘇軾親手在硯臺上刻字：

以此進道常若渴，以此求進常若驚，以此治財常思予，以此書獄常思生。

這四句話寄寓著蘇軾的為官之道：用它學習知識要如饑似渴，用它謀求晉升要感到不安，用它管理錢財要想到讓民眾受惠，用它書寫案卷要考慮給人留下生路。

蘇邁沒有辜負父親的教誨，《德興縣誌》記載：「邁公有政績，後人立『景蘇堂』仰之。」蘇軾則向朋友誇耀：「長子邁作吏，頗有父風。」

元祐元年（一〇八六），蘇轍彈劾新黨骨幹呂惠卿。當時呂惠卿的弟弟呂溫卿知饒州，饒州與江州同屬江南東路，饒州是江南東路提點刑獄司的治所，對各州有司法調查權。蘇轍擔心呂溫卿對蘇邁不利，上奏將他改任酸棗縣（今河南延津）尉。元祐五年，蘇邁任雄州防禦推官，元祐六年出任河間縣令。元祐八年因繼母王閏之去世，蘇邁離職服母喪，陪伴父親。

紹聖元年閏四月，厄運再次降臨蘇家，蘇軾被遠謫嶺南，蘇轍也被貶到汝州。蘇軾一家路過汝州與蘇轍相會，經過商議，蘇轍分七千貫錢給蘇邁，讓他到宜興置地辦產，為蘇家留條後路。就這樣，蘇邁沒有隨父親到嶺南過困苦的生活，與二弟蘇迨以及家裡大部分成員去了宜興。

紹聖四年，為了離父親所在的惠州近一些，蘇邁請求任職嶺南，得韶州仁化縣知縣。他風塵僕僕趕到廣東，不料朝廷一紙詔令，說韶州毗鄰惠州，需要回避。蘇邁尚未上任，便徑直去了惠州與父親相見，孰料蘇軾又被貶到海南儋州。

蘇軾自認為必死於海南，執意不讓蘇邁隨行。蘇邁送到海邊，一家人不忍分別，哭聲連天，悲泣海濤。蘇軾交代了後事，寫信讓惠州太守方子容照顧蘇邁及其他家人。他留給蘇邁一幅畫像《背面圖》，上書「元祐罪人，寫影示邁」。他希望蘇邁接受他的教訓，引以為戒，「慎言語，節飲食，宴寢早起」，寧願庸碌無能，也不要重蹈自己覆轍。

蘇軾坐船出海，蘇邁不忍就這樣任憑父親流寓海外，便沒有回宜興。蘇軾在惠州白鶴峰建有新居，還未來得及居住，蘇邁帶領一家老小住在那裡。恰巧蘇轍被貶雷州，也把家眷留在惠州。兩大家子生活在一起，蘇邁是大家長。他要扛起家庭重任，還要定期採購米麵、酒肉和藥品、書籍托運給父親，為蘇軾當好「後勤部長」。

元符三年，蘇軾僥倖不死，遇赦回到內陸，蘇邁帶領一家老小趕去迎接父親。蘇軾曾猶豫晚年在哪裡安家，考慮過與蘇轍住在一起，又擔心離京城太近，再受黨爭之禍，最後決定定居常州。可惜剛到常州便感染痢疾，不幸去世。根據蘇軾遺囑，蘇邁到郟城考察墓地，又到京城把王閏之的靈柩一併運來，協助叔父蘇轍將父親安葬在小峨眉山下。

宣和元年（一一一九），蘇軾去世十八年後，蘇邁逝世，享年六十一。

蘇迨「有世外奇志」

愛炫娃的蘇軾誇耀次子蘇迨「迨好學，知為《楚辭》，有世外奇志」。這「世外」既可以理解為不同於常人，也可以特指不在俗世中的和尚、道士、隱士。這個詞用在蘇迨身上頗恰當，他還真做過一段時間和尚。

蘇迨出生於熙寧三年（一〇七〇），字仲豫。他生下來身體不好，蘇軾形容他的古怪相貌：「我有長頭兒，角頰峙犀玉。」說蘇迨的臉很長，頭頂兩端兀起，像兩個犀牛角。這種相貌很像弱智兒，不過蘇迨長大會作詩，不至於有智力缺陷。也有人說是腦積水，腦積水有可能影響視神經、腦神經，導致智力下降、走路不穩，這個推測更像蘇迨的身體特徵：他四歲前不會走路，要靠人背著或抱著。

古代醫學不發達，沒有人認識這種病，只好求助於玄學。蘇軾通判杭州時，請天竺寺的辯才法師為蘇迨摩頂。摩頂是佛教儀式，接受摩頂的人意味著皈依了佛門，成為出家人，故蘇迨得了法名「竺僧」。宋代和尚、道士要登記造冊，發放專用身分證明——度牒，所以蘇迨雖仍然生活在蘇軾身邊，但從官方資料來看，他已經是天竺寺的一名小和尚了。

據說，蘇迨摩頂之後馬上便會走路，「師來為摩頂，起走趁奔鹿」，走起路來像小鹿奔跑那樣敏捷。腦積水的兒童四、五歲會走路也屬正常，但是蘇軾把它歸功到佛法的名下。至於敏捷肯定是誇張的手法，反映了蘇軾愛子和喜悅的心情。

此後，蘇軾從沒間斷為蘇迨治病。熙寧十年，蘇軾在徐州，請到一位叫李若之的道士。李若之自言能夠「布氣」，就是把自身多年頤養的「氣」輸送給病人，使人精力充沛。蘇軾請他為蘇迨治病，李若之與蘇迨對坐，蘇迨感到腹中湧入一股暖流，如朝陽初升。

蘇迨身體雖弱，但詩詞文學方面還是遺傳了蘇家的天賦。他十六歲那年隨父親到登州上任，途中遇大風雨，作詩〈淮口遇風〉，蘇軾誇讚寫得好，欣然和詩鼓勵兒子。原詩失傳，和詩曰：

我詩如病驥，悲鳴向衰草。有兒真驥子，一噴群馬倒。
養氣勿吟哦，聲名忌太早。風濤借筆力，勢逐孤雲掃。
何如陶家兒，繞舍覓梨棗。君看押強韻，已勝郊與島。

詩中形容蘇迨的詩如萬馬奔騰，如風捲殘雲，已經勝過了唐代詩人孟郊和賈島。蘇軾不惜拿陶淵明的兒子和自己的兒子作對比：陶淵明的兒子只知道繞著房子找梨棗吃，哪有我家迨兒這樣出息？沾沾自喜之餘，蘇軾又告誡出名不要太早，要低調，要厚積薄發。

幾個孩子中，蘇軾給予蘇迨更多關懷和愛，蘇迨稍微有點成績就不吝筆墨大加讚揚，許多用詞過分誇大顯得不真實。大概是蘇軾有意為之，這孩子天生條件不好，不能讓他心理過於失衡。詩中「聲名忌太早」，可能包含言外之意，警醒蘇迨不要對自己抱有過高幻想。

蘇軾給友人的信函中也多有誇耀蘇迨的語句，如〈與陳季常書〉：「長子邁作吏，頗有父風。二子作詩騷，殊勝咄咄。」

元祐元年，蘇迨十七歲，可以授官了。但蘇迨是個出家人，自然不能做俗世的官。蘇軾連忙給辯才和尚寫信，讓他剃度另一個人以頂替蘇迨，為蘇迨還了俗。這一年，蘇迨被授予承務郎的職銜。承務郎為文官第三十一階，從九品，大多用於恩蔭，領取一份薪水，不需要實際上班。

也是這一年，蘇軾向歐陽修夫人及其三兒子歐陽棐提親，為蘇迨娶到歐陽棐第六女。元祐八年左右，原配歐陽氏去世，蘇迨又續娶了歐陽棐第七女。

紹聖元年，蘇軾貶嶺南時，蘇轍資助蘇邁到宜興落腳就食，其餘人等隨蘇軾去嶺南。到了當塗，蘇軾改變了主意，堅持要一個人去。是年蘇軾已經五十八歲，兒孫們怎麼忍心讓他獨自在蠻荒之地生活？蘇迨等一大家子人圍著蘇軾哭，執意同行。最後蘇軾決定由三兒子蘇過陪同自己，蘇迨帶著其他家眷到宜興投奔蘇邁。

分別時，蘇軾手書六篇賦送給愛子，還送給他一方硯臺，上面刻寫了〈迨硯銘〉：

有盡石，無已求。生陰壑，閟重湫。得之艱，豈輕授。旌苦學，畀長頭。

意思是說這方硯臺非常珍貴，得來不易，把這麼珍貴的硯臺送給蘇迨，以表揚他勤奮學習。畀，即給予。長頭指蘇迨，看樣子是蘇迨的乳名。

蘇軾追貶海南時，蘇邁暫居惠州遠程照顧蘇軾。由於身體原因，蘇迨生活在宜興。元符三年，蘇軾獲赦北歸，蘇迨趕到惠州，與蘇邁會合後一起去廣州迎接父親。聽聞二子相迎，蘇軾深感欣慰：「北歸為兒子，破戒堪一笑。」

關於蘇迨還有些傳聞。據說他化名跟著橫渠先生張載學習道學，又化名蘇鼎考中哲宗朝進士。張載是著名理學（北宋叫「道學」）大師，「北宋五子」之一，他的名句「為天地立心，為生民立命，為往聖繼絕學，為萬世開太平」

被譽為傳統知識分子的理想追求。不過蘇迨的這些傳聞並不可信。張載在熙寧十年就去世了，那時蘇迨只有七歲，剛會走不久。傳聞還說蘇迨跟隨張載最久，被關中士大夫稱為「門人之秀」，從年齡和時間段來說，更不可靠。

據家譜記載，蘇迨亡於宋欽宗靖康元年（一一二六），年五十七歲。蘇迨至少有個兒子蘇簹，小歐陽氏所生。

蘇過「小東坡」

蘇軾諸子中，蘇過陪伴蘇軾的時間最久，文學藝術成就也最高。蘇軾號東坡，他稱這個兒子是「小坡」。

蘇過，字叔黨，生於熙寧五年（一〇七二），當時蘇軾通判杭州。

蘇過二十歲那年，蘇軾為蘇過求婚於同鄉范百嘉之女，把蘇過比作孔子的弟子南容。《論語》說：「南容三復〈白圭〉，孔子以其兄之子妻之。」南容多次吟誦〈白圭〉之詩，孔子就把侄女許配給了他。蘇軾這樣作比，意思是兒子勤學習、品行好。

蘇軾被貶嶺南時，按照禮制，長子需要撐起門戶，所以蘇軾把蘇邁留在中原；蘇迨身體不好，也不宜去嶺南；只能由小兒子陪伴，隨時照顧老父起居。蘇過不願妻子一同受苦，讓妻子跟隨家族去了宜興。

雖然是被貶，喜歡遊山玩水的蘇軾一路還是觀賞了不少風景。每到一處，蘇軾作詩，蘇過也不甘落後，二人爭相題詠，還相互唱和。蘇過詩才明顯高於兩個哥哥，蘇軾欣然：「過子詩似翁，我唱兒輒酬。」表揚蘇過的詩風與自己最為接近。

貶謫嶺南，對於蘇軾在物質上和精神上都是嚴重打擊，蘇過想方設法寬慰父親，讓父親開心起來。他在羅浮山時說，人生短暫，如朝露和閃電，都有逝去的那一天，沒有必要為此悲傷。傳說彭祖活了八百歲，但比起八千歲的椿樹仍然如白駒過隙。他又和父親調侃道：「我們來到大海邊，與神仙居住的蓬萊更近了，至於富貴，如敝屣，不值得考慮，在這裡與麋鹿為友，總好過被猙獰的豺狼盯著吧。」猙獰的豺狼指的當然是朝廷中的政敵。

蘇軾晚年愛作畫，尤其喜畫枯木竹石。蘇過也跟著父親學畫，像蘇軾一樣表現出多方面的才能。蘇軾題蘇過的竹石畫，其中一首寫道：

老可能為竹寫真，小坡今與石傳神。山僧自覺菩提長，心境都將付臥輪。

「老可」指蘇軾的朋友文與可，蘇軾在他的影響下開始畫竹石。「小坡」則是蘇軾對蘇過的愛稱，間接認可蘇過得了自己的真傳。這首詩後，蘇過「小坡」、「小東坡」的雅號廣為流傳。

蘇過把家眷留在宜興，在惠州長期單身，蘇軾覺得愧對兒子。他寫信讓蘇邁申請來廣東做官，原因之一就是讓他把蘇過的妻小帶來團聚。如果一大家人都到惠州，住房肯定不夠。紹聖三年四月，蘇軾花了六、七百貫銅錢，買下惠州城東白鶴峰上白鶴觀地基做為「宅基地」，建造房屋，迎候蘇邁和蘇過家小居住。房屋二十餘間，全部建在山上，工程量可想而知。而這些體力活幾乎全是蘇過做的——蘇軾已老，自然做不動了。他給友人的信中表現出對兒子的憐惜和無奈：「小兒數日前暫往河源，獨幹築室，極為勞冗。」

蘇邁帶著兩家家眷來到惠州，蘇軾卻又被貶到海南儋州，跟隨蘇軾的仍是蘇過！花一身力氣蓋好了房子，蘇過卻無福受用；還未來得及享受夫妻重逢的恩愛，就又背起行囊浮槎渡海。蘇過極為悲傷，後來回憶說：「人皆有離別，我別不忍道。……未溫白鶴席，已餞羅浮曉。江邊空忍淚，我亦肝腸繞。」

儋州的日子比惠州更加艱難，蘇軾總結了「六無」：「此間食無肉，病無藥，居無室，出無友，冬無炭，夏無寒泉。」確實，他們抵達後面臨的第一個問題是住在哪裡。官家房屋不讓住，只得自己蓋房子。雖然蘇過有惠州蓋房的經驗，但仍勞心勞力，連蘇軾都「躬泥水之役」，其艱辛又非惠州所能比。

有了房子，吃飯仍是問題。不僅「食無肉」，而且經常食無米。蘇軾寫給蘇轍的詩中說：「五日一見花豬肉，十日一遇黃雞粥。土人頓頓食薯芋，薦以熏鼠燒蝙蝠。」海南不生產稻米，糧食以薯芋為主，土著還會吃蝙蝠和熏鼠，這讓蘇軾父子感到噁心，嘔吐難食。官方為了解決島上北方人的生活問題，從大陸運米過去，但受天氣等多種因素影響，「北船不到米如珠」。為了破解吃飯難題，蘇過發明了一種新的食品：以薯芋為主，摻入米粒，混合著吃，以節省大米。蘇軾給這種飯取名「玉糝羹」。

蘇軾是著名的美食家，發明了「東坡肉」等新菜品，蘇過繼承了父親的美食基因，無愧於「小東坡」稱號。

蘇過從出生起，幾乎沒有離開過蘇軾，其中單獨陪伴蘇軾七年，嘗盡了嶺南和海南的艱辛困苦。

蘇軾去世後，三個兒子跟隨蘇轍在潁昌生活，宜興土地只用來收租。土地收入無法供給一家人的生活，蘇轍還要補貼他們很多。為了增加收入，蘇邁、蘇迨申請外出做官，但他們是「罪人」之後，官職很低，蘇邁謀的差事是嘉禾縣令，蘇迨是武昌管庫官。蘇過則繼續陪伴老父親，為蘇軾守墓。

直到政和二年，蘇過才到太原府謀取了一個監稅的小官，這一年他四十一歲。四十五歲升潁昌府郾城知縣，不久又遭罷免。潁昌離京城比較近，蘇過得以偶爾出入京城，據傳與宮中大宦官梁師成有交往，梁師成對他多有關照。

梁師成深受宋徽宗信任，賜進士出身，拜太尉、開府儀同三司，在歷史上口碑很差，是著名的「六賊」之一，同列「六賊」的還有蔡京、童貫等。他權勢熏天，有「隱相」之稱。這樣一個人卻對蘇軾佩服得五體投地。蘇軾被打壓得最厲害時，全國焚毀蘇軾作品，不得閱讀、買賣、收藏其文、詩、畫，蘇軾後代不准入京為官。然而就在這至暗時刻，梁師成公然宣稱自己是蘇軾的「出子」，成為歷史上一樁公案。梁師成自述，蘇軾曾將一個婢女送人，但不知這位婢女已身懷六甲，後來生下了梁師成。梁師成多次在徽宗面前為蘇軾辯護求情：「先臣何罪，禁誦其文章，減其尺牘？」因是寵臣，徽宗並沒有治他的罪。

梁師成沒多少文化，卻酷愛收藏書畫，尤其是蘇軾遺墨。蘇軾在海南即將北歸時，曾手書八篇賦，後來落入梁師成手中。有分析認為應該是蘇過送給或者賣給梁師成。梁師成同樣視蘇過為親兄弟，據朱熹記載，梁師成曾對家裡的府庫說：「凡是小蘇學士用錢，一萬貫以下的無需稟報我。」

儘管傍上這樣一位「大人物」，但蘇過的結局依然悲慘。宣和五年（一一二三），他出任中山府通判，赴任走到鎮陽道中，遭遇強盜，強盜居然想拉他入夥。蘇過抬出蘇軾的名頭，強盜才沒有再為難他。晚上，蘇過或許有些害怕，或許有些得意，舉杯痛飲，竟猝死於途中，時年五十二歲。

蘇過住在潁昌時，給住處取名「小斜川」，自號「斜川居士」，他的詩文結集成《斜川集》。蘇軾三個兒子，唯蘇過有詩文集行世，也唯蘇過在《宋史》有傳。

清朝建有眉州試院，上有對聯：千載詩書城，坐修竹林中，盡饒佳士；四賢桑梓地，問《斜川集》後，誰嗣高文？將蘇過與蘇洵、蘇軾、蘇轍並稱「四賢」，這是對蘇過的充分肯定。只不過比起父祖輩，他的文學光芒顯得比較微弱。

卷二

師長

安得如公百無忌

第五章

自屈自信張方平

古人相信人生有輪回，只不過喝了孟婆湯，記憶被抹去，前生不可溯，但最深刻、最熟悉的印象，往往在恍惚之間會被喚醒。

蘇軾第一次遊杭州壽星寺時，眼前所見，彷彿都經歷過，他甚至能說出對面懺悔堂前有九十二級臺階。蘇軾斷定自己前世是這裡的山僧。據寺裡和尚回憶，蘇軾夏天在寺裡脫衣睡覺，看見其背上有七粒黑痣，如星斗狀，而世俗之人則看不到。

無獨有偶，北宋另一人也有類似的經歷。

宋仁宗慶曆八年（一〇四八），張方平出知滁州，參訪琅琊寺，在僧舍中看到一本抄了半部的《楞伽經》，忽而靈光乍現，記憶起自己前世乃本寺僧人，這半部《楞伽經》正是前世手筆，當時沒有抄完就因病辭世了。

他們都是前世的僧人，有佛緣，而俗緣更深。可以說，張方平是蘇家第一個貴人，是蘇軾的引路人。

慧眼識騏驥

張方平年長蘇軾三十歲，當蘇軾八歲入道觀讀書時，張方平已經是翰林學士。張方平最顯著的才能是記憶力超群，讀書幾乎過目不忘。他少年時家貧，向別人借書讀，《史記》、《漢書》、《後漢書》這樣的大部頭，只看一遍，根本不需要重溫，所以十來天就歸還了。當時人們只籠統地認為張方平聰慧，有奇才，殊不知他就是「最強大腦」！這樣的大腦更適合與數字打交道，入仕後，張方平在財賦稅收方面表現出特殊的興趣和才能，被任命為三司使，在王安石之前，他是宋朝最優秀的理財大師。

蘇軾十九歲時，廣西一帶少數民族首領儂智高有叛亂跡象，蜀中震恐，百姓不安，朝廷派張方平應對亂局，鎮守益州。蘇軾與張方平的緣分就從此開始了。

張方平是天下名臣，蘇洵還是白衣，一心求取功名，便遞上帖子前去拜訪。張方平沒有因為地位懸殊而慢待蘇洵，立刻安排見面。二人談經論道，交流文學，十分投機。張方平認真賞讀了蘇洵帶來的作品如〈權書〉、〈衡論〉等，感歎蘇洵是困於棘茨的鴻鵠，有治史之才，湮沒鄉野十分可惜，當即奏請朝廷，保舉蘇洵為成都學官。

彼時蘇洵已年近半百，相較而言，他更在意兩個兒子的前途，便向張方平推薦了兩個兒子。張方平讀蘇軾的文章，議論風生、縱橫捭闔、雄放恣肆，意識到是百年不遇的曠世奇才！他沒有把蘇軾當作一般後起之秀，而是「待以國士」。朝廷重臣如此抬舉未出茅廬的年輕人，可謂非同尋常的禮遇。

參加貢舉是讀書人唯一的出路，蘇洵父子也不例外。宋朝貢舉須經鄉試、省試、殿試三級選拔，鄉試即州府組織的考試。蘇洵本打算讓二子在益州鄉試，張方平則說以蘇軾之才，參加益州鄉試好比騎著駿馬在鄉間小巷裡奔跑，太委屈了。他建議三人直接參加開封府的鄉試，那裡人才會聚，更能彰顯他們的水準。

在這之前，蘇洵幾次到京師參加科考，均無建樹。他揣度大約是蜀中偏僻，人無名氣，不為士大夫所重。這一次他把心思放在兩個兒子身上，不願兒子們像自己一樣蹉跎蹇澀，希望能夠透過張方平結交京城名士，為貢舉鋪路。於是他投書張方平：

聞京師多賢士大夫，欲往從之遊，因以舉進士。洵今年幾五十，以懶鈍廢於世，誓將絕進取之意。惟此二子，不忍使之復為湮淪棄置之人……明公居齊桓、晉文之位，惟其不知洵，惟其知而不憂，則又何說；不然，何求而不克？輕之於鴻毛，重之於泰山，高之於九天，遠之於萬里，明公一言，天下誰議？將使軾、轍求進於下風，明公引而察之。有一不如所言，願賜誅絕，以懲欺罔之罪。

蘇洵說：「張先生，以您的地位，就是天下盟主，說一句話天下誰人不服？」還賭咒：「我說的都是真的，如果有一句假話願天誅地滅。」

「好風憑藉力，送我上青雲」，無論多麼傑出的人才都離不開別人的幫助，特別是前輩的提攜。張方平當然很樂意做讓後輩名揚天下的「好風」。但張方平的長項是財會，文壇地位難以登頂，何況人在蜀中，這「風」也吹不了那麼遠。他思來想去，還是把蘇氏父子舉薦給更有影響力的人物為妥。

推薦給誰呢？當時文壇盟主非歐陽修莫屬。但早年歐陽修追隨范仲淹推行新政，張方平與他們政見不同，甚至給新政增加過麻煩：支持新政的青年才俊蘇舜欽等人公款聚餐，酒後作詩辱沒儒家先聖周公、孔子，張方平身為御史，不留情面，建議處以極刑。從那時起，張方平就被慶曆革新派視為異類。

儘管二人有過齟齬，但張方平愛極了蘇軾、蘇轍之才，還是決定把這兩顆「未來之星」交到歐陽修手上：「吾何足以為重，其歐陽永叔（歐陽修，字永叔）乎！」他硬著頭皮給歐陽修寫了封推薦信，為了「萬無一失」，同時向朝廷重臣韓琦推薦了蘇氏父子。

不要小看這一「轉手」。宋人非常重視師生關係，蘇軾若被歐陽修向朝廷舉薦，即可視為歐陽修的門生，意味著張方平與蘇軾只是普通的熟人、朋友，不再有師生的名分。能夠遇見和發現蘇軾這樣數百年一遇的人才，無論對於誰都是莫大的榮耀。張方平把蘇軾推薦給歐陽修，相當於主動放棄了這份榮光，這種胸懷、這份犧牲的勇氣不是任何人都具備的。

離蜀前，張方平對蘇軾兄弟進行了一場特殊的考試，出了六道題讓兄弟倆去做，他躲在隔壁暗中觀察。蘇軾得題後便提筆疾書，蘇轍卻遲疑不定，手指第一題示意兄長，想讓其給予提示。蘇軾拿筆倒敲几案，意思是題目出自《管子》一書。蘇轍又詢問第二題，蘇軾打了個叉，將題目勾去。原來第二題沒有出處，是張方平故意拿來迷惑兩兄弟的。這些過程都被張方平看在眼裡，他說：「二子皆天才，長者明敏尤可愛。」

蘇家本不富裕，家裡的男丁全部赴京，對於這個小地主之家是筆不小的開銷，張方平還資助了他們一些旅費。拿著張方平的推薦信見過歐陽修，在歐陽修的大力鼓吹下，蘇氏父子一夜之間名揚天下，蘇軾兄弟還考中了進士，他們的人生由此進入快車道。

張方平無疑是蘇軾邁入社會的第一個引路人。

十五年間五見公

如果生活在現代社會，張方平一定是位數學家或金融大鱷，這樣的人邏輯思維發達，思考問題大多呈線性方式，解決問題直截了當，不像一般政治家，總是用玄學去思考問題，從古書或舊制中尋求答案。

宋神宗即位，國庫很窮，窮到給宋英宗辦喪事都捉襟見肘。朝廷為什麼這麼窮？宋朝享國日久，便生出許多弊端，最顯著的是「三冗」，即冗兵、冗官、冗費，換句話說就是兵多、官多、花費多。張方平這時任翰林學士承旨，他給宋神宗解釋「三冗」時用數字說話：中央禁軍，一個士兵一年消耗五萬錢，十萬人就是五百萬緡。慶曆五年（一〇四五），禁軍數目比景祐初年增加了四十餘萬人，僅這筆開支就增加了二千萬緡。單為軍隊購買絲綢絹帛一項，景祐中不足二百萬匹，慶曆中增長到三百萬匹。而宋神宗即位時，距離慶曆五年又過了二十年，這些數字增加更劇。

宋神宗詢問治理「三冗」的對策，張方平就提出一個字：減！多了就減，減人省錢，道理就這麼簡單。這就是線性思維。而王安石的對策是什麼呢？向堯、舜學習，實行國家主義經濟「公有制」，換言之，就是國家控制經濟，財賦就進入國庫了，這就是所謂的「民不加賦而國用饒」。張方平節流，王安石開源，宋神宗覺得王安石的辦法好，不要裁減部隊、精簡官吏、節儉用度，想花多少錢就有多少錢，這樣就可以武裝部隊收復漢唐故土了！所以宋神宗起用了王安石進行變法。

思維不同，決定了政治觀點不同。王安石變法中，張方平屬反對派，主要反對兩點，一是新法擾民，二是宋神宗和王安石一心想和西夏開戰，而他反對戰爭。張方平勸諫宋神宗說：「民猶水也，可以載舟，亦可以覆舟；兵猶火也，弗戢必自焚。若新法卒行，必有覆舟、自焚之禍。」這話說得很重，宋神宗不高興。張方平知道在朝中與王安石無法共事，力請知陳州。

蘇軾和蘇轍也不同意王安石的改革方案，和張方平屬於同一陣營，與變法派發生了激烈衝突，受到王安石打壓。張方平雖在陳州，但一直心繫蘇軾兄弟。依據資歷他可向朝廷舉薦諫官，他便舉薦了蘇軾，說他「文學通博，議論精正」；又於熙寧三年奏請蘇轍為陳州教授，將蘇轍置於自己的羽翼之下。

熙寧四年七月，蘇軾被謝景溫彈劾，外放通判杭州。他帶著一家老小乘舟出京，第一站便是陳州。蘇軾在陳州住了七十多天，多次拜謁張方平。張方平向蘇軾訴說新法推行之苦，動容地說：「吾衰矣，雅不能事少年，不如歸去，以全吾志。」遂上書請任南都（即應天府，今河南商丘）御史留臺閒職。

儘管情緒低落，張方平還不忘寬慰蘇軾：「趣時貴近君獨遠，此情於世何所希。車馬塵中久已倦，湖山勝處即為歸。洞庭霜天柑橘熟，松江秋水鱸魚肥。地鄰滄海莫東望，且作阮公離是非。」意思是勸蘇軾遠離是非，遠離禍端。詩中的「阮公」或指「竹林七賢」之一的阮籍，用醉酒去逃避政治；或指南朝阮孝緒，朝廷徵召不至，一心講學和著書立說。蘇軾則作〈送張安道赴南都留臺〉（張方平，字安道），為張方平有志難伸、有才難用而鳴不平，詩中充滿對張方平的敬仰之情，甚至萌發了「從公當有時」的念頭。

世俗觀念中，年輕時應當積極進取，打拚出光輝前程；到了一定年齡會產生隱退之心，安享清閒富貴。張方平與蘇軾卻恰好相反，長者勸年輕人安心江湖之遠，年輕人惋惜長者未能在廟堂施展才華，看似不合常倫，但在舊黨普遍遭受打壓排擠的特殊形勢下，恰恰體現了他們關愛對方、為對方著想的真摯情感。

此後張方平一直居住在南都。他建造了「樂全堂」，自稱「樂全居士」。「樂全」取自《莊子》「樂全之謂得志」，體現的是一種洞察世事、與世無爭的人生態度。此後蘇軾「十五年間，六過南都，而五見公」，只要方便，就會到南都樂全堂拜謁張方平。

第一次在熙寧十年，蘇軾由知密州改知徐州，恰好張方平被任命為南都留守兼知應天府，他辟召蘇轍簽書應天府判官。徐州離南京不遠，蘇軾利用轉官的機會，和蘇轍一起赴南京，住了半個多月。

第二次在元豐二年，蘇軾知徐州任滿，將赴湖州，路過南京看望張方平和蘇轍，又住了半月。

第三次在元豐八年二月，蘇軾結束黃州編管，到南京拜謁張方平。

第四次在元祐四年，蘇軾再陷黨爭，這次是被舊黨圍攻，請求外放知杭州。五月，他路過南京，再拜謁張方平。

第五次見張方平在元祐六年五月，蘇軾短暫被朝廷召還，從杭州至京師，路過南都。

熙寧十年四月看望張方平時，他們談及對外戰爭，憂心忡忡。彼時王韶在西北開邊，收復熙、河、洮、岷等數州，將宋朝疆域擴大了一千多平方公里；章惇在西南平定諸蠻，開發梅山、沅江五溪和瀘州一帶；郭逵南征交趾。宋朝四面開花，戰事不斷。這些戰事雖然都取得了勝利，但他們一致認為對外用兵不是好事，是國家敗亡的開始。張方平憤慨地說：「朝中無人敢進逆耳之言。我已七十一歲，老且將死，福禍在所不計，死後見到先帝也算有所交代了。」便讓蘇軾執筆，以他的名義向宋神宗上〈諫用兵書〉。奏書開頭就用驚異之筆寫道：

臣聞好兵猶好色也。傷生之事非一，而好色者必死；賊民之事非一，而好兵者必亡：此理之必然者也。

接著提出立論：「聖人不計勝負之功，而深戒用兵之禍。」

文中分析了「好兵者必亡」的原因，列舉了歷史上所謂的「勝者」如秦始皇、漢武帝、隋煬帝、唐太宗等，他們貌似武功卓著，實則造成國力凋敝、內政不穩，埋下了敗亡的禍因。

奏書結合當時的形勢，指出戰爭給民眾帶來的痛苦，給國家造成的災難，說明民心向背才是王朝興衰的關鍵。最後毫不客氣地進諫：「今陛下深居九重，而輕議討伐，老臣庸懦，私竊以為過矣。」

這篇奏書洋洋灑灑二千多字，引古證今，持之有據，言之成理，文字雄奇，筆力矯健，其中凝聚了蘇軾和張方平、蘇轍三人的智慧，更凝聚了三人對社稷前途的憂慮。這篇奏章呈送朝廷後很快天下傳誦，但沒能改變宋神宗的決策，直到元豐五年（一〇八二）永樂城兵敗，才悔之晚矣。

元豐八年二月，張方平已經七十九歲，體衰多病，尤其眼睛幾近失明。蘇軾在黃州也患有角膜炎，一直難以治癒，趁拜謁機會讓張方平的「家庭醫生」王彥若給予診治。王彥若使用器械割除眼中的翳膜，在當時難以想像。蘇軾作詩〈贈眼醫王生彥若〉記述了這件事，感慨從眼中割除翳膜比農民在穀田裡刈除雜草難多了。

張方平畢生研究《楞伽經》，想把這一佛教寶典傳諸後世，付三十萬錢委託蘇軾在江淮間找地方印刷。離開南京後，蘇軾親自抄寫經文，從杭州尋找刻工製成雕版，藏於潤州金山寺中。蘇軾打算把雕版永久保存下去，使張方平的心血傳之不盡。當然，世事無常，這只能是美好的願望罷了。

元祐四年五月，蘇軾第四次在南都見到張方平，其時張方平已八十有三。蘇軾知道張方平來日無多，主動提出為張方平文集作序。張方平進一步請求蘇軾為他整理文稿，「刪除其繁冗，芟夷其蕪穢，十存三四，聊以付子孫而已」。蘇軾欣然答應。

元祐六年五月蘇軾最後一次見張方平時，張方平亦有所請，囑代撰滕元發墓誌銘，蘇軾一口應承下來。除了多次看望張方平，每逢張方平生日，蘇軾都要寫詩賀壽，並寄去禮物以表心意。比如張方平七十五歲壽辰，蘇軾在黃州雖然生活艱辛，仍寄去一根吳越王錢鏐用過的鐵柱杖做為壽禮。這根鐵柱杖大有來歷，相傳為閩國開國國君送給吳越開國國君錢鏐，錢鏐賜給一個和尚，最後輾轉到了閩人柳真齡手中，由柳真齡贈給蘇軾。蘇軾對此視作珍寶，與蘇轍都有詩作吟詠。將這件珍貴的禮物送給張方平，亦見情義，張方平感動之至，作詩謝之。

父子般的情義

元豐二年，李定等人藉口蘇軾詩詞中有攻擊宋神宗、反對新法的句子，對蘇軾展開圍剿，釀成北宋歷史上第一個有影響的文字獄——「烏臺詩案」。蘇軾被關押在御史臺一百三十多天。「烏臺詩案」牽連了蘇軾許多朋友，其中包括張方平。張方平曾託女婿王鞏給蘇軾捎來自己的詩集《樂全堂雜詠》，蘇軾在後面題寫：

> 荒林蜩蚻亂，廢沼蛙蟈淫。遂欲掩兩耳，臨文但噫喑。
> 蕭然王郎子，來自緱山陰。雲見浮丘伯，吹簫明月岑。
> 遺聲落淮泗，蛟鼉為悲吟。願公正王度，祈招繼愔愔。

詩中把新進的變法人物比作「蜩蚻（即蟬）」、「蛙蟈（即青蛙）」，把張方平比作漢初的儒者和隱士浮丘伯，希望他「正王度」，為朝廷撥亂反正，恢復朝廷的和諧秩序。

後來，這首詩成為張方平與蘇軾串通惡意詆毀新法的證據，張方平受到罰銅處分。

宋神宗對蘇軾起了殺心，朝中大臣大多避之不及，張方平雖然自身難保，仍勇於出頭，上書為蘇軾講情，言辭激烈，蘇軾日後見到奏摺內容都為之咋舌。張方平託南都官員將奏書呈交朝廷，南都官員怕惹禍上身，不敢接受。於是張方平派兒子張恕到京城投書，並教他敲登聞鼓，喊冤進呈。但張恕遠沒有其父的勇氣和膽識，看到登聞鼓院戒備森嚴，躊躇再三，竟不敢靠近。

蘇軾獲罪後，被發配到黃州接受監管，心情一度糟糕透頂，閉門謝客，不願與舊人故友互通書信，但張方平是個例外。外界誤傳蘇軾得病亡故，張方平非常著急，寫信詢問，蘇軾回信說：「每念違去幾杖，瞻奉無期，未嘗不臨風嗟惋。萬一天恩放停逐，便當不遠千里見先生也。」大意是說每想到自己遠離先生，未能在身邊侍奉，再次見面也不知何時，只能臨風歎息，等恢復了自由身，一定不遠千里去看望您。

後人評價蘇軾與張方平「誼兼師友」，其實他們更像父子，一個舐犢情深，一個敬奉恭謹。

元豐八年，宋神宗駕崩，宣仁太后攝政，蘇軾得以回朝，先後入侍延和殿、除中書舍人、擢翰林學士知制誥。在宣仁太后跟前剛能夠說得上話，他便上〈乞加張方平恩禮劄子〉，請求朝廷加恩勞問。

元祐六年八月，張方平病重，蘇軾得知消息，連忙為張方平文集作序，對張方平一生進行了總結性評價。序中把張方平與孔融、諸葛亮相提並論，足見評價之高。

公為布衣，則頎然已有公輔之望。自少出仕，至老而歸，未嘗以言徇物，以色假人。雖對人主，必同而後言。毀譽不動，得喪若一，真孔子所謂大臣以道事君者。世遠道散，雖志士仁人，或少貶以求用，公獨以邁往之氣，行正大之言，曰：「用之則行，舍之則藏。」上不求合於人主，故雖貴而不用，用而不盡。下不求合於士大夫，故悅公者寡，不悅者眾。然至言天下偉人，則必以公為首。

這段是對張方平人品的評價，說他不媚上、不欺下，有自己的品格和氣節，無論褒獎還是貶毀都不能改變初心。蘇軾由衷讚歎他是偉人中的領袖，這個評價已經高到不能再高了。

張方平臨終前看到了蘇軾寫的「敘」（蘇軾避祖父名諱，所有詩文的「序」均寫作「敘」），雖然病重臥床，不能執筆，仍口述了一篇謝文讓人送給蘇軾。蘇軾在「敘」中自稱「門生」，張方平執意不從，他認為二人是忘年交，囑咐蘇軾務必將「門生」二字刪除。

十二月二日，張方平卒。宋朝為了防範朋黨，明令弟子不能為老師服喪，蘇軾時在潁州，仍超越常規為張方平披麻戴孝三個月，還停止了一切歌舞娛樂。他給趙令畤的詩中寫道：「白酒真到齊，紅裙已放鄭。」紅裙指歌妓舞女，放鄭指棄絕。詩後特意加以說明：「酒尚有香泉一壺，為樂全先生服，不作樂也。」

蘇軾還為張方平寫了三篇祭文和墓誌銘，其中云：「可望可見，而不可親。師心而行，自屈自信。」「我晚聞道，困於垢塵。」一個偉大的人才智未能盡其用，悲喜未能折其志，蘇軾對張方平的哀悼，也是自傷。

他們之間的關係，超越了朋友，超越了師生，有著近乎父子的情義。

第六章

與余俱是識「翁」人

蘇軾小時候在道觀讀書，有人從京城回來，傳抄了一首〈慶曆聖德頌〉。這是大名士石介的作品，名義上是為宋仁宗歌功頌德，其實是突出四位賢臣：范仲淹、韓琦、富弼和歐陽修。蘇軾從此記住了這四位的名字，做夢都想一睹風采。

嘉祐年間三蘇出川時，張方平寫信將他們推薦給歐陽修和韓琦。蘇軾沒想到小時候的四位偶像有兩位將成為自己的薦主；他更沒想到的是，除了范仲淹已經去世，其他三人將與他同朝為官，在王安石變法中成為堅定的盟友。

千年第一榜

歐陽修在北宋具有特殊地位，於政治上、文學上、史學上都達到了時代高峰。

宋仁宗景祐年間，歐陽修支持范仲淹彈劾權相呂夷簡，鬥爭失敗後被貶夷陵，在此專心修史，自撰《新五代史》。慶曆年間，宋仁宗任用范仲淹、富弼推行改革，當時歐陽修任諫官，是慶曆新政的堅定擁護者，新政失敗後再次被貶，在滁州寫下文學史上的不朽名篇〈醉翁亭記〉。嘉祐元年歐陽修為翰林學士，嘉祐末拜參知政事，官至副宰相。

歐陽修在文學上更重要的成就是接過唐代韓愈、柳宗元的旗幟，大力推行古文運動。漢朝以後，社會上流行句式工整、講究對仗和聲律的駢體文，有名的如〈三都賦〉、〈與朱元思書〉、〈滕王閣序〉等，像先秦《莊子》那樣句式自由的散文反而沒人寫了。韓愈以復興儒學為出發點，在文學上提出「文章合為時而著」的口號，反對駢文，提倡古文即散文。到了北宋，歐陽修大力宣導古文，社會上對古文基本形成共識，但一些重要環節仍然以駢文為主。比如科考，考生以駢文作策論文，內容空洞，只好在語言上標新立異，追求險怪、奇澀，時稱「太學體」。

蘇洵帶著張方平的舉薦信拜訪歐陽修，歐陽修又讀了蘇洵的文章，非常讚賞。蘇洵科舉不中之後，就摒棄了駢文，專心寫古文，正好契合歐陽修的文學主張。歐陽修稱讚他的文章博辯宏偉，即使賈誼、劉向也不過如此。他上書〈薦布衣蘇洵狀〉，向朝廷推薦這位「特殊人才」。由於歐陽修的推薦和宣揚，蘇洵聲名鵲起，很快融入京城的文化圈，與韓琦、富弼等達官貴人坐而論學。

嘉祐二年，歐陽修以翰林學士知貢舉，主持這一年的禮部省試，讓他有機會改變科考風氣，淘汰「太學體」，扶持平易質樸的文風。

和歐陽修一起主持考試的還有韓絳、王珪、范鎮、梅摯等，歐陽修又舉薦另一位文壇驍將梅堯臣擔任點檢試卷官。點檢官負責對考生試卷進行初分類，確定等級，然後上交貢舉官。

蘇軾、蘇轍兄弟參加了這次科考，但蘇洵沒有。蘇洵被科考傷透了心，以他現在的名氣和年齡，也不需要進士的光環了。

經過幾十年的摸索，到了宋仁宗時代，宋朝科考制度已經非常完備，形成了一整套防舞弊的體系。考前考官要「鎖院」，住在貢院裡不得與外界接觸。鎖院持續五十多天，出題、閱卷、定榜都在貢院裡進行。考試之日，舉子們進入貢院，經過搜身，按榜就座。考生試卷要「糊名」，經過第三人謄錄才能到參詳官和貢舉官跟前。即使貢舉官有心偏向某位考生，也很難認出他的試卷。

考試的科目繁多，主要有論、詩、賦，其次還有策、帖、對義等。歐陽修出的策論題目是「刑賞忠厚之至論」，圍繞主政者獎懲賞罰進行議論。一些善於「太學體」的考生答題：「天地軋，萬物茁，聖人發。」歐陽修啼笑皆非，提起朱筆批道：「秀才刺，試官刷。」毫不客氣地在上面畫一道紅槓，宣判「死刑」。

有一篇策論引起了點檢官梅堯臣的注意。文章提出要賞罰分明，認為可賞可不賞的，要賞，以示廣恩；可罰可不罰的，不罰，以示慎刑。最後得出結論：「立法貴嚴，而責人貴寬」，這樣才能「以君子長者之道待天下，使天下相率而歸於君子長者之道」。文章的觀點完全符合儒家的「仁政」思想，梅堯臣稱讚其「有孟軻之風」，馬上將試卷推薦給歐陽修。歐陽修看後也讚歎不已，特別是樸實暢達的文風更為歐陽修所欣賞。梅堯臣建議將其確定為第一，歐陽修判斷只有自己的入室弟子曾鞏能寫出這樣好的文章，擔心遭外界非議，最後定為第二。

歐陽修這個「有心之舉」小小坑了蘇軾，因為這篇文章的作者是蘇軾，並不是後來同樣名列「唐宋八大家」的曾鞏。蘇軾本來策論第一變成了第二。在對義《春秋》中，蘇軾還是得了第一名。然而遺憾的是，聲律一向是蘇家的薄弱環節，即使日後蘇軾以詩賦聞名，考試中引人注目的卻是策論，詩賦成績一般。

鎖院結束，真相大白，歐陽修對蘇軾有些歉意。不過他更迫切地想和這位考生探討文章中的一些內容。文中提到一個典故：「當堯之時，皋陶為士，將殺人。皋陶曰『殺之』三，堯曰『宥之』三。」說的是堯寬厚仁政的故事。歐陽修學富五車，卻想不出這則典故出自何處。他問蘇軾，蘇軾說：「記得在《三國志・孔融傳》裡。」歐陽修是個有考據癖的歷史學家，回家仔細查找了一遍〈孔融傳〉，還是沒有找到。再問，蘇軾回答：「曹操滅袁紹，將袁紹兒媳賜給兒子曹丕。孔融說過去武王伐紂，曾將妲己賜給周公。曹操驚問見於何書。孔融說以今日之事觀之，想來如此。皋陶、堯之事，我也是想來如此。」讀書而不讀死書，可謂善讀書。蘇軾自己編排典故，不但沒有惹惱歐陽修，反而更令他對這位年輕人刮目相看。

後來歐陽修在一封寫給梅堯臣的信中盛讚道：「讀軾書，不覺汗出，快哉快哉！老夫當避路，放他出一頭地也。」這是成語「出人頭地」的由來。

歐陽修樂於提攜後生，是名副其實的伯樂。他把蘇軾介紹給韓琦、富弼等人，這些政壇勳舊以國士待之，蘇軾一夜之間成為文壇、政界一顆冉冉上升的新星。

禮部省試之後，仁宗皇帝要親自主持殿試，確定最終名次。這一榜的狀元是福建人章衡，第二為竇卞，第三為羅愷。三人日後雖籍籍無名，但這一科進士中聲名顯赫、百代留名的為數甚多，如蘇軾、蘇轍、曾鞏位列「唐宋散文八大家」；程顥、張載是開山立派的理學大師；王韶、鄭雍、梁燾、呂惠卿、蘇轍、林希、曾布、張璪、章惇九人擔任過宰執；在《宋史》中有傳的多達二十四人。歷代所有科舉考試中，這年的科舉考試榜單的人才最多，號稱

「千年第一榜」。

除了制度、文化上的原因，「千年第一榜」應歸功於歐陽修。

按唐朝規矩，考生若中進士，與主考之間即形成「師生」關係，終身不變。宋朝為了防止主考與貢生結黨，形成利益集團，特地增加了殿試環節，即進士皆是「天子門生」。但在民間話語中，主考依然是考生的恩主。從這個角度講，歐陽修算蘇軾的老師。

潁州之樂

蘇軾進士及第後，連續遭遇母喪、父喪，除了在鳳翔府任三年通判，其他時間幾乎都在丁憂，和歐陽修少有交集。等蘇軾再次出仕，已是熙寧二年，宋神宗任用王安石，開始了轟轟烈烈的變法運動。而歐陽修早在治平四年即被排擠出朝，蘇軾未能見到他。

其實歐陽修也是王安石的恩主。王安石是曾鞏的朋友，曾鞏是歐陽修的入室弟子，當曾鞏把王安石的詩文介紹給歐陽修時，歐陽修就被這位年輕人打動了，那時王安石還是東南沿海的小小縣令。二人雖未謀面，但已開始隔空唱和。歐陽修在滁州寫當地美景，有一首詩叫〈幽谷晚飲〉，王安石看到後，寫了一首〈幽谷引〉做為回應。此後二人多次書信詩詞交往，歐陽修把王安石比作李白和韓愈，預言「後來誰與子爭先」——這世上，沒有人是你的對手。

除了蘇軾，歐陽修還沒有這麼賣力地稱讚過其他後生，可見蘇軾和王安石是他最為欣賞的兩個人。

王安石恃才傲物，卻獨獨折服於歐陽修。嘉祐年間，宋仁宗想將王安石調入朝中，王安石推辭不就。仁宗讓歐陽修去說服他，王安石便愉快地就任了群牧判官和三司度支判官。然而到了熙寧年間，隨著變法的展開，儘管歐陽修已不在朝廷，二人還是成了政治上的對手。

熙寧二年八月，蘇軾為國子監舉人考試官，擬定策問考題時譏諷王安石獨斷專行。王安石到宋神宗面前告御狀，其中一條就是蘇軾阿附歐陽修，只要有人非議歐陽修，蘇軾就寫文章猛烈抨擊——為了打擊蘇軾，他把歐陽修也拉扯了進來。

歐陽修對王安石的變法措施也不滿意，對新政軟抵硬抗。朝廷推行青苗法，發放青苗錢，各地出現了不同程度違背農戶意願，強制農戶借貸的問題。彼時歐陽修知青州，他在轄區內公開阻止推行青苗法，兩次上書陳述青苗法的弊端。在反對未見效果的情況下，歐陽修不願晚年名節有虧，更不願等矛盾不可調和時被變法派驅逐，便主動請求致仕。

蘇軾聽聞消息後，獻〈賀歐陽少師致仕啟〉，祝賀這位「事業三朝之望，文章百代之師」的老前輩「明哲保身」，並高度評價歐陽修對自己的影響：「軾受之最深，聞道有自。」

歐陽修在皇祐年間曾出知潁州，看中了潁州的山水，退休後就居住在潁州。他淡泊政事，作〈六一居士傳〉，描述自己的生活是「藏書一萬卷，集錄金石遺文一千卷，琴一張，棋一局，酒一壺」，加上自己一個老翁，故自號「六一居士」。

看到〈六一居士傳〉，蘇軾在後面作記曰：「居士殆將隱矣。」

熙寧四年，蘇軾因批評新法被外放通判杭州。他先去陳州看望張方平，九月和蘇轍一起去潁州探視歐陽修。從史料記載來看，這應該是蘇軾丁父憂後二人僅有的一次見面。

聽聞蘇軾兄弟前來，歐陽修非常高興，在潁州西湖宴請兩兄弟。只有與這兩兄弟在一起，歐陽修才敢無所顧忌地談論時政，談論文學。

蘇軾用詩歌記錄下這次會面的盛況：

謂公方壯鬢似雪，謂公已老光浮頰。揭來湖上飲美酒，醉後劇談猶激烈。

湖邊草木新著霜，芙蓉晚菊爭煌煌。插花起舞為公壽，公言百歲如風狂。

歐陽修鬚髮皆白，病魔纏身，特別是眼睛高度近視，幾近失明。不過這天他精神矍鑠，紅光滿面，穿著道袍一樣的衣服，像飄逸長壽的仙人。其實歐陽修剛過完六十五歲生日，蘇軾把老師比作芙蓉、晚菊，為他插花起舞，祝他長命百歲。

師徒三人無話不談，甚至談起了醫藥。歐陽修敘述中醫的醫等同於「意」，舉例說，一個人乘船受到驚嚇得了病，醫生從舵工汗水浸漬過的舵把上刮下粉末做為藥引，佐以丹砂、茯神，病人吃了就能痊癒。歐陽修總結說：「醫以意用藥多此比。初似兒戲，然或有驗，殆未易致詰也。」他讓蘇軾不要懷疑。

蘇軾不相信所謂的「以意用藥」，和歐陽修抬槓：按照這個邏輯，把筆墨燒成灰給那些正在學習的人喝，腦子就不昏惰了？喝伯夷的洗手水，能夠治貪心？吃比干的剩菜剩飯，能夠治奸佞？舔樊噲的盾牌，能夠治怯懦？聞西施的耳環，能夠治各種惡疾？

歐陽修無言以對，哈哈大笑。

歐陽修家裡有一塊硯屏石，視如珍寶。硯屏是置於硯端以障風塵之屏，多以玉、石、漆木為之，據考證出現在宋仁宗慶曆年間，歐陽修和蘇軾是最早接觸硯屏的一代人。這塊硯屏石來自虢山，呈紫色，上面有天然紋理如一幅自然風景圖，月白如玉，樹木森然。歐陽修又請人畫上山巒勁松，取名「月石硯屏」或「紫石屏」，它是中國歷史上有記載最早的硯屏。歐陽修讓蘇軾、蘇轍以此為題各詠一詩，蘇轍的詩清淡平白，而蘇軾的詩則氣勢恢宏：

何人遺公石屏風，上有水墨希微蹤。不畫長林與巨植，獨畫峨嵋山西雪嶺上萬歲不老之孤松。崖崩澗絕可望不可到，孤煙落日相溟濛。含風偃蹇得真態，刻畫始信天有工。我恐畢宏、韋偃死葬虢山下，骨可朽爛心難窮。神機巧思無所發，化為煙霏淪石中。古來畫師非俗士，摹寫物象略與詩人同。願公作詩慰不遇，無使二子含憤泣幽宮。

這首詩頗有李太白〈夢遊天姥吟留別〉之風。李白記夢，蘇軾寫畫，都包羅萬象，想像雄麗，充滿浪漫主義情調。

蘇軾兄弟在潁州住了二十多天，才別過老師繼續南下。

離開潁州時，歐陽修向蘇軾舉薦自己的方外之交惠勤。惠勤在杭州孤山上修行。歐陽修喜愛山水，羨慕惠勤自由自在的生活，但在朝為官，身不由己，便作〈山間樂〉三章贈予惠勤。歐陽修告訴蘇軾，惠勤是個有趣的人，他們如果認識，一定會成為朋友。

蘇軾到杭州第三天，就按照恩師意願到孤山探訪惠勤。果然，二人一見如故。他們抵掌談論人物，惠勤告訴蘇軾，歐陽公是天上的神仙，不過暫時寄寓在人間而已。人們能看到他的凡身肉體，卻不知道他能乘雲馭風，歷五嶽而跨滄海。他雖然沒有來過杭州，但西湖只不過是他桌臺几案上的小物件而已。

他們都對歐陽修這種神仙一樣的風采佩服不已。

欲弔文章太守

除了高度近視，歐陽修患有嚴重的糖尿病，全身消瘦，步履維艱，在古代屬不治之症。潁州之聚後不足一年，即熙寧五年閏七月，歐陽修病逝，享年六十六歲，謚「文忠」。潁州一別竟是永別。

身為朝廷命官，行動不自由，無法離開任所，蘇軾便在惠勤的僧房裡設臺，弔唁歐陽修，以盡弟子之誼。他深情寫下祭文：

民有父母，國有蓍龜；斯文有傳，學者有師；君子有所恃而不恐，小人有所畏而不為。譬如大川喬嶽，不見其運動，而功利之及於物者，蓋不可以數計而周知。

……

昔我先君，懷寶遁世，非公則莫能致；而不肖無狀，因緣出入，受教於門下者，十有六年於茲。聞公之喪，義當匍匐往弔，而懷不去，愧古人以忸怩。緘詞千里，以寓一哀而已矣！蓋上以為天下慟，而下以哭其私。嗚呼哀哉！

大意是：因為先生，百姓有了依靠，國家少了困惑；因為先生，文化得到傳承，學者得到教誨；因為先生，君子有所依仗而不會害怕，小人有所畏懼而不敢妄為。先生像高山大川，看不到他的運動，但恩惠遍及萬物，無法用數字去計算衡量。

……以前我的父親有才學而不為人知，非先生不能揚名於世；我有幸跟隨先生，在先生門下接受教育，到現在十六年了。聽聞先生去世，按情理應當匍匐前去憑弔，但公務在身不能前往，真愧對先生。我在千里之外寫這篇悼詞，為天下人感到悲傷，也代表了我個人的哀悼。

歐陽修是一個時代的偉人，在蘇軾看來，他的去世是天下人的損失，是文化的損失，也是蘇軾個人的損失。

十八年後，蘇軾再次赴杭州任知州，其時惠勤已經去世，其弟子將歐陽修與惠勤二人的畫像掛在一起。弟子們還告訴蘇軾，不久前僧舍後面忽然冒出一泓清泉，蘇軾將泉命名為「六一」。蘇軾與惠勤因歐陽修而結識，紀念歐陽修就是紀念和惠勤的友誼。

對蘇軾人生影響最大的人，除家庭成員，應當首推歐陽修。歐陽修生前，他們沒有太多時間相處；去世後，蘇軾從來沒有停止過對他的懷念。

歐陽修曾和蘇軾談論詩歌和音樂的關係，問蘇軾哪首琴詩寫得最好，蘇軾背誦韓愈的〈聽穎師琴〉：「昵昵兒女語，恩怨相爾汝。劃然變軒昂，勇士赴敵場。」歐陽修卻斷定韓愈弄錯了古琴和琵琶，詩中所描述的音樂起伏跌宕，大開大合，只有琵琶才能彈出這樣的聲音，而古琴聲音的特徵是清微淡遠。蘇軾接受了這種美學觀點，到杭州後寫〈聽杭僧惟賢琴〉：「大弦春溫和且平，小弦廉折亮以清。平生未識宮與角，但聞牛鳴盎中雉登木。門前剝啄誰扣門，山僧未閒君勿嗔。歸家且覓千斛水，淨洗從前箏笛耳。」蘇軾自信這段描繪能得到老師的肯定，但還未來得及寄出，歐陽修竟已作古。元豐四年（一〇八一），蘇軾回憶起這段故事，將它寫進了〈雜書琴事〉中。

元祐五年三月，蘇軾拜訪劉季孫，見到歐陽修的一幅墨蹟，勾起了他的懷念，題跋寫道：

> 處處見歐陽文忠書，厭軒冕思歸而不可得者，十常八九。乃知士大夫進易而退難，可以為後生汲汲者之戒。

士大夫都想仕途高進，而歐陽修想隱退卻不得。蘇軾由此警示後生：進易退難，不要到時候再後悔。

這則跋中，蘇軾還評價了歐陽修的書法：歐陽公書，筆勢險勁，字體新麗，自成一家。

元祐六年六月，歐陽修第三子歐陽棐刻印《六一居士集》，請蘇軾作序。蘇軾欣然命筆，在序中評論說：

> 自歐陽子出，天下爭自濯磨，以通經學古為高，以救時行道為賢，以犯顏納諫為忠。長育成就，至嘉祐末，號稱多士，歐陽子之功為多。

蘇軾寫出了歐陽修對人才培養以及對天下學風、文風的影響，認為嘉祐末人才濟濟，歐陽修的功勞最大。

蘇軾還稱讚歐陽修闡述道理像韓愈，議論事物像陸贄，記述事物像司馬遷，吟詩作賦像李白。蘇軾強調這不是他個人的評價，天下人都這樣評價。

此後不久，朝中舊黨又分裂出朔黨、洛黨、蜀黨，蘇軾受到排擠，知潁州。潁州是歐陽修工作過的地方，也是他終老的地方，蘇軾看到潁州的一草一木、一山一水，都彷彿重新看到恩師的音容笑貌。

歐陽修生前最愛潁州的西湖，任潁州太守時曾作〈玉樓春〉描寫西湖風景：

> 西湖南北煙波闊，風裡絲簧聲韻咽。舞餘裙帶綠雙垂，酒入香腮紅一抹。
> 杯深不覺琉璃滑，貪看六么花十八。明朝車馬各西東，惆悵畫橋風與月。

上闋起句狀其遼闊，次句寫其繁華，後兩句寫湖上歌舞歡娛的美好時光。下闋寫觀舞人的情態：如痴如醉，酒杯快從手中滑落了都毫無察覺。末兩句寫天下沒有不散的筵席，曲終人散，惆悵落寞。

蘇軾舊地重遊，想起他們西湖聚會的場景，作〈木蘭花令〉。「木蘭花令」與「玉樓春」原是兩個詞牌，後來兩調混用，可以視為一個曲調兩個名稱。蘇軾〈木蘭花令〉曰：

霜餘已失長淮闊，空聽潺潺清潁咽。佳人猶唱醉翁詞，四十三年如電抹。

草頭秋露流珠滑，三五盈盈還二八。與余同是識翁人，惟有西湖波底月。

湖面上歌妓還在唱著歐陽修的詞，一晃卻已四十三年。月圓月缺，美好的時光如風馳電掣。現在與我一樣認識歐陽先生的，只有西湖波底的月光了。

是年，劉季孫路過滁州，滁州百姓想把歐陽修〈醉翁亭記〉刻在石頭上。找誰書丹呢？蘇軾是最合適的人選。劉季孫向蘇軾提出這個請求，蘇軾回應說，自己是先生門下士，義不容辭。十一月，他把一份手書的〈醉翁亭記〉交給了劉季孫。

歐陽修在揚州任過太守，其間修建一處房屋叫平山堂，作詞〈朝中措‧平山堂〉自稱「文章太守」。元豐二年，蘇軾自徐州移知湖州，路過揚州，知州鮮于侁在平山堂宴請蘇軾。蘇軾感念歐陽修，在此作〈西江月〉：

三過平山堂下，半生彈指聲中。十年不見老仙翁。壁上龍蛇飛動。

欲弔文章太守，仍歌楊柳春風。休言萬事轉頭空。未轉頭時皆夢。

歐陽修生前對蘇軾寄以很高的期望，希望他接替成為文壇盟主。事實上，無論儒家道統、散文、詩、詞，蘇軾都全面繼承並超越了他的恩師。宋代古文運動由歐陽修掀起高潮，到蘇軾勝利完成，二人並稱「歐蘇」；詩和詞蘇軾更在歐陽修之上。錢鍾書的父親錢基博認為：「蘇軾之於歐陽修，猶歐陽修之於晏殊，皆由門下開拓，不拘師法。而歐之境，去晏未遠；蘇之筆，視歐益豪。」

繼承和發展是最好的紀念。

第七章

忠義范鎮，豈以閭里

范鎮在後世名聲不大，但在當時聲震朝野。

宋仁宗沒有兒子，又遲遲不願立嗣，大臣們很著急，上奏請皇帝認真考慮接班人的問題，宋仁宗皆不予理睬。大臣們碰了個軟釘子，都怏怏而退，只有范鎮，連上十九道奏章，並當面與宋仁宗爭執，累計百餘日，因此鬚髮皆白。宋仁宗罷去他諫官之職，他仍執著不懈以死直諫，司馬光由衷讚歎：「景仁之勇決，皆予所不及也。」景仁是范鎮的字。

范鎮與蘇軾是老鄉，成都華陽縣人，離眉山很近。范鎮比蘇軾大二十九歲，比蘇軾的二伯父蘇渙小七歲，比蘇洵大兩歲，可稱是蘇軾的長輩。范鎮是仁宗寶元元年（一〇三八）進士，比蘇渙進士及第晚了十四年。

出川前，蘇軾和父親蘇洵並不認識范鎮。嘉祐二年的科考，歐陽修任主考官，范鎮權同知貢舉，也是考官之一。這一次考試拉開了他們交往的帷幕。

欣然為我解東閣

蘇軾科考後，寫信感謝考官們，其中就有范鎮。當時范鎮是中書舍人，這封信叫〈謝范舍人書〉。因為是老鄉，蘇軾在文中追溯蜀中文風之盛，「文章之風，惟漢為盛。而貴顯綦著者，蜀人為多」，然後談到本朝，「比之西劉，又以遠過」。

確如蘇軾所言，宋仁宗後期，眉山科舉呈現井噴之勢。蘇軾在文中透露，同一年參加禮部考試的眉山舉子多達四、五十人，考中的有十三人。蘇軾認為是蜀人的光榮：「夫君子之用心，於天下固無所私愛，而於其父母之邦，苟有得之者，其與之喜樂，豈如行道之人漠然而已哉！」

透過打「鄉情牌」，蘇軾成功地與范鎮建立了交情。不過同鄉只是契機，他們交往的基礎還是共同的價值觀。後來蘇軾在〈祭范蜀公文〉中寫道：「吾先君子，秉德不耀。與公弟兄，一日之少。窮達不齊，歡則無間。豈以閭里，忠義則然。先君之終，公時在陳。宵夢告行，晨起赴聞。」其中一句「豈以閭里，忠義則然」，意指是忠義讓他們走到了一起。

嘉祐六年，蘇軾兄弟參加制科考試，范鎮仍是考官之一。這次考試中，蘇轍在文章中抨擊皇帝，言辭激烈，很多人主張黜落，范鎮就是其中一員。正應了蘇軾所言：「豈以閭里，忠義則然。」在忠義面前，老鄉和親情都不算什麼。

熙寧三年，宋神宗再次詔令大臣舉薦諫官，時任翰林學士的范鎮舉薦了蘇軾。諫官職級雖然不高，但有進諫皇帝、彈劾大臣的職能，工作非常重要，在北宋作用尤其突出，范仲淹、歐陽修、范鎮無不是諫官出身。蘇軾丁父憂回朝不久，工作經歷不豐富，能夠被舉薦為諫官，足見范鎮對蘇軾的抬舉。

讓范鎮沒有料到的是，這次舉薦將變法派的「火力」引向了蘇軾。侍御史知雜事謝景溫彈劾蘇軾丁父憂期間往返於江南、荊湖和西川路之間，假公濟私，借用兵夫販賣木材、私鹽、瓷器等物資。范鎮立即上章為蘇軾辯護。他陳述說：「蘇軾父親死在京城，先帝賜絹百匹、銀百兩都被推辭了，韓琦贈他白銀三百兩、歐陽修贈他白銀二百兩，他也沒有要，這樣高風亮節的人卻被誣陷販賣私鹽！蘇軾文章不輸古人，當世無雙，又敢於直言朝廷得失，所以臣曾推舉他為諫官。現在獲罪外放，臣豈能保持沉默！陛下口口聲聲要做堯、舜，卻嫌棄忠言、直言，臣深感惋惜。」

范鎮對蘇軾的品格、學識評價都非常高。

「販私案」查無實據，不了了之，但宋神宗至此對蘇軾有了惡感。范鎮深感不安，要求致仕，並在奏章中大肆攻擊新法及王安石的黨羽。奏章經過中書省時，王安石看後大怒，起身要與范鎮決鬥，被人勸住。王安石親自草擬了一道聖旨，罵范鎮：「每托論議之公，欲濟傾邪之惡；乃至厚誣先帝，以蓋其附下罔上之醜；力引小人，而狃於敗常亂俗之奸。」最後罷去范鎮翰林學士，只以戶部侍郎致仕，相當於降一級退休。

范鎮雖然惹怒了王安石，但在朝廷內外贏得了聲譽。蘇軾安慰他說：「您雖然退了下來，名聲卻更響了。」范鎮很失落，感歎沒能消除後患於未然，自己享受了高潔的美名，天下卻受到傷害。范鎮退休後依然與朝臣來往不斷，有人勸他稱病不出，范鎮說：「生死禍福都交給上天了，我不管那麼多。」

熙寧十年春，蘇軾利用轉官機會到齊州去會蘇轍，蘇轍卻進京去了。蘇轍借住在范鎮家，還在范鎮家過了新年。蘇軾離開齊州，蘇轍迎到澶濮之間。外官未有詔令不得入京，他們就住在范鎮京城西郊的宅院，其名為東園。

范鎮對蘇氏兄弟極其熱情。「欣然為我解東閣，明窗淨几舒華茵。」范鎮一向健談，說話無所顧忌，「隱君白髮養浩氣，高論驚世門無賓」。平日裡人們擔心惹禍，不敢與范鎮交往，現在與蘇氏兄弟談論朝政、品評人物，范鎮無處傾訴的話語像找到了出口，滔滔不絕、高昂激烈。其時正是春天時節，「青天露坐列觴豆，落花飛絮飄衣巾」。蘇氏兄弟很敬仰范鎮的胸懷坦蕩，蘇轍作詩說：「交遊畏避恐坐累，言詞欲吐聊復吞。安得如公百無忌，百問廣廈安貧身。」我什麼時候能像范鎮公這樣無所顧忌地談論時政呢？

三人交換對時局的看法。當時王安石已經罷相，接替他的是吳充和王珪，平庸無為而且內鬥不已。范鎮為國家焦慮，感到有必要面見在洛陽隱居修書的司馬光。他是個雷厲風行的人，說走就走，在東園與二蘇簡單吃了頓告別宴，就徑直前往洛陽了。蘇軾有兩首詩為他送行，其中一首〈送范景仁遊洛中〉在「烏臺詩案」中給范鎮帶來了麻煩，詩曰：

小人真暗事，閒退豈公難。道大吾何病，言深聽者寒。
憂時雖早白，駐世有還丹。得酒相逢樂，無心所遇安。
去年行萬里，蜀路走千盤。投老身彌健，登山意未闌。
西遊為櫻筍，東道盡鵷鸞。杖屨攜兒去，園亭借客看。
折花斑竹寺，弄水石樓灘。鬻馬哀憐白，驚雷怯笑韓。

薜書標洞府，松蓋偃天壇。試與劉夫子，重尋靖長官。

這首詩寫范鎮精神矍鑠，身體硬朗，本來與政治沒有太大的關係，但開篇「小人」無疑指變法派成員，在政敵眼裡，便屬於「謗詩」了。

主人不在，二蘇依然住在東園。蘇軾在這裡給長子蘇邁成婚，給次子蘇迨治病，還經常宴請京城裡的一些朋友如王詵等，像住在自己家一樣隨意。等范鎮回來，二蘇告辭，他們在東園已經住了兩個多月。

患難之交

元豐二年，蘇軾遭遇「烏臺詩案」，因被指來往勾結，范鎮受到牽連，辦案人員三番五次向他索要有關證據。在自身難保的情況下，范鎮依然積極奔走營救蘇軾，上書為蘇軾喊冤。結案時，范鎮與張方平、司馬光等都受到經濟處罰。

蘇軾在黃州時與范鎮仍然書信往來。元豐五年八月，范鎮移居許昌，建造「長嘯堂」。他給蘇軾寫信，希望蘇軾將來也能落戶許昌。蘇軾在回信中說：「能與老師比鄰而居，是非常榮幸的事情。由於剛讓兒子到荊州購買莊園，囊中羞澀，不可能同時買兩塊地。」但蘇軾表示願意把京城裡的房子賣了，在老師長嘯堂旁邊買兩間屋子。當然，蘇軾這個願望最終也未能實現。

事實上，蘇軾直到元豐八年才在宜興買了一塊地，回信中所謂「已令兒子持往荊渚，買一小莊子矣」，或是婉拒，或是買地沒有結果。蘇軾內心不願到許昌居住，就像晚年不願受蘇轍之邀到潁昌居住一樣，怕離京城太近，怕再次沾惹上是非。

同月，范鎮請蘇軾為其父撰寫墓碑，然而蘇軾曾發誓平生不作墓誌和碑，也婉拒了。

次年，蘇軾在黃州遭遇疾病侵襲，開春受了風寒，引起肺炎；五、六月間，眼睛炎赤腫痛，幾乎失明。這年四月十一日，曾鞏去世，有謠傳說蘇軾也在同一天去世了。

這個消息傳到皇宮，宋神宗信以為真，歎息再三，說：「才難。」消息傳到許昌，范鎮悲傷欲絕，大哭一場。他備好祭品讓子弟前去黃州弔唁，子弟腦子清醒，提醒只是道聽塗說，應該核實一下。范鎮想著有理，派門客去黃州一探究竟。蘇軾得知由來，大笑不已，趕緊回信讓他安心：「春夏間，多瘡患及赤目，杜門謝客。而傳者遂云物故，以為左右憂。」

元祐元年，元祐更化，蘇軾還朝。韓維奏請起用范鎮，於是拜為端明殿學士。端明殿學士只是待遇，宣仁太后想給他個實職「門下侍郎」，是年范鎮已七十九歲高齡，堅決辭謝，最後改提舉崇福宮，一個不太管事的閒差。其時蘇軾任翰林學士，替朝廷寫詔書，稱頌范鎮：「方其犯雷霆於一時，豈意收功名於今日。」

范鎮還是音樂家。朝廷常做常新的一件事便是修訂祭祀、慶典用的音樂，北宋幾乎每一任皇帝都有修訂音樂的衝動和舉措。修訂音樂需要先修訂音準，這是件非常麻煩的工作。宋神宗曾讓范鎮和劉幾一起定樂，但兩個人意見不一致。劉幾沿用前人的音樂，稍加改訂，率先向皇帝報告完成了任務。皇帝詔令賞賜，范鎮拒絕不受，說：「這是劉幾的音樂，與我有什麼關係！」他繼續獨自製造樂器黃鐘，到元祐年間終於完成新的音樂，皇帝和太皇太后非常滿意，下令嘉獎，蘇軾代擬有「賜端明殿學士致仕范鎮獎諭詔」。慶功宴上，范鎮高興地作詩感謝皇帝、太后賜酒，蘇軾有詩和之。

元祐三年（一〇八八），范鎮去世，蘇軾破例為他作墓誌銘。正如蘇軾在黃州婉拒為范鎮父親作墓碑時所說，他一生很少給人寫墓碑、墓誌之類，政壇人物只有范鎮和張方平二人。兩年後，另一個政壇人物趙瞻去世，其家人請蘇軾作碑狀，蘇軾再拒，解釋了為什麼只為范鎮作墓誌銘：「又為范鎮撰墓誌，蓋為鎮與先臣洵平生交契至深，不可不撰。」

蘇軾還為范鎮撰寫了祭文，就有那一句：

豈以閭里，忠義則然。

「忠義」是蘇軾對范鎮的最高評價。

同為蜀黨

除了范鎮本人，蘇軾與范鎮的兒子范百揆、范百嘉、侄兒范百祿、從孫范祖禹以及范祖禹的兒子范沖、范溫都有交往，且關係良好。並且蘇、范兩家世代結親，范百嘉的女兒嫁給蘇軾的兒子蘇過；蘇轍三子蘇遠續娶范百揆的女兒；蘇軾孫女、蘇邁之女配於范百祿之孫；蘇軾之孫、蘇迨的兒子蘇簞又娶了范鎮的曾孫女為妻。

因與范百嘉是親家，他們來往較多。蘇軾今存有十封信是寫給范百嘉的，其中三封寫於徐州任上。他想調到南方，寫信請求范百嘉在京城斡旋。之後蘇軾調任湖州，應有范百嘉的努力。

比范百嘉來往更密切的是范鎮的侄孫范祖禹。

范祖禹比蘇軾小四歲，算是同齡人。范祖禹少小即孤，范鎮把他養大，親如祖孫。范鎮對范祖禹十分器重，曾預言：「此兒，天下士也。」

范祖禹最突出的事蹟是協助司馬光在洛陽修《資治通鑑》，是其最得力的助手，在洛陽一做就是十五年，不求聞達，一心著述。《資治通鑑》修成，正趕上哲宗即位，范祖禹擢任右正言，但他是宰相呂公著的妹婿，不適合在言官任上，改為祠部員外郎、著作郎兼侍講，歷任給事中、國史院修撰、禮部侍郎和翰林學士。

范祖禹屬於正統學者，不苟言笑，嚴謹治學，蘇軾對他很敬重。蘇軾愛開玩笑，有時不看對象、不分場合，唯獨不敢拿范祖禹尋開心。同樣參與編撰《資治通鑑》的劉攽也是蘇軾的朋友，劉攽晚年鼻梁塌陷，蘇軾拿這個生理缺陷來戲謔，聚會時高聲朗誦「大風起兮雲飛揚，安得猛士兮守鼻梁」，弄得劉攽十分狼狽，當場要翻臉。范祖禹嚴肅地批評了蘇軾，勸他不要亂開玩笑，蘇軾只好聽從。以後再有類似事情，蘇軾會交代在座的朋友不要告訴范祖禹。

范祖禹心裡裝著事，有時難免想得太多。元祐七年，蘇軾從揚州回來，給好朋友帶了一些禮物，其中給范百祿的是一套月石硯屏。這套月石硯屏應該是歐陽修家裡那套，歐陽修、蘇舜欽、梅堯臣、蘇軾都有題詠，蘇軾贈送時有「笑彼三子歐蘇梅，無事自作雪羽爭」之句，說的就是這個典故。這是史書記載的第一套硯屏，見過的無不讚絕，自然十分珍貴。

蘇軾送給范祖禹的是一塊涵星硯。涵星硯材質是龍尾溪石，形制為風字形，下有二足，硯池裡有三顆星星，故得名。涵星硯也是珍品，但應遜於月石硯屏。按一般禮儀，文人收到禮物要寫詩答謝，范祖禹認為自己受到輕視，不回禮、不答謝。蘇軾知道老學究生氣了，趕緊補送了一套月石風林屏，並明確討要答詩，范祖禹才勉強轉變了態度。

元祐年間，舊黨分裂為洛黨、蜀黨、朔黨。蘇軾從杭州還朝，向朝廷報告浙西水災，朝廷下詔撥付米百萬斛、緡錢二十萬賑災。程頤弟子、侍御史賈易等人借機圍攻蘇軾，指責他謊報災情，「乞行考驗」，就是請求再行調查。當詔旨的詞頭下到中書省時，幸好給事中范祖禹當值，范祖禹以其職權封還詞頭，並錄黃解釋說：

國家根本，仰給東南。今一方赤子，呼天赴訴，開口仰哺，以脫朝夕之急。奏災雖小過實，正當略而不問。若因此懲責，則自今官司必以為戒，將坐視百姓之死而不救矣。

范祖禹說得入情入理，朝廷收回了成命，不再調查此事。范祖禹仗義執言，不僅保護了蘇軾，也拯救了一方生靈。

元祐八年，洛黨將范百祿與蘇軾、范祖禹一道列入「蜀黨」領袖名單進行彈劾，范百祿被罷知河中府，進而流放河陽、河南，不久去世。但范祖禹繼續受到攻擊，特別是新黨執政後，被貶到嶺南。時蘇軾在惠州，同處嶺南卻不能相見，免不得經常回憶他們在京城的快樂日子：「予在都下，每謁范純夫，子孫環繞，投紙筆求作字。每調之曰：『訴旱乎？訴澇乎？』今皆在萬里，欲復見此，豈可得乎？」那時候，只要去范祖禹家，范祖禹家的小輩便纏著蘇軾寫字作畫。

范祖禹沒能熬過這段政治嚴冬，於元符元年去世。蘇軾在海南儋州聽聞消息，深感震驚，連寫八封信寄給范祖禹長子范沖，表示哀悼。其中寫道：

先公清德絕識，高文博學，非獨今世所無，古人亦罕有能兼者，豈世間混混生死流轉之人哉？其超然世表，如千佛之所言者必矣。況其平生自有以表見於無窮者，豈必區區較量頃刻之壽否耶？此理卓然，惟昆仲深自愛。

蘇軾還想偷偷過海看范祖禹最後一眼，但思慮再三，還是不敢。

蘇軾與范家交往凡四十餘年，他們既是老鄉，又是政治盟友，更是學問上的同道中人。范家得蘇軾為友，幸哉；蘇軾得以結交范氏，也足慰平生。

第八章

和而不同司馬光

宋仁宗嘉祐年間，政壇出現了兩位眾所矚目的年輕人，一個是王安石，一個是司馬光，這種局面一直延續到熙寧變法。

人們之所以看好這兩位，一是他們學問好，司馬光是史學大家，王安石在經學方面獨領風騷，在崇尚知識、儒學復興的背景下，他們的聲譽和威望超出了同儕；他們都執著、堅忍，不輕易動搖和改變，這是普遍認同的「領袖人格」，非如此不足以成大事。宋神宗選擇主持變法人選時，在二人中間猶豫了好一陣子，直到一次「延和殿」論辯，最終確定了王安石。

按宋朝慣例，年底要舉辦南郊祭祀，禮儀之後要大賞群臣，花費很多。這年黃河氾濫，河朔地震，災情嚴重，財政吃緊，宰相曾公亮制訂十一月分郊祭方案時，建議裁減賞賜，並從宰輔做起。八月十三日，神宗召翰林學士承旨王珪和翰林學士王安石、司馬光到延和殿，打算讓他們根據曾公亮的建議擬寫聖旨，頒布實行。召集翰林學士不過是走個流程，神宗沒想到會節外生枝，接下來的辯論更像一次突發事件。

神宗說明意圖後，王安石高聲抗辯：「國家富有四海，大臣郊祭賞賜才花幾個錢？省下來的既富不了國，反而有傷皇家體面。國用不足不是當務之急。」

朝野上下都知道國庫沒錢，連賞賜都捉襟見肘，居然還不是當務之急？官員們向王安石投去疑惑的眼光。只見王安石胸有成竹地說：「國用不足是沒有找到善於理財的人。」

司馬光終於聽不下去了，呵呵冷笑：「所謂善於理財，不過是加重賦稅把百姓的錢壓榨到國庫裡而已。百姓窮困，流離失所，落草為寇，對國家有利嗎？」

王安石搖搖頭說：「這不叫善於理財。善理財者，民不加賦而國用饒。」

「民不加賦而國用饒」是司馬遷對漢武帝時大臣桑弘羊改革的評價，意思是不向老百姓增加賦稅也能使國庫充盈。做為史上數一數二的史學家，司馬光焉能不知？他馬上意識到王安石的意圖所向，憤然道：「天地所生貨財百物，只有此數，不在民間則在公家。你說的『民不加賦而國用饒』是桑弘羊欺騙漢武帝的話。」

雖然雙方最終沒有辯出個子丑寅卯，但宋神宗已經聽明白了。他需要的就是國庫充盈、國富兵強，至於與商人爭利還是與百姓爭利，是次一級的問題。

桑弘羊和商鞅一樣，多被歷史學家列入法家。儒家可以與佛、道借鑑融合，但與法家是生死仇敵。蘇軾曾攻擊商鞅和桑弘羊：「自君子視之，二子之名如蛆蠅糞穢，言之則汙口舌，書之則汙簡牘。」

宋朝儒學大盛，儒家忌言利，這是大多數士大夫反對變法的根本原因。王安石高擎變法大旗，司馬光則舉起反變法的招牌，下面的人紛紛站隊，蘇軾理所當然地站到司馬光一邊。

司馬光年長蘇軾十七歲，既是蘇軾的長輩，又是蘇軾的盟友。

從座主到盟主

司馬光和范鎮是好友，二人同氣連聲，所言如出一口，所做如出一轍。「其道德風流，足以師表當世，其議論可否，足以榮辱天下。二公蓋相得甚歡，皆自以為莫及，曰：『吾與子生同志，死當同傳。』而天下之人，亦無敢優劣之者。」二人相得甚歡，竟約定互相為對方寫生前的傳記和死後的墓誌銘。

也許是受范鎮影響，出道在前的司馬光對蘇氏兄弟特別關照。

嘉祐六年，蘇氏兄弟雙雙參加制科考試。制科考試是選拔官吏的特別考試，不常設，由皇帝臨時安排，用於發現和選拔某個領域的非常人才，共有六科，即六類人才。考上制科的官員升遷比普通官員快，有點類似現今特殊選才考試。制科成績分五等，有宋一朝第一、二等從未授予過任何人，形同虛設；蘇軾之前，三等只授予過王曾一人。

制科第一關要選擇平時的策論文章五十篇，交由中書舍人、翰林學士評判打分，過關者進入閣試，也是初試。這一關對於蘇軾兄弟不在話下。

第二關閣試，司馬光是主考官，其他考官還有楊畋、吳奎、王疇、沈遘等，另有胡宿、蔡襄、王安石任覆考官。對於蘇軾來說，司馬光算是座主。

閣試的結果，蘇軾和蘇轍合格。他們還要經過最後一關——殿試策論。

殿試的科目是「賢良方正直言極諫」，意味著這次考試主要選拔敢於犯顏直諫的官員。宋朝皇帝對官員普遍寬仁，以善於納諫著稱。不過官員進諫還是有許多技巧，畢竟進諫如捋虎鬚，若惹得皇帝不高興，不僅意見不會被採納，仕途也有可能斷送。這樣的例子不勝枚舉，比如晏殊因反對皇太后用人，被貶到南京應天府；他在應天府發現並舉薦了范仲淹，范仲淹一到朝堂就進言要皇太后還政，晏殊直呼范仲淹不成熟。

這次「直言極諫」果然出了問題，蘇轍的試策因過於直白、生硬、尖銳而掀起軒然大波。這一年宋仁宗已經五十二歲，處於人生暮年，對政事有所懈怠，蘇轍抓住這一點，批評宋仁宗聲色犬馬，不理朝政，奢侈無度，把他比作歷史上的昏君。蘇轍在文中痛心疾首、字字帶血，然而他不是皇帝近臣，對皇帝了解得並不多，許多「諫言」可能與事實有出入，造成皇帝和大臣不適。

考官胡宿反應最激烈，主張黜落；宰相和執政（副宰相）們同意黜落；連范鎮都認為蘇轍過分了，主張降低等級。由於蘇轍文章中攻擊到「司會」即三司，三司使蔡襄聲稱不便發言，其實含蓄地表達了自己的意見，不主張錄用蘇轍。

眾口如一的情況下，司馬光挺身而出，立場鮮明地支持蘇轍，主張給予蘇轍「三等」。他上書力爭：

> 臣竊以國家置此六科，本欲取材識高遠之士，固不以文辭華靡、記誦雜博為賢。「毢」所試文辭，臣不敢復言，但見其指陳朝廷得失，無所顧慮，於四人之中，最為切直。今若以此不蒙甄收，則臣恐天下之人，皆以為朝廷虛設直言極諫之科。而「毢」以直言被黜，從此四方以言為諱，其於聖主寬明之德，虧損不細。臣區區所憂，正在於此，非為臣已考為高等，苟欲遂非取勝而已也。

宋朝考卷糊名，標示記號，蘇轍的叫「毢」。司馬光認為「毢」生文章體現了忠君憂國之心，不能不錄取。宋仁宗算是寬宏大量的皇帝，最後綜合各方意見，把蘇轍確定為四等次。

這次制科考試的最後結果是：蘇軾第三等，授大理評事、簽書鳳翔府判官；王介第四等，為祕書丞、知靜海縣；蘇轍第四等，為商州軍事推官。

人們津津樂道於蘇軾取得了北宋開國以來最好的制科考試成績，其實蘇轍能得到四等次，險象環生，更為不易。如果不是司馬光的堅持，蘇轍將被黜落無疑。

蘇轍直諫風波結束後，司馬光又上了一道劄子，希望仁宗能重視三個制科生的試卷。他建議皇帝將試策文章留一份在身邊，經常流覽警醒自己；抄一份給中書省，讓宰相們參考實行。宋仁宗對蘇軾兄弟也很滿意，回到宮中，他高興地對曹皇后說：「朕為後世物色了兩位太平宰相。」

治平三年，蘇洵去世，司馬光前去弔唁，蘇軾、蘇轍請求司馬光為故去近十年的程夫人作墓誌銘。司馬光在墓誌銘中稱讚三蘇「皆以文學顯重於天下」。後世評價蘇軾、蘇轍最耀眼的成就在於文學，可知司馬光識人之準。

熙寧三年，也就是王安石變法第二年，繼范鎮舉薦蘇軾為諫官後，司馬光也推薦蘇軾，指出他「制策入優等，文學富贍，曉達時務，勁直敢言」。隨後謝景溫彈劾蘇軾服喪期間「販私」，宋神宗下令調查而一無所得，但蘇軾只好遠離朝廷，通判杭州。

司馬光雖是反對派盟主，但面對洶湧澎湃的變法大潮，選擇了沉默寡言，以避鋒芒。但蘇軾被誣，他再也坐不住了，上書請求像蘇軾一樣補外，到許州或西京洛陽為官。神宗終究比較信任司馬光，極力挽留。司馬光直言不諱地說：「像蘇軾這樣清白自守的人，因為忤逆了王安石就嚴刑峻法問罪，臣只是想保全自己的名節罷了。」神宗對蘇軾成見已深，提醒說：「蘇軾非佳士，卿誤知之。」意思是蘇軾不是什麼好人，不要錯誤地相信了他。司馬光不客氣地回應：「蘇軾再不好，也強過李定不服母喪吧？」李定是變法陣營中的新貴，他的母親改嫁後去世，李定以不知情為由沒有服喪，受到保守派攻擊。

這次談話不歡而散。司馬光去意甚決，他對神宗說：「臣之於王安石，猶冰炭之不可共器，若寒暑之不可同時。」熙寧三年九月，他毅然離開京城，先知永興軍，不久請為西京留守。他依然不忘為蘇軾疾呼：

臣不才，最出群臣之下，先見不如呂誨，公直不如范純仁、程顥，敢言不如蘇軾、孔文仲，勇決不如范鎮……臣畏懦惜身，不早為陛下別白言之，軾與文仲皆疏遠小臣，乃敢不避陛下雷霆之威，安石虎狼之怒，上書對策，指陳其失，隳官獲譴，無所顧慮，此臣不如軾與文仲遠矣。

熙寧四年四月，朝廷終於批准了司馬光的請求，讓他歸居洛陽，一心一意修史。自此司馬光閉口不談政事。從座主到盟主，司馬光一直賞識、關懷著蘇軾兄弟，極力維護著他們的利益，甚至不惜共同進退。

從獨樂園到烏臺案

司馬光修撰的史書最初名叫《通志》，英宗皇帝在崇文院設立書局，做為修史的專職機構。神宗即位後將這本書賜名為《資治通鑑》。

早年在書局協助編修《通志》的有劉攽、劉恕，後來加入范祖禹。司馬光歸隱洛陽後，劉攽因反對新法被貶，劉恕回江西侍奉雙親，書局裡只剩下范祖禹一人仍留在京城。不久，有人散布流言說書局為了貪圖朝廷財資，故意拖延編修進程，范祖禹年輕氣盛，不願留下汙點，寫信建議司馬光解散書局，把《資治通鑑》由官修變成私修。但司馬光冷靜地意識到，如果沒有皇家提供各種便利條件，由私人修撰這樣一部龐大的史書，恐怕一輩子也難以完成。他拒絕了范祖禹的建議，上書請求神宗將書局遷到洛陽。熙寧五年正月，范祖禹隨書局來到洛陽，司馬光徹底遠離了黨爭漩渦。

洛陽北臨黃河，南濱洛水，四面環山，風景秀麗。洛陽是九朝古都，人文薈萃，古物遺跡多不勝數，確實是隱居做學問的勝地。熙寧六年（一〇七三），司馬光在洛陽南郊、古洛水之畔的尊賢坊買了二十畝薄地，蓋成莊園，取名「獨樂園」，兼宅院和書局。莊園建好之後，司馬光作文記之，解釋得名緣由：

> 孟子曰：「獨樂樂，不如與人樂樂；與少樂樂，不若與眾樂樂。」此王公大人之樂，非貧賤所及也。孔子曰：「飯蔬食飲水，曲肱而枕之，樂亦在其中矣。」顏子「一簞食，一瓢飲，不改其樂」。此聖賢之樂，非愚者所及也。若夫鷦鷯巢林，不過一枝；鼴鼠飲河，不過滿腹。各盡其分而安之，此乃迂叟之所樂也。

他說自己不能像王公大人那樣與眾樂樂，也做不到聖賢的苦中見樂，但能安分守己，這就是自己所謂的「獨樂」。儒家講究「達則兼濟天下，窮則獨善其身」，獨樂彰顯的正是「獨善其身」的境界。司馬光用一座莊園的名字做為遠離政治中心的排遣，顯示不同流合汙的節操。

獨樂園風景秀美，洛水更是水光旖旎、草木豐茂，是遊賞排遣的好去處。司馬光在著書之餘，最大的愛好就是與朋友一起賞園遊水。

熙寧十年春，蘇軾、蘇轍入住范鎮東園，范鎮興之所至，安頓好二兄弟，隻身到洛陽探訪司馬光。司馬光特地向范鎮詢問蘇軾兄弟情況，聽聞蘇軾在密州建超然臺，遂作一首〈超然臺詩寄子瞻學士〉，讓范鎮回程時帶給蘇軾：

使君仁智心，濟以忠義膽。嬰兒手自撫，猛虎鬚可攬。
出牧為龔黃，廷議乃陵黯。萬鐘何所加，甑石何所減？
用此始優遊，當官免阿諂。鄒時守高密，民安吏手斂。

蘇軾知密州時，密州正遭大旱，百姓餓死無數，棄嬰遍地，蘇軾含淚親自撿拾棄嬰。蘇軾如此仁慈，對如狼似虎的政敵卻毫不畏懼！司馬光稱讚蘇軾有仁智心，有忠義膽，不阿附於上，布善政於民。從這首詩可以得知，司馬光埋頭著書的同時，仍默默地關注著蘇軾，蘇軾的所作所為他一一知曉。

「春末，景仁丈自洛還，伏辱賜教，副以〈超然〉雄篇，喜忭累日。」收到司馬光贈詩，蘇軾心情激動，到徐州後立刻回了一封信，然後意猶未盡，又寫了第二封。信中說：

久不見公新文，忽領〈獨樂園記〉，誦味不已，輒不自揆，作一詩，聊發一笑耳。

隨信附上長詩〈司馬君實獨樂園〉。當時誰也想不到，司馬光竟因這次詩歌往來而受到「烏臺詩案」的牽連。

〈司馬君實獨樂園〉詩曰：

青山在屋上，流水在屋下。中有五畝園，花竹秀而野。
花香襲杖屨，竹色侵盞斝。樽酒樂餘春，棋局消長夏。
洛陽古多士，風俗猶爾雅。先生臥不出，冠蓋傾洛社。

雖云與眾樂，中有獨樂者。才全德不形，所貴知我寡。
先生獨何事，四海望陶冶。兒童誦君實，走卒知司馬。
持此欲安歸，造物不我舍。名聲逐吾輩，此病天所赭。
撫掌笑先生，年來效喑啞。

這首詩描寫獨樂園的環境和風景，頌揚司馬光的品德與人望。那麼為什麼會成為「烏臺詩案」的罪證呢？文中「兒童誦君實，走卒知司馬」這樣的句子，令變法派很不舒服。司馬光是個被閒置的反對派首領，兒童和小人物卻還傳誦司馬光，這是意欲何為？難道不是想著要重新執政，廢政變天嗎？審訊人員深為恐懼，逼迫蘇軾承認「此詩言四海望光執政，陶冶天下，以譏見任執政不得其人」。實際上，雖然司馬光在洛陽絕口不談政事，但朝野一直希望他復出，《澠水燕談錄》載：「司馬文正公以高才全德，大得中外之望。士大夫識與不識，稱之曰君實；下至閭閻畎畝、匹夫匹婦，莫不能道司馬公。身退十餘年，而天下之人日冀其復用於朝。」變法派最擔心、最害怕的正是這一點，所以他們揪住這一句不放，給蘇軾坐實罪名。

蘇軾當然希望司馬光重新執政，即便這首詩表達得非常含蓄，還是逃不過鷹犬之目。因為這首詩，司馬光被牽扯進「烏臺詩案」，與范鎮等二十二人受到罰銅處理。

蘇軾被判黃州安置後，給司馬光寫了封信，為詩案波及致以歉意。信中說：

謫居窮僻，如在井底，杳不知京洛之耗，不審邇日寢食何如？某以愚暗獲罪，咎自己招，無足言者。但波及左右，為恨殊深，雖高風偉度，非此細故所能塵垢，然某思之，不啻芒背爾。寓居去江無十步，風濤煙雨，曉夕百變，江南諸山，在几席上，此幸未始有也。雖有窘乏之憂，亦布褐藜藿而已。瞻晤無期，臨書惘然，伏乞以時善加調護。

風濤煙雨，曉夕百變，政治風濤下的蘇軾，褪去剛出川時的凌雲壯志，唯求自保自處而已。

從追隨到齟齬

元豐八年三月，宋神宗去世，九歲的宋哲宗繼位，祖母宣仁太后垂簾聽政。此時司馬光恰好修完《資治通鑑》，正密切關注著時局。得知太后聽政，司馬光以弔唁為名，立即起身前往京城，上章建議廣開言路，允許官員和百姓陳述朝廷得失。

宣仁太后對熙寧變法一直持否定態度，對舊黨懷有好感。她立即詔司馬光入朝覲見，擢司馬光為門下侍郎，舊黨人物呂公著為尚書左丞，反對變法的力量進入了權力核心。此時，蘇軾剛擺脫黃州安置的處分，乞居常州，聞訊寫短信向司馬光表示祝賀。

宣仁太后和已故慈聖太后對蘇軾都有好感，加上呂公著、司馬光的推薦，五月詔蘇軾復朝奉郎、知登州。六月，司馬光上奏，向宣仁太后推薦人才，有劉摯、范祖禹等二十人，其中包括蘇軾和蘇轍。八月，詔蘇軾為禮部郎中，不久遷起居舍人；十月，詔蘇轍為右司諫。

蘇軾進京時，途中遇到百姓阻攔，他們呼籲蘇軾轉告司馬相公，不要離開朝廷，好自珍重，給百姓以活路。由此可見司馬光在朝野中威信之高。人民翹首以盼，期望司馬光能開創寬鬆平和的政治環境。

司馬光的執政策略，一言以蔽之——盡廢新法。元豐八年七月，剛赴闕就任不久，司馬光就奏請廢除保甲法。

十月罷方田均稅法。司馬光年事已高，飲食漸少，衰弱不堪，讓他感到時日無多。然而「時青苗、免役、將官之法猶在，而西戎之議未決。光歎曰：『四患未除，吾死不瞑目矣。』」司馬光把青苗法、免役法、將兵法和宋夏爭端看作「四患」，為此死不瞑目。正因去日無多，司馬光加快了廢罷新法的步伐，根本來不及斟酌哪些有利有弊，接連罷廢了市易法、保馬法。

正月二十日，司馬光因病不能上朝，不過他並沒有休息，而是連上三道奏章，請求廢除免役法。

役法涉及各個階層每戶人家，影響最大，許多大臣呼籲謹慎對待，朝廷內部分歧很大。新黨與舊黨、修法人員與臺諫言官幾乎全部捲入爭論之中，爭論時間之長、範圍之廣為其他新法所不及。

宋朝的徭役主要有地方上修路、治水、造橋、建官衙、築樓臺等，以及充當捕盜的弓手、壯丁、雜役人員的勞務，還有州縣的雜務。舊法規定無論鄉紳還是貧農都要服役，稱為「差役法」。新法由官府依家資財產情況收取助役錢，再用助役錢雇人幹活，稱為「免役法」或「雇役法」。收費依貧富將民戶分為九等，第一等戶為里正，相當於村長；第二等戶為戶長，相當於村幹事；最窮的為第九等。為了照顧貧困戶生活，規定下五等無須服役，也無須繳納助役錢。

免役法花錢買服務，百姓各取所需，有錢的免除勞役，沒錢的可以透過有償服役掙錢，這是市場化的操作方式，無疑是一種進步。具體實行中，看似完美的免役法卻給平民帶來痛苦和困擾，地方官府為了完成免役錢的徵收，將低等民戶劃入高等，貧困民戶為了交免役錢甚至變賣家產、拆賣房屋，這是頒行者始料未及的。

司馬光總結了免役法五大危害，要求各縣五日內、各州一個月內、全國一個季度內廢除免役法。

熙寧年間，蘇軾、蘇轍反對王安石變差役法為免役法，但兜兜轉轉幾個地方後，他們改變了看法，認為免役法雖有弊端，比起差役法總體上還是進步了，所以這次站到司馬光的反面。

蘇轍初任諫官，說話委婉，他表示支持司馬光的建議和朝廷的決議，但廢除免役法缺乏具體方案，實施細節不夠完善，主張緩行。蘇軾心直口快，又仗著和司馬光關係好，直接到相府與司馬光討論兩法得失，試圖讓司馬光相信「差役、免役各有利弊」，提醒司馬光不可完全廢除免役法。

司馬光沒想到最看重、引以為得力助手的蘇軾會直接反對自己的決議，愕然道：「照你這麼說，該怎麼辦？」

蘇軾為司馬光分析，免役法實施中有兩大弊端：一是挪用免役錢，二是免役錢有剩餘時，地方官用於投資，想賺取利益。蘇軾建議：「相公只要想辦法消除這兩個弊端，不必廢除免役法。」

司馬光用沉默表示不認同。

第二天司馬光上朝，蘇軾索性跑到政事堂和他理論，批評司馬光不問青紅皂白、不加區分一刀切地廢除新法。兩人辯得面紅耳赤。司馬光雖以學問見長，口才卻不如蘇軾犀利，臉色愈來愈難看。蘇軾同樣憤慨道：「當年您做諫官，不認同宰相的做法，與韓琦死磕到底。現在您做了宰相，就不容許下屬說話了？」司馬光無言以對，但對蘇軾已經有了芥蒂。

為了推動更改役法，司馬光專門成立了役局，蘇軾被安置在役局中。政事堂爭論不出結果，蘇軾請辭役局工作，讓雙方關係更為緊張。

其實反對廢除免役法的不只是蘇軾兄弟，舊黨中王覿、孫升、范純仁、馬默、呂陶、李常、范百祿都不贊成，新黨成員更不用說。司馬光廢法的阻力非常大。就在這時，曾為新黨的知開封府蔡京急於遞交投名狀，只用五天就完成了開封、祥符兩縣改免役為差役的任務。司馬光像於荊棘中發現一條小徑，高興地讚賞他：「如果人人都像你一樣，還擔心實施不下去嗎？」

二月十七日，司馬光再上箚子，繼續督促廢除免役法，稱免役法造成「下戶困苦，上戶優便」，希望朝廷「執之（更改役法）堅如金石」。

司馬光執迷不悟，蘇軾非常氣惱，回到家裡氣呼呼地說：「司馬牛！司馬牛！」司馬牛是孔子七十二弟子之一，其兄司馬桓作亂於宋，司馬牛反對。其兄失敗奔衛，他就離衛去齊；其兄奔齊，他又離齊奔吳，誓不與兄共事君。蘇軾用「司馬牛」稱呼司馬光，言其一意孤行，不聽人勸。其中「牛」又是脾氣執拗的代名詞。

《五雜俎》記載：

東坡與溫公論事，偶不合。坡曰：「相公此論，故為鱉廝踢。」溫公不喻其戲，曰：「鱉安能廝踢？」曰：「是之謂鱉廝踢。」

「鱉廝踢」的意思是土鼈亂踢亂咬，蘇東坡以此嘲諷司馬光無端指責自己。

蘇軾和司馬光都是君子，孔子曰：「君子和而不同。」他們可以相互扶持，也會相互爭執，這大概是君子應有的樣子。

元祐元年九月初一，司馬光與世長辭；十二日，蘇軾除翰林學士。蘇軾升任翰林學士雖在司馬光去世之後，但相隔時間很短，一般認為應有司馬光推薦之功。翰林學士直接為皇帝寫詔書，正三品，距離宰執只有一步之遙。可以推測在司馬光心中，蘇軾就是下一任宰執人選，他為蘇軾的仕途做了最後的鋪墊。

治平三年，司馬光為程夫人撰寫墓誌銘，雙方有了私交；至司馬光去世，整整二十年，「軾從公遊二十年，知公平生為詳」。所以蘇軾為司馬光撰寫了〈司馬溫公行狀〉，洋洋灑灑近萬言，以此表達對司馬光的推崇和感謝。

蘇軾又有〈祭司馬君實文〉，稱司馬光「百世一人，千載一時」，這個評價也近乎前無古人了。

卷三

知己

冷落共誰同醉

第九章

政壇密友李常

林語堂《蘇東坡傳》中將李常、孫覺、劉恕三人稱為蘇軾的「密友」，這三人在文學和藝術上沒有太大的名氣，在政界卻是風雲人物，林氏將他們歸為一類自有道理。三人中，蘇軾與李常交往頻次更高。

李常，字公擇，南康建昌（今江西永修）人，大蘇軾九歲，比蘇軾早考中進士八年。熙寧二年，蘇軾服完父喪，回到朝廷，李常已經知諫院，在朝廷中占有一席之地了。

湖州六客會

李常和王安石是朋友，開始變法時，王安石試圖將李常拉入自己的陣營，舉薦李常入制置三司條例司，制置三司條例司是推行變法的一個組織。李常敏銳地覺察出變法的方向與自己的政治理想不符，所以拒絕了。這次拒絕代表著他與王安石私交結束，在政治上分道揚鑣。

蘇軾、蘇轍丁父憂期滿，與李常同朝為官，他們應該相識於此時。由於政治立場相近，彼此便成為朋友。

青苗法出臺，蘇軾兄弟和李常都是激烈的反對者。李常批評青苗法斂散取息，與民爭利，攻擊王安石附會經義，把他比作篡漢自立的王莽。蘇轍則預言青苗法實施後，基層官吏會借機斂財，老百姓會濫貸不還，影響社會穩定。蘇軾上書警示宋神宗將因青苗法在歷史上留下惡名。

李常身為言官，站在輿論的風口浪尖，因反對新法最激烈，受到排擠和打擊，被貶為滑州通判。時蘇轍為陳州教授，特地到滑州拜會李常，二人一同遊賞春景，把酒暢言，相得甚歡。

熙寧五年，蘇軾通判杭州時，李常知鄂州。鄂州治江夏縣，即今武漢武昌區，轄區內有著名的黃鶴樓。為了讓這座名樓再增光彩，李常寫信邀請蘇軾、蘇轍為黃鶴樓題詩。

黃鶴樓建於三國孫權時期，因其臨江而立，很快成為餞行宴飲之所，也是登高遠眺的景點。凡人氣旺盛之處，少不了文人歌詠。唐開元、天寶年間，崔顥在此題詩，被評為「唐人七律第一」、「千秋第一絕唱」。傳說李白登樓，留下兩句「眼前有景道不得，崔顥題詩在上頭」的感歎，因此擱筆。崔顥〈黃鶴樓詩〉曰：

昔人已乘黃鶴去，此地空餘黃鶴樓。黃鶴一去不復返，白雲千載空悠悠。
晴川歷歷漢陽樹，芳草萋萋鸚鵡洲。日暮鄉關何處是？煙波江上使人愁。

前四句敘樓名之由，流利鮮活，後四句寓感慨之思，清迥悽愴，確實一氣呵成，奇妙天成。有崔顥詩在，連李白都不敢造次，何況後人？蘇軾、蘇轍都未到過黃鶴樓，如何題詠確實是個難題。既然不能超越，只有另闢蹊徑。

傳說黃鶴樓下有塊光潔明淨的石頭，像鏡子一樣能照出人影，因此取名石照。石照右面有個仙人洞。一位守衛的老兵每天早起第一件事便是到石下參拜。一天晚上，月色如畫，老兵瞅見從洞中出來三個道士，以為碰到了神仙，趕忙拉住道士衣襟祈求富貴。道士難以脫身，只好允諾：洞裡的石頭你搬一塊走吧。老兵按照指點進洞揣了塊石頭，剛走出洞口，訇然一聲，身後洞口閉合成一塊巨石，再也找不到一絲縫隙。第二天，老兵拿出石塊，石塊竟然變成黃燦燦的金子！老兵一夜暴富，用小刀鑿黃金買東西，引起了上司的注意。上司將他抓起來審訊，得知了實情，派人去老兵家裡取來這塊神奇的石頭，再看時，石頭改變了成分，非金非玉，非石非鉛。眾人不能解釋這種現象，就把這塊「石頭」丟在軍資庫中保管。

蘇軾根據這個傳說寫了一首長詩給李常交差。詩末反「將」李常一軍：「願君為考然不然，此語可信馮公傳。」意即李先生您要好好考察一下這個故事可信不可信。而馮公是給他講這個故事的朋友。

蘇轍比較實在，寫詩敘述他們的友情，又對黃鶴樓和長江進行了一番想像性描述，發出「樓上騷人多古意，坐忘朝市無窮事」的感歎。

從應邀賦詩黃鶴樓這件事，可以看出蘇軾、蘇轍兄弟倆不同的性情和行事風格，蘇軾更浪漫，蘇轍更踏實。

熙寧七年，李常調知湖州。湖州的景點是墨妙亭，由李常的好友孫覺修建，專門收藏自漢朝以來境內的碑刻遺跡。蘇軾曾到湖州出差，與孫覺晤談，非常投機，欣然作〈墨妙亭記〉及詩，品評歷代作品，提出自己的書法理論主張，即「杜陵評書貴瘦硬，此論未公吾不憑。短長肥瘦各有態，玉環飛燕誰敢憎」，認為書法並不是瘦、硬就好。

九月，蘇軾被授知密州。北歸時他考慮時間上不合適，無法去湖州了，給李常去信表示遺憾：想去齊州看蘇轍，怕北方冬天河水上凍不能行船，所以不敢耽擱。

後來，蘇軾改變了主意，決定暫不去齊州看望蘇轍，因此湖州得以成行。恰好杭州太守楊繪到湖州出公差，與蘇軾同船離杭，同行的還有隱居在杭州的詩人陳舜俞、在杭州遊歷的湖州詞人張先，同是湖州人的劉述閒置住在蘇州，也會聚在李常處，伴蘇軾遊。

楊繪、李常、蘇軾、張先、劉述、陳舜俞這次湖州相會，號稱「六客之會」。

六客之中，張先最長，時已八十四歲，寫詞有「雲破月來花弄影」、「嬌柔懶起，簾幕卷花影」、「柳徑無人，墮絮飛無影」，人送雅號「張三影」。張先曾與蘇軾泛舟西湖，湖心划來一彩舟，上有女子彈箏，張先看得目不轉睛，直到彩舟消失在碧波之中。蘇軾作詞嘲笑他：「欲待曲終尋問取，人不見，數峰青。」張先確是風流文人，八十多歲還留意花叢，物色美妾，蘇軾有〈張子野年八十五，尚聞買妾，述古令作詩〉：「詩人老去鶯鶯在，公子歸來燕燕忙。」又有詞曰：「白髮盧郎情未已。一夜剪刀收玉蕊。」

劉述也是蘇軾的老熟人。蘇軾本年春到常州、潤州賑災，返回時路過蘇州，曾與劉述同遊虎丘。

陳舜俞是個「心比天高、命比紙薄」的官場人，自比賈誼，然而在黨爭夾縫中無法生存，仕途止步於山陰縣令。他晚年隱居於杭州白牛村，經常牽著白牛來往於鄉里鎮上，稱「白牛居士」。蘇軾在杭州與陳舜俞相知，七夕時二人船上暢飲，蘇軾寫下〈鵲橋仙・七夕送陳令舉〉，其中「相逢一醉是前緣，風雨散、飄然何處」，乃傳誦名句。

有朋自遠方來，不亦樂乎？李常陪客人同遊松江，置酒於垂虹亭上，六人賞月、飲酒、聽歌，氣氛高漲。如此良夜佳朋，怎能無詞？張先率先吟詠一曲〈定風波〉：

西閣名臣奉詔行。南床吏部錦衣榮。中有瀛仙賓與主。相遇。平津選首更神清。
溪上玉樓同宴喜。歡醉。對堤杯葉惜秋英。盡道賢人聚吳分。試問。也應旁有老人星。

宋代以「東閣」指宰相，「西閣」便指宰輔的後備人選，一般指館閣中的年輕人。蘇軾任過直史館，這裡當指蘇軾。南床是侍御史的別稱，楊繪曾任御史中丞。吏部指劉述，其曾任吏部郎中。瀛仙指隱居的陳舜俞。所有人中，張先最老，便自稱「老人星」了。

這首詞被稱為「六客詞」。

李常可能是六客會中最高興的，他恰好新添了個兒子，剛三天，按風俗要做三朝，即三天喜慶。他拿出玉果給客人，還要分贈洗兒錢。蘇軾詞名既高，李常為三日小兒求詞，蘇軾作〈減字木蘭花〉：

維熊佳夢，釋氏老君親抱送。壯氣橫秋，未滿三朝已食牛。
犀錢玉果，利市平分沾四座。多謝無功，此事如何著得儂。

蘇軾最愛戲謔友人，這首詞也不例外。最後兩句有個典故，晉元帝生子，宴請百官，每個人都有賞賜。一位叫殷羨的大臣客氣地感謝說：「臣等無功受賞了。」晉元帝說：「這件事怎麼能讓你有功呢！」蘇軾運用這個典故，意思說在您生子這件事上，我無功受賞，可這事也用不著我出力吧。

蘇軾此詞一出，一座人笑得東倒西歪。

不僅拿私生活和李常開玩笑，蘇軾還揭人短。孫覺是個大鬍子，李常個子矮小，蘇軾勸李常酒時說：「舊日髯孫何處去，重來。短李風流更上才。」意思是大鬍子孫覺哪裡去了？你李矮子更風流啊！

六客鬧騰了好幾天，蘇軾才依依作別李常。

相好手足侔

湖州之會加深了蘇軾和李常的友情，此後二人書信不斷，聯繫頻繁。密州任上，李常寫詩祝賀，蘇軾回詩，曰：

何人勸我此間來，弦管生衣甑有埃。綠蟻濡唇無百斛，蝗蟲撲面已三回。磨刀入谷追窮寇，灑涕循城拾棄孩。為郡鮮歡君莫歎，猶勝塵土走章臺。

這首詩寫初任密州的情況，饑饉、蝗蟲、盜賊、棄嬰、災荒，表達對新政的不滿。「烏臺詩案」中，這首詩被審案者抓住把柄，構成蘇軾罪狀之一，李常因收到譏諷文字未上報，被罰銅二十斤。

熙寧九年，李常調知齊州。時蘇轍在齊州任掌書記，與李常共事，寫下不少唱和奉答之作。

熙寧十年正月，蘇軾從密州移官，冒雪赴齊州看望蘇轍。蘇轍已去京城，李常派人到遠方迎候，蘇軾有詩感謝，把自己比作北海牧羊的蘇武，將李常尊為謫仙李白。李常邀請蘇軾遊齊州名勝大明湖，臨水設宴，席間取出外甥黃庭堅的詩文，求蘇軾評點。此前孫覺在湖州介紹過黃庭堅，李常進一步加深了蘇軾對黃庭堅的印象，後來二人成為師徒，改寫了北宋文學史。

四月下旬，蘇軾上任徐州。七月中旬，黃河在澶州決口，河水奪泗水而南下，到八月抵達徐州附近的南清河，河水暴漲，巨浪滔天，轟鳴如雷。從來沒有見過這麼凶猛洪水的徐州百姓驚恐萬分。做為一州之長，蘇軾請當地駐軍說明抗洪，組織人力搶修堤壩，徵集船隻繫於城下緩衝水力，終於保住了城牆。蘇軾穿雨靴，戴斗笠，日夜巡視城牆堤壩，督導工程，夜不歸宿，日日在城牆上巡視，直到十月，大水消退。

為了永絕水患，蘇軾決定在城外建造小城，做為加固內城的功能。他上書朝廷請求撥款，未見批准，又將小城的石岸改為木岸，這樣能夠節省一半工程款。這次朝廷終於通過了預算，工程進展順利。

水患中，蘇軾發現徐州東城門過於狹窄，而這裡是府庫所在地，抗洪壓力非常大，就順帶擴大了東門，又在門上建一座城樓，用黃土塗飾外表，取「土能克水」之意，命名為「黃樓」。

元豐元年（一〇七八）初，李常齊州任滿，徙官淮南西路提點刑獄，路過徐州拜訪蘇軾。李常突然造訪，沒有提前通知，找到蘇軾家裡，才得知蘇軾正在督工修建黃樓，便作三絕句派人招他回家。

蘇軾在工地上穿著破舊的布衣衫，渾身泥巴，聽聞消息，來不及收拾，匆匆往家裡趕，李常像是安坐家中的主人，而蘇軾卻成了遠方來的客人。

時正三月寒食，蘇軾宴請李常，偏偏要搞個儀式，其中就有「歡迎詞」。〈寒食宴提刑致語口號〉頗有雅趣，讀來令人忍俊不禁：

良辰易失，四者難并。故人相逢，五斗徑醉。況中年離合之感，正寒食清明之間。時乎不可再來，賢者而後樂此。恭惟提刑學士，才本天授，學為人師。事業存乎斯民，文章蓋其餘事。望之已試於馮翊，翁子暫還於會稽。知府學士，接好鄰邦，締交冊府。莫逆之契，義等於天倫；不腆之辭，意勤於地主。力講兩君之好，可無七字之詩？欲使異時，傳為盛事。

南朝宋謝靈運〈擬魏太子鄴中集詩序〉：「天下良辰、美景、賞心、樂事，四者難并。」這四樣美好的事情，正因為難以同時，所以又稱「四難」。在這「四難并」之時，如何能不暢懷痛飲？文後還附了一首七律詩以助興。

李常乃政界名流，徐州官員以與他同席為榮，還輪流坐莊請他到家裡吃飯。通判傅國博備好宴席，不巧蘇軾那天身體不適，不能作陪，打趣李常說：「傅通判家歌妓很有名，您要有點心理準備，不妨彈玉箏協奏一曲。」到了傅國博家宴上，李常果然禁不住紅粉佳人勸酒，喝得醉不能歸，蘇軾作詩嘲笑他「玉山知為玉人頹」。

徐州東南二里有一座雲龍山，住著隱士張天驥。蘇軾最喜曠達不羈之人，心情不好時便跑到山裡向張天驥傾訴，一來二去成了朋友。李常也想去拜訪這位「世外高人」，蘇軾公務繁忙暫時抽不出時間，李常竟獨自悄悄進山了。正在黃樓督工的蘇軾聽到消息，趕緊從城頭上下來，帶著幾位歌女追進山中。見到李常，蘇軾埋怨說：「山裡除了鳥雀蜂蝶、綠樹雜花，清苦寂寞得很。您晚上一個人在這裡孤寡獨居，沒人陪伴侍候，我可擔當不起。」

李常在徐州住了將近兩個月，終於要離開了。蘇軾送他筍和芍藥花，作詩說：「我兄弟少，只有子由一個人。交往的朋友雖然多，他們忙著朝廷的事，顧不上我，僅有幾個知己也天各一方。」

蘇軾與李常志同道合、無話不談，在風雨如晦的政壇難得如此，「宜我與夫子，相好手足侔」這句詩，確實出自肺腑。

蘇軾還有一首詞〈蝶戀花〉送別李常：

簌簌無風花自嚲，寂寞園林，柳老櫻桃過。落日多情還照坐，山青一點橫雲破。

路盡河回千轉柁，繫纜漁村，月暗孤燈火。憑仗飛魂招楚些，我思君處君思我。

「憑仗飛魂招楚些，我思君處君思我。」我召喚離去的友人，在我思念友人的時候，他也在想我。

思之不得見

對於蘇軾來說，最能考驗朋友「純度」的是在黃州。貶黜黃州後，蘇軾基本不主動與外界聯繫，許多舊交為了避嫌，也盡量減少與蘇軾來往。然而這一時期，他給李常的書信有十封之多，可見與李常的關係如精金美玉，經得起烈火的淬煉。

蘇軾在黃州生活困頓，但依然風趣，他安慰老朋友說：「我到五十歲才懂得過日子，就是『小氣』，當然，對於我們這些文人，不能說『小氣』，應該說『儉素』，和那些窮人不一樣，我們『淡而有味』。」蘇軾又引用《詩經》「不戢不難，受福不那」，說生活有節制，會有福氣。彼時李常被調回京，任太常少卿，蘇軾開玩笑說：「在京城那樣一個花花世界，更需要節制和節儉，所以把我的生活經驗分享給你。」

總是能在苦中發現樂趣，積極地對待命運的不公，這就是蘇軾的灑脫。

離開黃州，蘇軾遊覽泗州南山，有詞〈浣溪沙〉：「雪沫乳花浮午盞，蓼茸蒿筍試春盤。人間有味是清歡。」在別人看來不值一錢的青菜野炊，蘇軾能吃出「清歡」，也就是與李常說的「淡而有味」。

李常把新作的詩詞寄給蘇軾看，內容充滿了對蘇軾的同情。蘇軾回信說：「我雖然年老且窮，但道理貫心肝，忠義填骨髓，能夠微笑面對生死。如果看見我窮，就同情心氾濫，那和不學道的人有什麼區別呢？您是道行高深之人，因為太愛我才這樣失態。」蘇軾再次寬慰李常：「讓我們把個人的禍福得失交給上天吧！」

因這些話涉及對朝廷的「不滿」，蘇軾特意叮囑，看過之後一定要把這封信燒掉。看來他在李常面前說話才無所顧忌。

人情往來、生活瑣事，他們之間可謂無話不談，比如談自己在黃州的生活，談蘇轍在筠州夭折了一個女兒，談朋友劉攽的詩詞風格，談回文詩，談一年四季哪個節日最美。潮州朋友吳復古給蘇軾寄來禮物，其中一種叫扶劣膏，樣子像羊脂但比羊脂堅硬，盛在竹筒中。蘇軾沒見過這東西，揣摩一定是名貴之物，但不知道如何使用，便寫信向李常求教。

元豐五年，蘇軾在黃州得到一塊坡地，經過整理、翻挖之後，種上小麥、黃桑、棗樹、栗樹。李常在淮南西路提刑任上，從霍山給他運來一批柑橘樹。三國時，吳國丹陽太守李衡的妻子十分嚴厲，不讓李衡治家業，日子過得很清貧。李衡在外面偷偷買一塊地，種了上千棵柑橘樹，臨終前才告訴家人。等柑橘長成，歲入千匹絹，家裡過上了小康生活。蘇軾想像著會像李衡的家庭一樣愈來愈富裕，對李常十分感謝，把這些柑橘種在屋畔籬落。

是年，柑橘結果，蘇軾品嘗味道香甜，作詞〈浣溪沙〉：

菊暗荷枯一夜霜，新苞綠葉照林光。竹籬茅舍出青黃。
香霧噀人驚半破，清泉流齒怯初嘗。吳姬三日手猶香。

同期以〈浣溪沙〉詠橘共有兩首，另一首則曰「含滋嚼句齒牙香」。自此之後，蘇軾對柑橘情有獨鍾，直至元祐年間知杭州時，還寫下「一年好景君須記，最是橙黃橘綠時」的名句。

元豐七年，蘇軾得到敕令，離開黃州，可以享受有限自由了。他途中歇腳、遊覽的第一站是廬山。

李常是永修人，離廬山很近，小時候與弟弟李布在廬山五老峰下白石僧舍讀書，學習非常刻苦，抄書九千卷。出仕之後，李常把九千卷抄書留在僧舍，供後生閱讀，人們稱為「李氏山房」。蘇軾在密州時曾應李常之請，作〈李氏山房藏書記〉，讚揚李常慷慨饋贈圖書的義舉。記文中，蘇軾希望能到李氏山房看一看，讀一讀自己沒有見過的書。這也是蘇軾遊覽廬山的原因之一。

參觀李氏山房後，蘇軾感慨李常有這麼好的讀書之所，何苦還要去外面做官呢？不如歸來過逍遙自在的讀書生活：

> 偶尋流水上崔嵬，五老蒼顏一笑開。若見謫仙煩寄語，匡山頭白早歸來。

「謫仙」是蘇軾對李常的專稱。

隨後，蘇軾還到修水參觀了李常和兄長李莘的故居，寫了一首長詩表達對李常兄弟的景仰，其中有句曰：「何人修水上，種此一雙玉。思之不可見，破宅餘修竹。」「遙想他年歸，解組巾一幅。對床老兄弟，夜雨鳴竹屋。臥聽鄰寺鐘，書窗有殘燭。」蘇軾年輕時與蘇轍有「夜雨對床」之約，蘇軾以己度人，想著李氏兄弟或許能修得此緣。這是對李常的良好祝願，也包含著對自己未來的美好憧憬。

只是，無論蘇氏兄弟，還是李氏兄弟，最終都未能如願。

史載元祐五年，李常赴成都任，卒於途中。

漫長的人生坎坷中，蘇軾經常回憶起他和李常、張先等人的湖州之會，那是他們友誼的高光時刻。元豐四年十二月十二日，他獨自坐在臨皐亭讀書，月亮升起，平野一片寂寥，蘇軾感到陣陣寒意，再次想起湖州之會歡樂、熱鬧的場景，寫下〈記遊松江〉，回憶垂虹亭的酒宴。

元祐四年，蘇軾出知杭州，路過湖州，湖州太守張詢（仲謀）盡地主之誼，座上也是六人，卻已不是先前之人，李常、張先等五人皆已作古。經歷了人生的至暗時刻，經歷了黃州的貶謫生活和朝廷的黨爭傾軋，蘇軾感慨宦海無常，物是人非，亦作〈定風波〉：

月滿苕溪照夜堂，五星一老斗光芒。十五年間真夢裡，何事，長庚對月獨淒涼。
綠鬢蒼顏同一醉，還是，六人吟笑水雲鄉。賓主談鋒誰得似，看取，曹劉今對兩蘇張。

張先〈定風波〉裡「也應旁有老人星」，「老人星」指張先自己。十多年後的「六客之會」，蘇軾年齡最長，五位年輕人陪著自己這顆「老人星」，怎能不「長庚對月獨淒涼」！

從此，張先〈定風波〉被稱為「前六客詞」，蘇軾〈定風波〉被稱為「後六客詞」。

第十章

此心安處是王鞏

王鞏，字定國。他長相俊美，是上流社會公認的美男子，蘇軾稱他「琢玉郎」。他出身高貴，累世顯宦，祖父是真宗朝名相王旦，封魏國公；外祖父是仁宗朝宰相張士遜，封鄧國公；父親王素是仁宗景祐年間著名的諫臣，與歐陽修、蔡襄、余靖號稱「四諫」；他的岳父則是蘇家的恩公張方平。

無論從哪方面看，王鞏都應該成為人生贏家，如果不遇到蘇軾的話。

黃樓之會

嘉祐四年春，王素知成都府，當時蘇軾守母孝在眉山，前去拜會王素，並上書為蜀人陳情。兩年後王素任滿回京，那一年蘇軾參加制科考試，雙方亦有交集。有學者認為，王素或於此時讓十多歲的王鞏跟隨蘇軾學習。

他們再次交往是熙寧二年蘇軾第二次回朝時，這時王鞏已長大成人，拿著一方外祖父留下來的硯臺請蘇軾題字。蘇軾題道：「鄧公之硯，魏公之孫。允也其物，展也其人。」這是他們有文字記載的首次正式交往。

蘇軾出守後，王鞏與蘇轍來往更為密切。王鞏是富家公子，上等酒宴乃家常便飯，蘇轍經常是座上客。熙寧六年王素卒，時蘇軾在杭州，蘇轍為王素寫了輓辭。

王鞏靠恩蔭入仕，不受王安石喜歡，政治立場上和舊黨站在一起。熙寧九年王安石罷相，王鞏受到宰相吳充器重，為祕書省正字，正當仕途有些起色，不料被一樁謀反案波及。

有人告餘姚縣主簿李逢謀逆，宋神宗派御史臺調查，結果勾連出兩個人，一個是太祖趙匡胤四世孫趙世居，一個是道士李士寧。李士寧在京東路沿海一帶放言太祖後代當有天下，天命應在趙世居身上。趙世居傻乎乎地資助其不少銀兩。案件坐實，趙世居賜自盡，李逢凌遲，李士寧杖刑後流放。王鞏因曾向趙世居借兵書，受到牽連，被追奪官銜，勒令停職。

受這次事件的打擊，王鞏心灰意冷，便把心思用在了「閒情逸致」上。熙寧十年初，王鞏在京城建了一座園林，取名清虛堂。清、虛二字均取自於道教，按他的解釋：「夫惟清濁一觀，而虛實同體，然後與物無匹，而至清且虛者出矣。」意思說是非對錯、高尚和卑鄙都沒有明顯的界線，關鍵看一個人如何守住自己的內心。

蘇轍應邀為清虛堂作記，稱讚：「今夫王君生於世族，棄其綺紈膏粱之習，而跌宕於圖書翰墨之囿，沉酣縱恣，灑然與眾殊好。」正如蘇轍所說，王鞏的興趣愛好在圖書翰墨，為人又大方、灑脫、講義氣，所以他們才能成為好朋友。

蘇轍寫好了「記」，推薦兄長蘇軾把這篇記書寫出來。熙寧十年春他們住在范鎮的東園，剛好有便利條件。蘇軾除了書「記」，還在後面寫了一段很有意思的跋，大意是：蘇轍對我的書法從來不珍惜，別人收藏我的字，他一幅也沒有，還經常拿我的字送人情。好在王君為人不錯，以後不許這樣了！

蘇軾一直擔心王鞏沉溺於趙世居案中傷心失意，就此沉淪。元豐元年，蘇軾建成黃樓，寫詩邀請王鞏重陽節來徐州會晤：「願君不廢重九約，念此衰冷勤呵噓。」

王鞏答應了赴約，不過人未至，詩先到，自稱「惡客」，不飲別人的酒。蘇軾一首〈答王鞏〉說，你既然不飲外酒，就自己拉一車來吧。「子有千瓶酒，我有萬株菊。」回去時請把酒留下，車上裝滿菊花帶走，菊花把車軸壓斷可沒人負責——都是風趣之人，難怪能相處得那麼融洽。

王鞏還真不是說著玩的，果然帶著自家的酒來了，蘇軾又「得寸進尺」地道：「但恨不攜桃葉女，尚能來趁菊花時。」你為什麼不帶姬妾來呢？

重陽節那天，蘇軾在黃樓宴請王鞏，陪客也是精心挑選，有顏復、陳師道等，座客三十餘人，多知名之士。還有笙歌宴樂，紅粉佳人，眾人喝得酩酊大醉，盡興盡歡。蘇軾酒酣氣豪，還不斷勸酒：「莫嫌酒薄紅粉陋」、「一杯相屬君勿辭」。他們作詩唱和，蘇軾放聲吟誦：

我醉欲眠君甘休，已教從事到青州。鬢霜饒我三千丈，詩律輸君一百籌。
聞道郎君閉東閣，且容老子上南樓。相逢不用忙歸去，明日黃花蝶也愁。

青州有個齊郡，「從事」的意思是到了齊下，通「臍下」，在此指美酒下肚。蘇軾勸王鞏不要急於回去，免得黃花開盡，時光不再，留下遺憾。其中「詩律輸君一百籌」倒也不完全是自謙，蘇軾〈王定國詩集敘〉中曾說：「又念昔日定國過余於彭城，留十日，往返作詩幾百餘篇。余苦其多，畏其敏，而服其工也。」張邦基《墨莊漫錄》中記載：「王定國持詩與東坡，東坡答書云：『新詩篇篇皆奇，老拙此回真不及。』」蘇軾是真心誇王鞏詩作得既快又好。

王鞏在徐州玩了十多天，蘇軾有公務在身，便請顏復全程陪同。一天，王鞏、顏復攜歌妓馬盼盼、張英英、卿卿登山涉水，蘇軾晚間在黃樓置酒等候，後來在一首詩的小序中記述說：

王定國訪余於彭城。一日棹小舟，與顏長道攜盼、英、卿三子遊泗水，北上聖女山，南下百步洪，吹笛飲酒，乘月而歸。余時以事不得往，夜著羽衣，佇立於黃樓上，相視而笑。以為李太白死，世間無此樂三百餘年矣。

王鞏吹笛飲酒，乘月而歸，蘇軾穿上道士的長衫，佇立高樓，微風下衣袂飄飄，此真仙境也。李白飄逸、曠達、浪漫，號稱「謫仙人」，身後世人少有出塵脫俗之風。今日蘇軾與王鞏拋開俗世之煩惱，月下呼朋攜妓享受人間清樂，恰似李白再世，飄然如仙。

黃樓之會是一段短暫而快樂的時光。「不辭千里遠，成此一段奇。」王鞏離去時，蘇軾送別，感歎王鞏成就了這次不可多得的人生際會。

歸來仍是少年

快樂的時光總是很短暫。

元豐二年，蘇軾因「烏臺詩案」被羈押、審訊、流放，二十多人受到牽連，其中就有王鞏。司馬光、張方平這些老臣受到的處罰是罰銅，蘇轍做為罪人的親弟弟，發落為筠州鹽酒稅監，王鞏則發落為賓州鹽酒稅監。筠州在江西，而賓州為今廣西賓陽，在嶺南，宋朝時只有重犯才會流放的地方。換言之，王鞏受到的處罰重於蘇轍，甚至重於當事人蘇軾。

為何王鞏受到的處罰最重？

王鞏的「罪行」之一是赴徐州時帶去了張方平的詩稿，即《樂全堂雜詠》，蘇軾在詩稿卷末題詩，御史臺認為蘇軾卷末詩把朝廷新法比作荒林廢沼，是褻瀆朝廷。

王鞏的「罪行」之二是與駙馬都尉王詵「漏泄禁中語」。當指決定逮捕蘇軾時，王詵、王鞏將這一消息提前洩露給蘇轍，讓蘇轍通報蘇軾。

這是明面上的原因，還有兩點可能影響了定罪，其一，王鞏是德高望重張方平的女婿，重罰王鞏可產生「敲山震虎」的作用；其二，王鞏受趙世居案牽連，本是戴罪之身，現在更是「罪上加罪」。

眾多師長、朋友因自己而獲罪，蘇軾深感歉疚，對王鞏尤其如此。嶺南是「高官墳場」，蘇軾不知道王鞏能不能挺過去，活著回來；也不知道這位性情相投的朋友會不會因此怨恨自己。他甚至不敢給王鞏寫信。倒是王鞏磊落、灑脫得很，心中毫無芥蒂，被官差押解著剛出京城，就寫信問候已到黃州的蘇軾，沒有任何埋怨，沒有任何疏遠。蘇軾這才安下心來。

蘇軾趕緊回信，希望能趕在王鞏登船之前送達。蘇軾告訴王鞏，他每天派人在江邊的碼頭上等候，就是希望早日讀到王鞏的來信。蘇軾接著又送出第二封信，寫道：

但知識數十人，緣我得罪，而定國為某所累尤深，流落荒服，親愛隔闊。每念及此，覺心肺間便有湯火芒刺。今得來教，既不見棄絕，而能以道自遣，無絲髮蒂芥，然後知定國為可人，而不肖他日猶得以衰顏白髮廁賓客之末也。甚幸！甚幸！

「湯火芒刺」四個字將蘇軾內心的翻騰、難受表現得淋漓盡致。蘇軾希望日後還能以自己的衰顏白髮，繼續側身於王鞏的賓客之列，希望他們的交情能夠持續下去。

雖然相隔千里，蘇軾無時不牽掛王鞏。中原人的體質很難適應嶺南的氣候，蘇軾從道家養生術中摘出「摩腳心法」，教給王鞏以抵禦瘴氣。蘇軾囑咐王鞏每日少飲酒，調節飲食，讓胃氣壯健，還勸王鞏不要縱情聲色，「日見可欲而不動心，大是難事。又尋常人失意無聊中，多以聲色自遣。定國奇特之人，勿襲此態」。可能感到不應該干涉好朋友的私生活，蘇軾又解釋說正因為相知太深，說話才直截了當。

王鞏為了安慰蘇軾，在書信中也大談長生不老之術，說正在修行，而且頗有所得。道家迷信丹砂可以養精神、安魂魄、殺精魅，王鞏要送蘇軾一些廣西的丹砂，蘇軾說方便的話就寄十兩，不方便的話，一兩也不要寄。

是時王鞏大約三十出頭，身體沒有想像的脆弱，面貌和氣色都沒有太大改變。但是他兒子年齡幼小，一個死於貶所，一個死於家中，可謂淒慘之極。為了排解哀傷，王鞏把大部分精力用在讀書作詩上，學問因而大有長進。蘇軾和王鞏書信往來的另一項內容便是交流讀書心得，蘇軾建議王鞏多讀史書，最好親手抄錄。

黃州有棲霞樓，每逢重陽節，太守徐君猷都要在此宴請州郡官吏、社會名流，這時便會勾起蘇軾對黃樓之會的回憶，因而更加懷念王鞏。蘇軾曾為王鞏作〈千秋歲・淺霜侵綠〉，用「坐上人如玉」來形容俊美的王鞏。蘇軾為徐君猷講述黃樓之會的情形，吟唱〈千秋歲〉，「滿座識與不識，皆懷君」，都想見識一下王鞏。

〈千秋歲・淺霜侵綠〉中有句「明年人縱健，此會應難復」，表達曲終人散的悲涼，沒想到真的被蘇軾說中了，今年他們竟相隔千里。於是黃州重陽節，蘇軾作詞「當年戲馬會東徐，今日淒涼南浦」，撫今思昔，只有朋友情深。

元豐六年初秋，王鞏得以從賓州北歸，七月到江西太和縣，時黃庭堅任知縣，遂在太和小聚數日。八、九月間行至蘇轍筠州貶所，留一封信給蘇軾，託蘇轍代寄，自己沿贛水北上，取道九江回京。蘇軾接到書信，抑制不住內心的喜悅，恨不能馬上與王鞏舉杯浮一大白。但他身在黃州貶所，不能擅自離境，只能去信問候。

王鞏在賓州期間創作頗豐。他將文集交於黃庭堅，黃庭堅為之作序，讚揚王鞏在困頓中不自哀自憐，窮而後工，文藻浩然；讚賞其文章不隨人後、不減古人。

賓州期間，王鞏留意經史，著有《論語注》十卷，秦觀為其作序。熙寧變法後，太學和地方學校都以王安石注釋的經文為教材，凡是與王安石「新學」不合的教材一律剔除。秦觀認為在這種大背景下，王鞏注釋《論語》具有對抗王安石權威的現實意義。

王鞏在賓州創作的詩集則透過蘇轍交給了蘇軾。蘇軾為其作序，稱讚他的詩歌比過去更工整了，評價其「皆清平豐融，藹然有治世之音」，都是積極向上的正能量，很少有表現出困厄、貧窮、衰老的情緒，即便偶有「幽憂憤歎之作」，也是人之常情。

可惜王鞏在賓州的文、詩、經注均已失傳，對於王鞏的貶居生活，只能從蘇軾、蘇轍的書信詩詞中揣測一二。

元豐七年，蘇軾離開了黃州，馬上給王鞏寫信，告訴他自己可能於元豐八年春天到南都，希望能在張方平家裡見到他。

蘇軾到南都拜謁張方平時，王鞏因事未能赴約。直到元祐二年二月，元祐更化，二人得以在京城相見。王鞏請蘇軾到清虛堂做客，劫後餘生，兩人感慨不已。蘇軾驚訝於王鞏面如紅玉，相貌如故，談鋒依然銳利，由衷地為他慶賀。

王鞏請蘇軾聽曲。他家原本蓄養許多歌女，獲罪時只有一位叫宇文柔奴的陪伴他去嶺南。蘇軾見柔奴和王鞏一樣，嶺南的苦難並沒有在她的臉上留下風霜，相反更加明豔動人。蘇軾與柔奴閒話家常，問嶺南生活很苦吧？柔奴淡然答道：「此心安處，便是吾鄉。」蘇軾大為震動，當即作詞〈定風波〉贈予柔奴：

常羨人間琢玉郎，天應乞與點酥娘。盡道清歌傳皓齒，風起，雪飛炎海變清涼。

萬里歸來顏愈少，微笑，笑時猶帶嶺梅香。試問嶺南應不好，卻道，此心安處是吾鄉。

人們把相貌俊美的男子稱為「琢玉郎」，這裡指王鞏；把皮膚光滑細膩的女子稱為「點酥娘」，此處指柔奴。他們俊男靚女，天造地設，生來一對。「雪飛炎海變清涼」稱讚柔奴的歌聲能給炎炎盛夏帶來微風飛雪般的清涼。下闋寫從嶺南萬里歸來，他們還是曾經的少年，還是最初那張臉，笑容甜美，如嶺南梅香。試探著問在嶺南吃了很多苦吧，她卻說「此心安處是吾鄉」。

白居易〈初出城留別〉中有「我生本無鄉，心安是歸處」，是「此心安處是吾鄉」的濫觴。此詞句蘊含了豐富的人生哲理和辯證思維。「烏臺詩案」讓蘇軾在鬼門關走了一遭，從天之驕子到獄中囚徒，反差甚大，很長時間難以適應。黃州初期，他驚魂未定，意志消沉，感覺生不如死。後來，蘇軾悟透了人生無常，拋開了名利、富貴、權勢，變得豁達、灑脫，心理逐漸平穩下來。沒想到，王鞏和侍妾比他覺悟得更早、更徹底，當然也比他更睿智、更通達。

蘇軾由衷地為王鞏和侍妾高興，也由衷地將兩人引為知己。

玉人今老矣

元祐元年，由司馬光力薦，王鞏被重新起用，為宗正寺丞。

宗正寺是專門管理皇親國戚的機構，比如宗親名錄、宗親稱謂、福利待遇、守護陵寢等。宗正寺最高職位叫卿，下面設少卿，少卿下為丞，官不大，算從六品。

皇親國戚個個都不好惹，皇家的事情特別敏感，所以宗正寺的官難當。一般宗正寺官員秉承多一事不如少一事的原則，飽食終日，得過且過。

王鞏是心直口快之人，好臧否人物，他見司馬光當政，以為政治清明，上書議論便少了許多顧忌。到任宗正寺丞沒多久，就上了一道劄子，說宗室旁枝中疏遠者，皇帝不應稱他們「皇伯」、「皇叔」，應改個稱呼。這道劄子一上，就捅了馬蜂窩，立刻引起巨大的爭論，宰執大多認為建議不妥，只有司馬光一人覺得可行，指示禮部研究實施。可惜禮部還沒有研究出結果，司馬光就去世了，這件事便不了了之。

司馬光九月去世，十月臺諫舊事重提，彈劾王鞏離間宗室——再遠的宗室旁枝也是皇家血脈，你改他們稱呼是讓皇帝疏遠親戚嗎？這罪名就大了，於是王鞏被打上「奸邪」的標籤，要求懲辦。可憐王鞏任宗正寺丞不到一年，就被發落通判西京。反對者認為懲罰太輕，還未到任又改為通判揚州。

蘇軾剛舉薦過王鞏，心懷叵測的人還攻擊王鞏「諂事」蘇軾。若是見風使舵的人，必定撇清干係，躲得遠遠的。蘇軾不然，他不能眼見摯友受汙，毅然上書為王鞏辯護。他在〈辯舉王鞏劄子〉中寫道：

謹案鞏好學有文，強力敢言，不畏強禦，此其所長也；年壯氣盛，銳於取進，好論人物，多致怨憎，此其所短也。頃者竄逐萬里，偶獲生還，而容貌如故，志氣逾厲，此亦有過人者。故相司馬光深知之，待以國士，與之往返，論議不一。臣以為，所短不足以廢所長，故為國收才，以備選用。

文章指出了王鞏的優點，即好學有文，強力敢言，不畏強禦；也指出了王鞏的不足，即年壯氣盛，銳於進取，好論人物，多致怨憎。蘇軾這一層文字解釋了為什麼要舉薦王鞏，探討了應怎樣對待人才的問題，即「所短不足以廢所長」。

上面是「論人」，回擊臺諫的「奸邪」論。下面則就事論事，回擊「離間」論：

鞏上疏論宗室之疏遠者不當稱「皇叔」、「皇伯」，雖未必中理，然不過欲尊君抑臣，務合古禮而已，何名為離間哉！況鞏此議，執政多以為非，獨司馬光深然之，故下禮部詳議。又，兵部侍郎趙彥若亦曾建言。若果是離間，光亦離間也，彥若亦離間也。方行下有司時，臺諫初無一言；及光沒之後，乃有奸邪離間之說，則是鞏之邪正系光之存亡，非公論也。

就事論事，王鞏的建議出於公心，為皇家考慮，與「離間」沾不上邊。因為司馬光威信最高，蘇軾透過司馬光「深然之」來為王鞏撐腰，指責臺諫「雙標」，待人不公平。

就臺諫指責王鞏「諂事」，蘇軾亦有辯論：

鞏與臣世舊，幼小相知，從臣為學，何名「諂事」？

隨著司馬光的去世，舊黨內部分裂，黨爭愈演愈烈，不但趕走了王鞏，元祐四年也趕走了蘇軾。蘇軾守杭州，而王鞏又調到北方，知海州、密州，時間都不長。後因恩例，王鞏乞得管勾太平觀，回到京城，但是個閒差。

他們見面機會愈來愈少。元祐三年底，王鞏由揚州轉海州，在京城短暫停留，蘇軾、蘇轍前去清虛堂拜訪。是夜小雪，幾人於雪中小飲，頗有白居易「綠蟻新醅酒，紅泥小火爐」的意境。蘇軾記述那天的情形：

定國出數詩，皆佳，而五言尤奇。子由又言：昔與孫巨源同過定國，感念存沒，悲歡久之。夜歸，稍醒，各賦一篇，明日朝中以示定國也。

巨源是孫洙的字，是他們共同的朋友，已經去世多年，所以他們才「感念存沒」，談論的都是過去的悲歡離合，感歎的都是人生的變幻無常。

元祐六年，蘇轍推薦王鞏知宿州。然而一直有人盯著王鞏不放，不久王鞏又被罷職，成了閒人。

元祐八年，蘇軾從揚州移知定州，路過南都，登門拜祭已經去世的張方平，在這裡再次見到王鞏，而時間恰好又是重陽！

此時王鞏四十六歲，失去了年輕時的豪情，一心修道，在靜坐頓悟中遠離塵世。蘇軾和他共同回憶十五年前的黃樓之會，那是多麼美好的時光啊，真的前三百年未有，後三百年亦難見！

蘇軾賦詩送給王鞏，詩前有序：

在彭城日，與定國為九日黃樓之。今復以是日，相遇於宋。凡十五年，憂樂出處，有不可勝言者。而定國學道有得，百念灰冷，而顏益壯，顧予衰病，心形俱悴，感之作詩。

詩中有句：「對玉山人今老矣，見恆河性故依然。」時光永恆，而生命有限，連王鞏這樣的「琢玉郎」也有韶華逝去的那一天。

另一首〈九日次定國韻〉則寫道：「王郎誤涉世，屢獻久不酬。黃金散行樂，清詩出窮愁。俯仰四十年，始知此生浮。」人生如蜂蟻，忙忙碌碌，漂浮不定，到頭來萬事皆空，城郭還在，人已成空丘。

一詩成讖，宣仁太后去世後，朝政大變，新黨重掌政權。王鞏因經常上書議論朝政，「追毀出身以來告敕，除名勒停，送全州編管」，直到元符三年才歸來。蘇軾則被貶到嶺南、海南，直到終年才得以回到常州。

蘇軾與王鞏自此再未謀面，他們只能靠回憶去續寫友情，告慰相思。

蘇軾去世後，宋徽宗崇寧年間，黨禍再起，王鞏入「元祐黨人碑」，第三次被貶嶺南，大觀中得以回到內地，致仕，居住在高郵。政和二年，蘇轍去世，王鞏有詩悼念。

「交親逾四紀，憂患共平生」，這是王鞏寫給蘇轍的祭詩，也是他與蘇氏兄弟友情的寫照。

第十一章

遺世而獨立的陳慥

嘉祐六年，蘇軾以制科第三等的成績出任簽書鳳翔府判官廳公事，人生得意，躊躇滿志。不料他在鳳翔府碰了個軟釘子，知府並沒有抬舉他，給他好臉色。不過蘇軾因此結識了陳希亮、陳慥父子，特別是陳慥這位人生旅途上的靈魂之友。

頂頭上司陳希亮

簽書判官廳公事簡稱簽判，掌州府的公文、案牘，由京官充任，受州府長官領導。蘇軾在嘉祐六年十二月到任鳳翔府，第一任上司叫宋選，是勤勉的老好人，對蘇軾寬容、溫厚。嘉祐七年（一〇六二）三月，天氣久旱，宋選帶著蘇軾到太白山祈雨，回來路上大雨即沛然而至，蘇軾欣喜作文，曰〈喜雨亭記〉。喜雨亭在官舍之北，剛剛竣工，因此名之。

嘉祐八年（一〇六三）正月，宋選罷官，眉州青神縣人陳希亮接替他到任。青神縣是蘇軾娘舅家，也是兩任妻子的家鄉，離眉山很近，兩家原本相識，按輩分陳希亮比蘇洵還高一輩。有這層淵源，蘇軾認為陳希亮應該更容易相處。

陳希亮身材矮小、清瘦，看起來沒有威嚴，第一印象往往讓人對他產生錯誤的判斷，輕視他三分。其實他剛毅、堅韌、嚴厲，對下屬約束嚴格，不留情面，很少有好臉色。

蘇軾仗著和陳希亮的多層關係，剛開始像對宋選一樣對待陳希亮，隨性、散漫、開玩笑，沒有嚴格的上下級意識，但很快就吃了苦頭，意識到這人不好對付。

府中衙役知道蘇軾學問好、才情高，稱蘇軾為「蘇賢良」。陳希亮聽到後，大聲斥責：「簽判就是簽判，叫什麼賢良！」還將衙役打了板子，讓蘇軾十分難堪。

蘇軾的文章連歐陽修都為之汗顏，陳希亮卻毫不客氣地修改他的公文，有時還讓他三番五次重寫。以文章自負的蘇軾自然難以忍受。

蘇軾向陳希亮彙報公事，陳希亮態度傲慢，有時對蘇軾不理不睬，讓他乾等，蘇軾去留兩難，不知該如何是好。

蘇軾對陳希亮不滿，日常能躲就躲。陳希亮設宴他不參加，連中元節也不到知府廳打個照面。陳希亮認為蘇軾無禮，向朝廷告狀，罰了蘇軾八斤銅。蘇軾心中更加怨恨，哀歎初入仕途就遇見這樣不通情理的上司。

蘇軾終於有了一個報復的機會。

鳳翔府治鳳翔縣，南、西、北三面環山，可惜城中地勢低，看不到四面風景。陳希亮在公館後苑建造一座凌虛臺，讓蘇軾作記。蘇軾趁機用文字給他添堵，在文章中盡說些不吉利的話。比如交代建臺緣由：在離山最近的地方照理應該看到山，太守居住的地方卻不知有山，這是不應該的，所以建造了凌虛臺，語氣中明顯含有嘲諷之意。

蘇軾文中用了許多典故，只想說明一個道理：事物有興廢，凌虛臺不可能永遠存在！不知道什麼時候可能就化為莊稼、荊棘、廢墟、田野了！臺是這樣，人也是這樣，今天來明天去，還不知道落腳到哪裡呢！

蘇軾這篇〈凌虛臺記〉似乎為陳希亮下一道讖語，讓他別得意，明天還不知道誰說了算！

若是一般上司，恐怕會被氣死，肯定要給蘇軾小鞋穿，或者再次糾劾他。

但蘇軾沒想到的是，陳希亮一個字沒改，讓人把文章刻石立在凌虛臺上。這下蘇軾反倒不好意思了。陳希亮把蘇軾叫過去，語重心長地和他交心：「我對明允（蘇洵）像對待自己兒子一樣，你算是孫子輩了。平時不給你好臉色看，是因為你少年一夜爆紅，怕你自滿承受不起。我不想看到你日後仕途受挫折。」

蘇軾才意識到，陳希亮是真正為自己好，於是隔閡渙然冰釋。後來應陳慥之請為陳希亮作傳，蘇軾回憶起這段經歷，寫道：

> 公於軾之先君子，為丈人行（先輩）。而軾官於鳳翔，實從公二年。方是時，年少氣盛，愚不更事，屢與公爭議，至形於言色，已而悔之。

這篇〈陳公弼傳〉（陳希亮，字公弼）寫在元祐六年，蘇軾經歷了仕途起伏和生死考驗，「已而悔之」決非虛言。陳希亮讓他了解到人生不可能一帆風順，年輕時受些挫折，收斂鋒芒，可能受益終身。如果上司、同僚因你的才華而一味遷就，有缺點不指出，有錯誤不糾正，那是捧殺，將來可能栽更大的跟斗，甚至碰得頭破血流。

陳希亮為人方正。宋朝的州府有一筆用於宴請及饋贈過往官員的招待費，稱公使錢，這筆錢供太守私人支配，但不能裝進自己的口袋。陝西鄰近西夏，情況複雜，很多公使錢使用不規範，比如〈岳陽樓記〉中的滕子京，就因用公使錢招待外郡士兵而被謫守巴陵郡。公使錢的另一用處是買美酒，長官們互相贈送，從而占為私有。陳希亮也得到不少這樣的美酒，大多拿出招待、救濟貧困的遊士了。後來自省這屬於違紀行為，用自己的家產歸還了公使錢，並上書彈劾自己，於是被調離鳳翔府，分司西京。未幾，致仕；熙寧十年卒，享年六十四歲。

陳希亮的死或許與蘇軾有關。

據蘇轍《龍川略志》記載，有次，蘇軾到鳳翔開元寺看壁畫，兩個老和尚傳給他一個「煉金術」，叫「朱砂化淡金為精金」。這是祕方，不外傳，陳希亮聽說開元寺有此祕方，曾幾次來求，和尚都沒有傳給他。蘇軾很納悶：小子何德何能，太守不傳，傳於我？和尚解釋說，這個方子雖好，但好幾個人在煉金過程中死了，所以我們要傳給不使用這個方子的人；陳太守得到方子，一定會照方子煉，因此不敢傳給他。

和尚這話很奇怪，傳了方子又不讓使用，要這方子何用？不過實踐證明，和尚沒有欺騙蘇軾。後來陳希亮偶爾得知蘇軾手裡有這個方子，苦求不已，蘇軾只好給了他。再後來，陳希亮去職，居住在洛陽，沒錢買房子，就照著方子煉金，中途中毒去世了。

聽起來像個傳說，不過用現在的化學知識去解釋，煉金過程中，化學反應生成有害物質，致人死亡的可能性極大。和尚應該知其利害，又不願祕方失傳，只好傳給了蘇軾。他們大概認為蘇軾一輩子不會缺錢，或者相信蘇軾不會為了金子鋌而走險。

蘇軾怎麼也料不到後果會如此嚴重，當陳慥告訴他時，唯有唏噓。

遊俠和隱士

陳希亮雖然比蘇洵輩分更長，但年齡應該小於蘇洵，因為蘇軾見到他的兒子陳慥時，陳慥還是翩翩少年。

蘇軾在岐山山道上看見兩名侍從騎馬握弓，簇擁著一個少年。鳥雀飛起，侍從搭箭射之，不中。少年拍馬衝到前面，張弓怒射，鳥雀應聲而落。這位武藝高強的少年便是陳慥。

陳慥是陳希亮幼子，字季常，他的三位哥哥都進入了仕途，唯有他與眾不同：豪縱仗義，揮金如土，頗有遊俠風度。關於陳慥，江湖間傳聞最廣的一件事是，他回老家青神縣，帶著兩個美豔的侍女，身著戎裝，頭戴青巾，腰纏玉帶，腳踏紅靴，儼然兩位風姿颯爽、武藝高強的女俠，騎著高頭大馬招搖過市，在青神縣引起不小的騷動。

陳慥的俠義之風應與戰爭有關。北宋文治昌盛，武力不濟，偏又與西夏連年戰爭，一些青年志士有意報效國家，馳騁疆場，便習武練劍，崇尚豪俠。陳慥和蘇軾談論用兵之道，談論古今成敗之理，顯然有意從軍殺敵。不過宋朝武將地位低，進入軍隊的途徑也不多，談兵習武會被士大夫恥笑輕視。陳希亮不喜歡這個兒子，罵他是不務正業的浪子。不過，他可以不讓兒子進入軍隊，卻不能改變陳慥灑脫隨意、我行我素的個性。

陳慥與蘇軾一見如故，然而隨著陳希亮的調動，他們各自分別，一晃多年不見，失去了聯繫。

蘇軾遭遇「烏臺詩案」時，被押解出京，走到黃州北一百多里的岐亭，忽然從山路轉彎處馳來一輛白馬青蓋車，上面端坐一人，近前一看，正是陳慥。

陳慥在洛陽有豪華的宅第園林，河北有豐沃的良田，每年可收租布帛千匹，他的三個哥哥各有官職，按朝廷政策，陳希亮去世後，他可以恩蔭一個官職。然而他放棄了這些人間富貴，也不再四處遊蕩，而是跑到岐亭南一個叫龍丘的地方做了隱士。

隱居後，陳慥不再穿戴讀書人的冠服，他戴著一頂高高的、方形的帽子，像是古代祭祀時官吏和樂師戴的方山冠。方山冠前高七寸，後高三寸，長八寸，用有皺紋的彩色細紗製成，以青、白、紅、黑、黃五色代表木、金、火、水、土五行。在宋朝已經看不到這種古怪的帽子了，因此人們用這種帽子來代指陳慥，稱呼他「方山子」。

對陳慥超越世俗的選擇，蘇軾感到震驚，只能稱他為「異人」。陳慥卻是有備而來。蘇軾這麼大的名氣，「烏臺詩案」這麼重大的事件，早已傳遍大江南北。陳慥特地備車在此等候，迎接蘇軾。他詳細詢問了蘇軾的處境和獄案的經過，聽完蘇軾的陳述，低頭沉默，不作一句評價，也不安慰，過了一會兒，仰天大笑，像是一陣狂風吹散了一段陳年往事，再也不提，熱情地邀請蘇軾到自己家做客。

陳慥的家取名「靜庵」，陳設簡單，生活清貧，看不出一點官宦門第的痕跡。陳慥就在這裡修仙學道，養生煉丹。讓蘇軾吃驚的是，無論陳慥的妻兒還是奴婢，絲毫沒有怨艾的情緒，他們怡然自得，很享受這樣的生活。

情緒低落的蘇軾為之一振：陳家從豪門到陋室，巨大的反差之下，主僕均能安然自處，自己只是官場失意，有什麼理由抱怨沉淪呢？蘇軾很慶幸能夠遇到隱居的陳慥，苦悶的內心有一絲陽光照進，漸漸敞亮起來。

陳家上下對蘇軾殷勤招待，殺鵝宰鴨，洗果切菜。初春季節，山裡有蔞蒿的新芽，鮮嫩美味，給蘇軾留下了深刻的味蕾記憶。他與陳慥舉杯暢飲，坦露心跡，無話不談。蘇軾酒量不大，沒多久就醉了，坐在椅子上呼呼大睡，巾幘掉到地上也不知道。

來黃州的路上，蘇軾擔心人生地不熟，找不到說話投機的朋友，沒想到還未到黃州就碰見了故人。他和陳慥的友情發展快速，從老鄉、朋友變成了知己。

彷彿找到了歸宿感，蘇軾在陳慥家裡住了五天。臨別，他為陳慥寫了一首〈臨江仙〉：

> 細馬遠馱雙侍女，青巾玉帶紅靴。溪山好處便為家。誰知巴峽路，卻見洛城花。
> 面旋落英飛玉蕊，人間春日初斜。十年不見紫雲車。龍丘新洞府，鉛鼎養丹砂。

紫雲車是神仙的乘坐工具，龍丘是陳慥隱居的地名。

元豐三年六月，陳慥往黃州看望蘇軾。蘇軾當然非常高興，不過面臨一些困難，比如他沒有多餘的屋子，讓陳慥住在哪裡成了問題。蘇軾坦率地寫信告訴陳慥，要麼你住一間靠西的屋子，但這個季節夕照很熱，晚上怕把你「熔化」了；還有個方案是住在船上，如果你不覺得委屈的話。從這樣的細節可以看出，蘇軾對陳慥就像自家兄弟一樣，毫無隔閡，毫不客氣。

第二年正月，蘇軾回訪，去龍丘做客。經歷過牢獄生死，蘇軾對佛教有種皈依感，不再殺生，他提前寫詩給陳慥，希望他不要為了招待自己殺死那些無辜的生靈。

「凡余在黃四年，三往見季常，而季常七來見余，蓋相從百餘日也。」在黃州期間，蘇軾三次去龍丘做客，陳慥來看望蘇軾七次。蘇軾初到黃州，生活困頓，每一文錢如何花都要事先計畫，陳慥雖然也清貧，還是給予蘇軾很多物質上的幫助。

富貴時，陳慥家裡養了許多歌妓，整日混跡紅裙白酒間，很是風流。隱居後，那些歌妓解散了，陳慥便想了個法子，在附近村中找兩個能唱曲子的小姑娘為蘇軾助興，美其名曰「村姬」。在西京這樣的大城市，士大夫應酬多，鶯歌燕舞也就罷了，到了偏僻山村還與村姬往來，陳慥的妻子柳氏不免有些吃醋。

夜裡陳慥與蘇軾談天說地，談佛論道，很晚了還不睡。柳氏跑到他們的屋子外，用木杖敲打窗戶，大聲吆喝讓他們睡覺。蘇軾愛戲謔朋友，後來作詩說：

龍丘居士亦可憐，談空說有夜不眠。忽聞河東獅子吼，拄杖落手心茫然。

河東是柳氏的郡望，代指柳氏；「空」、「有」是佛學概念，這裡指他們深夜談論的內容為佛學。柳氏大聲吆喝，嚇得陳慥拄的拐杖從手裡脫離，腦子裡一片空白，不知如何應對。這幾句詩為後世貢獻了一個成語，就是「河東獅吼」，比喻妻子強悍，丈夫懼內。

還有一種解釋，獅子吼指如來的說法，具有令外道降伏的威嚴和法力。蘇軾用「河東獅子吼」表示陳慥學佛不如妻子領悟得深。當然，人們更願意相信世俗的解釋，陳慥由此背負了「怕老婆」的名聲。

元豐七年四月，蘇軾從黃州調任汝州，黃州的朋友為他送行。其他人送到湖北慈湖就返回了，唯有陳慥堅持送到江西九江。蘇軾回顧他們五年的交往，作組詩贈之，即〈岐亭五首〉。蘇軾還寫了較長的序，敘述他們相交的往事，做為對黃州友情的紀念。

莫作兒女態

蘇軾一生有很多朋友，陳慥最為遺世獨立。在黃州期間，蘇軾為陳慥作〈方山子傳〉，這是蘇軾唯一給活人寫的傳記。陳慥年輕時「閭里之俠皆宗之」，在江湖上名氣很大。他老家在眉州，住在洛陽，俠義之名傳播萬里。他第一次去黃州看望蘇軾，在黃州引起不小轟動，當地豪傑都想一睹遊俠風采，爭相設宴邀請。蘇軾把他比作西漢嘉威侯陳遵陳孟公。陳遵好酒、好朋友，走到哪裡都高朋滿座、車馬盈門，酒席肉宴接連不斷。陳遵還蔑視世俗，到寡婦左阿君家擺酒唱歌，被人彈劾仍毫無顧忌。蘇軾覺得陳慥和陳遵一樣不同流俗，寫詩說：「孟公好飲寧論斗，醉後關門防客走。不妨閒過左阿君，百謫終為賢太守。」

陳慥之所以棄俠從隱，在於他的軍事夢和俠客夢都難以實現，正如蘇軾〈方山子傳〉中所說：「欲以此馳騁當世，然終不遇。」蘇軾滿腹才華，少年時就立志做范滂，一心報效朝廷，自信「有筆頭千字，胸中萬卷，致君堯舜，此事何難」。然而他在王安石變法中基本靠邊站，「烏臺詩案」又險些喪命，發配黃州又失去了自由，曾經的理想被擊得粉碎。蘇軾與陳慥遭遇相似，心境相近，「同是天涯淪落人」，自然對陳慥相知更深。他為陳慥作傳，折射的是自己懷才不遇的心態。

元祐三年，也就是離開黃州的第四年，陳慥特地到京城看望蘇軾，帶來陳希亮珍藏的一幅畫《柏石圖》，請求蘇軾題跋。名人能提升名畫的價值，一幅畫題跋的名人愈多愈珍貴。蘇軾作了一首〈柏石圖詩〉送給陳慥，詩的前四句是：「柏生兩石間，天命本如此。雖云生之艱，與石相終始。」寫這首詩時，蘇軾一定想到了自己和陳慥的人生，正像柏樹生於石縫之間，不管喜不喜歡，終將坎坷而艱辛。

紹聖元年，蘇軾被貶惠州。陳慥擔心蘇軾的身體，接連寫了幾封信表示要去看望他。岐亭到惠州要翻越千山萬水，幾個月才能到達，談何容易！蘇軾急忙回信，勸他不要來：

> 到惠將半年，風土食物不惡，吏民相待甚厚。孔子云：「雖蠻貊之邦行矣。」豈欺我哉！自數年來，頗知內外丹要處。冒昧厚祿，負荷重寄，決無成理。自失官後，便覺三山跬步，雲漢咫尺，此未易遽言也。所以云云者，欲季常安心家居，勿輕出入，老劣不煩過慮，決須幅巾草屨相從於林下也。亦莫遣人來，彼此鬚髯如戟，莫作兒女態也。

蘇軾告訴陳慥：「我在惠州過得很好，水土不差，飯菜吃得慣，官員和民眾都很厚道。老朋友不要擔心，無須前來，也不要派人來。我們都是長滿堅硬鬍鬚的男子漢，不要像小孩子那樣戀戀不捨。」

蘇軾接下來還與陳慥談了許多瑣事，比如「長子邁作吏，頗有父風。二子作詩騷殊勝，咄咄皆有跨灶之興，想季常讀此，捧腹絕倒也」，又說自己今天去哪座山遊玩了，山上有什麼風景，又談到蘇轍養生等。他們的書信就像閒話家常一樣，看起來婆婆媽媽，卻都是不便與外人說的事。

蘇軾去世後，做為元祐黨人的「吹鼓手」，其作品被嚴禁，更不許在社會上傳播。而陳慥「頂風違法」，在最嚴峻的時刻主持刻印《蘇尚書詩集》，以表達對老朋友的堅定支持。

再之後，陳慥就從史籍和文人書信中失去了消息，不知去世於何年何月。

蘇軾自由灑脫，是文人中的特立獨行者；陳慥使酒好劍，是遊俠中的遺世獨立者。兩人都不容於世，卻都把人生過得精彩紛呈。

第十二章

黃州的明月大江

大部分時間裡，蘇軾身邊魚龍混雜，有朋友，有敵人，有君子，也有小人，比如在朝中。也有些時候，身邊都是敵人，青面獠牙恨不能將蘇軾生吞，比如「烏臺詩案」中。當他的人生處於低谷時，卻往往有人伸出援手，扶危濟困，眼中又無一人不是好人，比如在黃州。

寂寞沙洲冷

蘇軾於元豐三年二月初一（一〇八〇年二月二十四日）到達黃州，家眷暫時寄養在蘇轍家，只有長子蘇邁陪同。

戴罪之官，第一件事是向衙門報到，拜訪太守。有些太守對罪官猶如奴婢，罪官肯定會吃不少苦頭。

黃州太守與蘇軾同名不同姓，叫陳軾，字君式，江西臨川人，與王安石和曾鞏都是同鄉。陳軾出身縉紳，家裡有個竹園叫「恭軒」，王安石和曾鞏年輕時是恭軒的常客，寫有大量讚美詩。

蘇軾與陳軾第一次見面，用蘇軾的話說「傾蓋如故」。這句成語有個典故：西漢文學家鄒陽遭人誣陷，被打入死牢，鄒陽給梁孝王劉武寫信求救，其中有「白頭如新，傾蓋如故」的句子，意思是有的人相處一輩子還像陌生人一樣不了解對方，而有些人剛剛認識卻像老朋友一見傾心。

州衙一時沒有適合住的地方，陳軾協調蘇軾暫時住在定惠院。

定惠院雖在黃州城內，不算偏僻荒蕪，但青燈古寺，自然寂寞。蘇軾初到黃州，沒有一個熟人，甚至找不到可以說話的人，像遊蕩在漆黑無邊的曠野裡，孤獨、無助、恐懼迎面襲來，讓人壓抑絕望。蘇軾把這種比死亡更可怕的生存狀態形諸於詞，寫下了〈卜運算元〉：

缺月掛疏桐，漏斷人初靜。誰見幽人獨往來，縹緲孤鴻影。
驚起卻回頭，有恨無人省。揀盡寒枝不肯棲，寂寞沙洲冷。

這首詞籠罩了極致的幽冷。

開篇第一句寫了夜、月和梧桐。夜晚本身是寂寞的，月亮的光輝清淡、迷濛，沒有一絲溫暖，何況是殘月！桐樹在詩詞中一向代表淒涼，如李煜的「寂寞梧桐深院鎖清秋」，李清照的「梧桐更兼細雨，到黃昏」。夜晚、缺月、疏桐組成了孤寂清冷的詩詞意象，為全詞定下了基調。

漏是古代的計時工具，漏斷指深夜，詞人偏偏不用「深夜」的字眼，而用「漏斷」！漏壺滴水計時，那種均勻的「滴答」聲，讓人感到單調而寂靜，這種聲音「斷」了的時候，寂靜更深，還增加了悵然若失的感覺。

幽人指詞人自己，他在若有若無的月光下獨自徘徊，像孤獨的大雁。用了這個「幽」字，整句的氛圍一下子就出來了。所謂「獨往來」，既是眼前景，又是人生境況：出蜀後，東京、杭州、密州、徐州、湖州，東西南北，往來反覆，如漂泊的浮萍；獄案之後，熟人朋友大多斷了往來，孤苦無依，悵然有大雁落孤之感。「孤鴻」既是詞人的象徵，也是實寫，幽人和孤鴻如莊生化蝶，物、人兩通。

下闋圍繞「孤鴻」去寫，當然，寫孤鴻也是寫自己。上闋寫環境之幽冷，寫世界的表象，下闋寫的則是心境，寫「知音少，弦斷有誰聽」的內心之孤獨。

詞人的孤獨透過「幽冷」的方式去展現，不能不讓人聯想起柳宗元的〈江雪〉：「千山鳥飛絕，萬徑人蹤滅。孤舟蓑笠翁，獨釣寒江雪。」都是寫孤獨，柳詩透過宇宙之遼闊、渺茫、空曠，與釣魚翁這一「點」相對比，突出人物之渺小，渺小到只有自己，是謂孤獨。〈卜運算元〉之「幽冷」與〈江雪〉之「渺小」誰更孤獨？渺小孤獨到不知所以、無所適從，幽冷孤獨到無所依靠、百念皆灰。

這首〈卜運算元〉對蘇軾有著特殊意義，以這首詞為標誌，蘇軾悲到極致，向死而生。對於他來說，舊的時代結束了！過去的蘇軾汲汲於功名，立志致君堯舜，背著沉重的軀殼艱難爬行，最後以「寂寞沙洲冷」而宣告失敗，宣告終結。

不久，蘇轍將家眷送來，定惠院肯定住不下大大小小百十口人。是月二十九日，陳軾又協調他搬進了臨皋亭。臨皋亭是官邸驛站，一般來說，罪官是不可以住的。蘇軾能住進這樣寬敞的居所，除了陳軾為人正直，同情蘇軾的遭遇外，可能與鄂州太守朱壽昌為蘇軾「打通了關節」有關係。朱壽昌是有名的孝子，母親侍妾出身，在他一歲時被賣出朱府，不知所向。朱壽昌蔭襲做官後，灼臂燒頂，刺血寫佛經，發誓要找到母親。後來他乾脆辭官不做，行走四方，開始了艱辛的尋母歷程，誓言不見母親不復還。皇天不負苦心人，失散五十年的母親真被他找到了。朱壽昌棄官尋母的事蹟感動了許多儒學之士，蘇軾曾作詩褒揚他，二人從此有了交往。新黨李定與朱壽昌前期的經歷相似，都是小時候母親被賣出府，但李定未服母喪，與朱壽昌形成鮮明對比，舊黨利用這件事猛烈攻擊李定，讓李定狼狽不堪，進而與蘇軾結仇。

蘇軾遷往臨皋亭後，立即給朱壽昌寫信，感謝他說：「皆公恩庇之餘波。」臨皋亭下八十步便是大江，一個人靜靜地走到江邊，聽大浪淘沙，看雲捲雲舒，特別適合蘇軾這樣的失意客。蘇軾是個在困境中也能笑出聲的人，他想到滔滔大江的上游有四川峨眉山融化的雪水，竟從中找到歸鄉的親切感，心裡稍微安定了一些。

蘇軾〈答李端叔書〉中說：「平生親友，無一字見及，有書與之亦不答，自幸庶幾免矣。」除了幾個極要好的親友，他幾乎斷絕了與外界的來往。

即便黃州官吏，他也盡量少與交往。陳軾約他到山間清遊，蘇軾以兒媳有病為由予以婉拒。他尚未從「烏臺詩案」陰影中走出，多難畏人。但蘇軾又是不甘寂寞的人，從江邊溜達回來，他會在路邊涼亭裡聽人講鬼故事，有時沒有故事可聽，就央求別人隨便編點什麼講講。

那一段時間，蘇軾對鬼神特別感興趣。有一位叫潘丙的讀書人告訴他，有神降到姓郭的人家，拉著他去看。一位婦人在兩個童子的攙扶下，用筷子在地上畫字，自報家門說是壽陽人，叫何媚，字麗卿，為伶人婦，丈夫被人害死，自己被霸占為妾，又為妒婦所殺，天使為其申冤，便成了「子姑神」，即廁神。

這位「子姑神」對世事顯然頗為瞭然，她竟知道來者是聞名天下的大文豪，請蘇軾為她作傳：「何惜方寸之紙，不使世人知有妾乎？」於是蘇軾作了〈子姑神記〉。

王齊愈兄弟

「黃州豈雲遠，但恐朋友缺」，蘇軾擔心在黃州沒有朋友。由於是戴罪之身，他不好意思外出見人：「昏昏覺還臥，輾轉無由足。強起出門行，孤夢猶可續。」

讓蘇軾沒想到的是，來黃州後僅僅十多天，就有人專程前來拜訪。來者是位大鬍子，叫王齊萬，字子辯，四川嘉州犍為人，因不明原因寓居武昌的車湖——有一種說法是祖上戍黃州，就留在這裡了，但從蘇軾詩中透露出的資訊，應是他們這一輩才從犍為移居車湖。因是老鄉，蘇軾留他半日，告別時送他到江邊，王齊萬乘一葉扁舟橫江而去。

王齊萬的拜訪給了蘇軾許多安慰，這是第一位主動上門的朋友，還是位陌生的老鄉，最容易給漂泊失意的人帶來歸宿感。

王齊萬與哥哥王齊愈同住，王齊愈，字文甫，或是蘇軾的舊相識。王家在四川是大戶，蘇軾有詩〈王齊萬秀才寓居武昌縣劉郎洑，正與伍洲相對，伍子胥奔吳所從渡江也〉，還有〈犍為王氏書樓〉都提到王氏在西蜀有良田千頃，有一座宏大氣派的藏書樓，可見蘇軾出川前，若非與王齊愈有交往，則是對王家早有耳聞。其詩云：

君家稻田冠西蜀，搗玉揚珠三萬斛。塞江流沛起書樓，碧瓦朱欄照山谷。

傾家取樂不論命，散盡黃金如轉燭。惟餘舊書一百車，方舟載入荊江曲。

後來王氏兄弟寄寓武昌，將書樓裡的藏書拉了過來。

蘇軾很快與王氏兄弟熟絡起來。宋代武昌是現在的鄂州，與黃州一江之隔。車湖是武昌一處風景佳地，湖光山色，山水相映，「湖上秋風聚螢苑，門前春浪散花洲」。蘇軾愛尋幽探勝，甚至想過在這裡買田置地，以老終生。貶謫的四年二個月裡，他往返車湖一百多次，每次過江都以王家為落腳點。王氏兄弟為他殺雞宰羊，置辦酒席，盛情款待，有時天晚就留宿在王家。

有一年臨近除夕，王家正在置辦年貨，蘇軾提筆為其書寫桃符：「門大要容千騎入，堂深不覺百男歡。」

王齊愈的兒子王禹錫是蘇軾的「小迷弟」，他與蘇軾相處隨意，說話少了些顧忌，一有機會就纏著蘇軾為他寫字作畫，竟攢了滿滿兩大箱書畫。他對這些書畫視作珍寶，三年後要進京趕考，書畫託父親保管，卻又放心不下，用鐵鎖將大箱鎖住，害得王齊愈哭笑不得。

太守徐君猷

元豐三年八月上旬，陳軾致仕，徐大受接替知黃州。徐大受，字君猷，東海人，談不上名臣名人，但待人寬厚，所謂「從不遷怒百姓，而百姓無反上意，從不苛察仕吏，而仕吏無欺上事，常年安定」。以蘇軾不拘小節的個性，正適合這樣的上司。

果然，他們第一次見面就十分融洽，蘇軾描述說：「始謫黃州，舉目無親。君猷一見，相待如骨肉。」

徐大受的兒子徐端益、徐叔廣年齡還小，聽說蘇軾來家裡了，吵著要看偶像長什麼樣子。他們尤其喜歡蘇軾的書法，希望能得到蘇軾的題扇。

徐大受經常攜帶酒食去看望蘇軾。元豐四年十月，徐大受和通判孟震又來與蘇軾對飲，酒是黃州本地官方釀造，入口苦澀，明顯屬劣品。徐大受不懂釀酒，問蘇軾這酒緣何苦澀，蘇軾認為官方壟斷了釀酒權，禁止私人好酒入市是主要原因。

徐大受回去後，送了罈私釀給蘇軾，蘇軾捨不得喝，只用來招待客人。

是年冬天大雪紛飛，蘇軾親自下廚做了美味佳餚送給徐大受，包括牛尾狸、印子魚和披綿黃雀，都是當時有名的珍饈。

元豐五年寒食節，春雨連綿，一連下了兩個多月。淫雨引發江水暴漲，蘇軾的居處浸入水中，像漂泊的小船。禍不單行，蘇軾來黃州後收入微薄，此時家裡已無米下鍋，只好煮些青菜充饑。寒食是祭祀先祖的節日，蘇軾被勾起思鄉的情愫，心情更加糟糕，用他的話說就是「死灰吹不起」。在這種絕望的心情下，蘇軾含著滿腔悲憤，奮筆寫下《寒食帖》。這幅帖子在書法史上影響巨大，被稱為「天下第三行書」。

寒食剛過，徐大受來到臨皋亭，為蘇軾分新火，飲酒，蘇軾作〈徐使君分新火〉謝之。

五月，西蜀道士楊世昌教蘇軾用糯米、蜂蜜釀酒，蘇軾送一罈給徐大受。徐大受讚酒好喝，後來黃州人都學會了釀造蜜酒。這種蜜酒始於蘇軾，黃州人便稱為「東坡蜜酒」。晚年，蘇軾《東坡志林》裡詳細介紹了東坡蜜酒的釀造方法：

予作蜜酒，格與真一水亂，每米一斗，用蒸餅麵二兩半，餅子一兩半，如常法取醅液，再入蒸餅麵一兩釀之，三日嘗看，味當極辣且硬，則以一斗米炊飯投之。若甜軟，則每投更入麴與餅各半兩，又三日，再投而熟，全在釀者斟酌增損也，入水少為佳。

蘇軾與徐大受的交往似乎離不開飲酒、美食，貌似道道地地的「酒肉朋友」。然唯其日常，唯其平淡，更見真情。

元豐六年四月，二人的關係起了一些波瀾，雖然有驚無險，但著實讓徐大受驚懼不已。

一場大病，蘇軾旬月不出，外面謠傳蘇軾死了，范鎮還專門派人探究真偽。蘇軾這病與飲酒有關，但病剛好，有客來探望，蘇軾放舟江上，又放懷暢飲。到了晚上，喝得酩酊大醉，蘇軾獨自回家。家裡人都睡著了，蘇軾敲不開門，放眼看江面際天，風露浩然，感懷而作〈臨江仙〉：

夜飲東坡醒復醉，歸來彷彿三更。家童鼻息已雷鳴。敲門都不應，倚杖聽江聲。
長恨此身非我有，何時忘卻營營？夜闌風靜縠紋平。小舟從此逝，江海寄餘生。

詞人試圖從現實中解脫出來，告別「社會人」，做個「自然人」。蘇軾在家中牆壁上題寫這闋詞，然後迷迷糊糊不知睡到了哪裡。

第二天，有人看到「小舟從此逝，江海寄餘生」一句，感覺不妙，以為蘇軾跳江。消息立刻傳遍黃州，還有人說在江邊見到蘇軾的衣帽。罪臣失蹤或者非正常死亡，太守難辭其咎，徐大受嚇壞了，趕忙前往臨皋亭，不想蘇軾酒還未醒，鼾聲如雷。

在徐大受寬鬆的氛圍中，蘇軾逐漸走出了前期的自我封閉狀態，心情轉好，「塵世難逢開口笑，年少，菊花須插滿頭歸」。

他開始了正常的人際交往，尤其與本地的一些普通官民。

窮士馬正卿

蘇軾貶任黃州團練副使，從八品，職務大幅降低，薪水也跟著下降了，只有半薪收入，生活瞬間困窘。剛到黃州，前幾年的積蓄尚能應付一陣子，但需要節省開支，一文錢掰成兩半花。他制定了周密的開支計畫，比如每月拿出四千五百文錢，分為三十串，高懸在屋梁上，每天用畫叉取一串下來，計一百五十文，然後把畫叉藏起來，免得忍不住再取。每天限定花用一百五十文，不能逾越。若有結餘，便放在大竹筒裡，積攢起來留著宴請賓客。

到了元豐四年，積蓄用完了，這樣的法子也無法維持下去。如何應對生活壓力？古代除了做官，就是經商和種地，眼前唯一可行的是得到一塊田地耕作，以增加收入。

這時，故人馬正卿來到黃州，為蘇軾解決了這個難題。

馬正卿，字夢得，雍丘（今河南杞縣）人。嘉祐五年（一〇六〇）二月，蘇氏兄弟為母親服喪回來，先在京城西岡租房居住，由於租金較高，為了節省開支，不久搬到離京城稍遠的雍丘，蘇軾、蘇轍就在這時認識了雍丘人馬正卿。

馬正卿與蘇軾同年同月生，只比蘇軾小八天，都屬摩羯座。蘇軾認為這一年月生的人，註定貧窮，馬正卿和自己就是代表。他又承認如果非要比出個一、二名，馬正卿更窮。

馬正卿有多窮？沒錢買墓地給祖父、父親下葬！赤手空腹，衣衫襤褸，看起來像個乞丐。

如果是奴僕或佃戶這樣窮，或許能夠理解，但馬正卿是讀書人！讀書人怎麼可能窮到如此不堪的地步？蘇軾百思不得其解。

他們相識時，馬正卿是太學正。這裡的太學正有兩說，一說是學生兼任的太學職事，大約類似學生會幹部；一說是朝廷任命的太學官員，大致相當於大學輔導員。按史料記載，後者在宋神宗年間才開始設置。如果確實是這樣，馬正卿當時應該還是在太學裡讀書的學生，沒有薪資，窮也就合情合理了。

按蘇軾的記載，馬正卿「清苦有氣節」，不會巴結討好人，做事耿直甚至迂腐，所以這個學生會幹部，學生不喜歡，老師不待見，過得很不開心。

有一天，秋雨纏綿，蘇軾到馬正卿的寓所，沒有見到他，等得無聊，見景感懷，在牆壁上信手寫下杜甫〈秋雨歎〉，詩中有「涼風蕭蕭吹汝急，恐汝後時難獨立。堂上書生空白頭，臨風三嗅馨香泣」的句子。沒想到這個無心之舉，改變了馬正卿的人生。

馬正卿回到寓所看到題詩，「難獨立」、「空白頭」像重錘一樣擊打著他，讓他猛然醒悟：與其在太學做個人討厭的角色，過著一貧如洗的日子，不如另謀出路。他即日辭去學職，離開太學，決計不再走科考出仕的道路。

嘉祐六年十一月，蘇軾簽判鳳翔，馬正卿竟追隨蘇軾而去。

這時馬正卿與蘇軾算什麼關係？已經不能算普通的朋友了，應該算作幕僚吧。

不知馬正卿何時離開了蘇軾。熙寧九年四月，馬正卿去密州探望蘇軾，而後又去齊州探望蘇轍，蘇轍有詩相贈。

馬正卿獲知蘇軾在黃州生活窘迫，立刻趕往黃州，他希望能夠給予蘇軾力所能及的幫助，並與蘇軾同甘苦、共患難。

眼下蘇軾急需一塊地。馬正卿擔任了「專案主管」，向政府提出申請，跑立案、跑審批，終於在黃州城東得到一塊山坡，原是軍營駐地，約五十畝，地面上盡是磚塊、瓦礫和荊棘。

馬正卿還墊資為蘇軾買來小車和鐵鍬、鋤頭等工具，和蘇軾一起勞動，拾瓦礫，運垃圾，翻土壤，讓這塊貧瘠的廢地變成能夠耕種的田地。

墾荒時發現了一口暗井，幫了他們大忙，解決了水源問題。他們在低窪的地方種上莊稼，在地勢高的地方種上棗樹和栗樹，還挖了一個池塘養魚。

蘇軾在田地裡種上稻、麥和茶樹，又增添了黃桑、柑橘。等到秋天，莊稼豐收，樹木掛果，稻黃橘綠，一片豐收景象。有了這塊坡地，蘇軾一家終於解決了最棘手的生存問題。

冬天，蘇軾在坡地上面的小山頭蓋了五間房。房子建造之時，大雪飛揚，建成之後，四周皆雪，蘇軾便為房子取名「雪堂」並作記，文中有言曰：「雪堂之前後兮，春草齊。雪堂之左右兮，斜徑微。雪堂之上兮，有碩人之頎頎……吾不知雪之為可觀賞，吾不知世之為可依違。性之便，意之適，不在於他，在於群息已動，大明既升，吾方輾轉，一觀曉隙之塵飛。」這一段話哲理十足，都是玄妙的道家理論。隨性適意，人在低谷時，最適合用老莊。

這塊地本沒有名字，因在黃州城東，蘇軾命其名為「東坡」，自己取號「東坡居士」。所謂居士出自佛教，後泛指出世之人。被貶黜或賦閒的士大夫也以「居士」自稱，如白居易自稱「香山居士」，歐陽修自稱「六一居士」。

簽判鳳翔時，馬正卿追隨蘇軾，希望能從蘇軾這裡分一杯羹。沒承想到了黃州，蘇軾還要依靠馬正卿救濟。他沒有給馬正卿帶來名利，反而帶來諸多麻煩。蘇軾心中過意不去，在〈東坡八首〉裡寫道：

馬生本窮士，從我二十年。日夜望我貴，求分買山錢。
我今反累生，借耕輟茲田。刮毛龜背上，何時得成氈？
可憐馬生痴，至今誇我賢。眾笑終不悔，施一當獲千。

蘇軾自嘲，馬正卿幫助自己，就像從烏龜背上刮毛，什麼時候能做成氈子呢？

元豐七年四月，蘇軾改移汝州團練副使，離開了黃州。馬正卿結束了與蘇軾的貧寒陪伴，回杞縣告老還鄉了。

市井朋友

蘇軾在黃州還交了幾個市井朋友。前文提到的潘丙，字彥明，是個落第的舉子，在江對岸樊口開了間酒坊。潘丙常年來往於黃州和武昌之間，與蘇軾因酒結緣，成為朋友。蘇軾過江，潘丙的酒坊往往是駐足第一站。潘丙低價賣酒給蘇軾，減輕了蘇軾不少經濟負擔。蘇軾給秦觀的信中說：

又有潘生者，作酒店樊口，棹小舟徑至店下，村酒亦自醇釅。

潘丙有兄潘鯁、弟潘原，他們也是蘇軾的朋友。潘鯁於元豐二年中進士，時任黃州蘄水縣尉，他的兩個兒子潘大臨、潘大觀日後是江西詩派重要成員。潘大臨也住在樊口，蘇軾每每在酒坊談詩論文，潘大臨都會仔細聆聽，慢慢地兩人有了直接交往，潘大臨會陪同蘇軾遊賞、飲酒，樊口江上釣鯿野炊，二人成了忘年交。

可以說，沒有蘇軾，就沒有潘大臨日後的詩歌成就。

元豐七年三月，潘大臨赴京城參加省試，蘇軾作〈蝶戀花・送潘大臨〉：

別酒勸君君一醉，清潤潘郎，又是何郎婿。記取釵頭新利市，莫將分付東鄰子。

回首長安佳麗地，三十年前，我是風流帥。為向青樓尋舊事，花枝缺處餘名字。

透過潘丙，蘇軾又認識了古耕道和郭遘。古耕道文化不高，但豪爽俠義，朋友多，在市井中有一定影響，蘇軾稱他可能是唐朝俠士古押牙的後代。郭遘，字興宗，自稱唐朝名將郭子儀後代，現在西市賣藥。

蘇軾開闢東坡時，潘丙、古耕道、郭遘都去參加勞動，給予很大幫助。蘇軾〈東坡八首〉中寫到他們：

潘子久不調，沽酒江南村。郭生本將種，賣藥西市垣。

古生亦好事，恐是押牙孫。家有十畝竹，無時客叩門。

我窮舊交絕，三子獨見存。從我於東坡，勞餉同一餐。

可憐杜拾遺，事與朱阮論。吾師卜子夏，四海皆弟昆。

元豐七年四月，蘇軾調離黃州，臨行和送行的朋友在潘丙酒坊歡聚，到天黑才啟程上路。船到車湖，又在王氏兄弟家住了兩日。潘家兩代五人、古耕道、郭遘、王齊愈兄弟都送蘇軾到慈湖，才依依不捨告別。蘇軾將雪堂託付給潘丙照看，由潘大臨兄弟居住。

蘇軾是個好動愛遊玩的人，經常過江到武昌和王氏兄弟、潘丙等一起遊西山。黃州本地沒有什麼好的景觀，但毗鄰長江，蘇軾最喜歡泛舟江上，看兩岸山黛，望青天月明。

赤壁

元豐五年七月，雪堂已經建成，安頓好身體之後，如何安頓思想？隨著生活逐漸改善，蘇軾開始靜下心來思索人生。他少年得志，一夕之間名滿天下，懷揣著匡時濟世的夢想走上仕途，不免有些孤芳自賞，說話行事恣肆張揚，不屑於看人臉色，不屑於藏著、掖著，想說就說，想做就做，快意恩仇，少有顧忌。經歷了「烏臺詩案」，險些送了性命，物質生活、人情往來都大不如從前，蘇軾認真反思今後的道路該怎樣走，人生的意義到底是什麼。

長江，是他思索的參照物，也給予思想的靈感。

沿江上溯五、六里，江岸矗立著赭紅色的石崖，現代地理學上稱之為丹霞地貌，古人籠統地稱為赤壁。三國時，曹操占領荊州，在蒲圻赤壁與東吳對峙，被周瑜火攻擊敗，倉皇逃走，奠定了天下三分的格局。由於史書中只提到對峙地點為「赤壁」，後世對赤壁在何處眾說紛紜，有傳言就是黃州的赤壁。蘇軾精通文史，自然不信，但他要借物抒懷，便將錯就錯，在此寫下了〈念奴嬌‧赤壁懷古〉：

大江東去，浪淘盡，千古風流人物。故壘西邊，人道是，三國周郎赤壁。亂石穿空，驚濤拍岸，卷起千堆雪。江山如畫，一時多少豪傑。

遙想公瑾當年，小喬初嫁了，雄姿英發。羽扇綸巾，談笑間，檣櫓灰飛煙滅。故國神遊，多情應笑我，早生華髮。人生如夢，一尊還酹江月。

赤壁之戰時，周瑜只有三十四歲，年紀輕輕就建立了不世功勳。反觀自己，是年五十六歲，已經兩鬢白髮，不但一事無成，還戴罪貶黜，閒置荒所，一腔忠君報國的熱情和經世濟民的才華無處施展。兩相對比，詞人只能發出人生如夢、光陰虛擲的感喟。

這闋詞裡，蘇軾對人生進行了深入思考，提出問題：如何面對壯志難酬的境遇？但他沒能給出答案，只好說「人生如夢，一尊還酹江月」，猶言：「算了吧，忘掉這些吧。」

數日之後，蘇軾的思想境界大為不同，豁然開朗。

七月中旬，西蜀道人楊世昌前來拜訪。楊世昌，字子京，集繪畫、音樂、曆法、陰陽於一體的藝術家，其存世作品《崆峒問道圖》現收藏於北京故宮博物院。楊世昌能鼓琴，善吹洞簫，行事不拘一格，往來如孤雲野鶴。楊世昌不知何時與蘇軾相識，聽聞蘇軾在黃州受苦，竟不遠千里，泥行露宿來看望他。

從現存資料來看，元豐五年三月，楊世昌陪米芾來訪；五月，楊世昌教蘇軾釀蜜酒；七月又有赤壁之遊。這段時間，楊世昌居住在廬山，離黃州不遠。

蘇軾與楊世昌等在月圓之夜泛舟赤壁，作〈赤壁賦〉。〈赤壁賦〉中「客有吹洞簫者」即楊世昌。

〈赤壁賦〉與〈念奴嬌‧赤壁懷古〉在對人生的思考上顯然具有繼承和延伸的關係。

莊子〈齊物論〉道「天地與我並生，而萬物與我為一」，追求天人融合、順應自然，認為萬物與人皆是宇宙的造化，並沒有嚴格的區別，所以要去除「我」的執念，把「我」當作自然的一部分，這樣人才能在精神上實現自由，才能無限廣闊，無限提升，突破現實中的界限，無往而不達。

〈赤壁賦〉開篇就營造了「物我兩忘、天人合一」的畫面：

壬戌之秋，七月既望，蘇子與客泛舟遊於赤壁之下。清風徐來，水波不興。舉酒屬客，誦明月之詩，歌窈窕之章。少焉，月出於東山之上，徘徊於斗牛之間。白露橫江，水光接天。縱一葦之所如，凌萬頃之茫然。浩浩乎如馮虛御風，而不知其所止；飄飄乎如遺世獨立，羽化而登仙。

宇宙由時間和空間兩部分組成，「月出於東山之上，徘徊於斗牛之間」寫的是時間流動；「縱一葦之所如，凌萬頃之茫然」寫的是空間遼闊。在無限的時間和空間裡，作者與客人「誦明月之詩，歌窈窕文章」，氣氛融洽，內心快樂。天、地、人、物在這一刻和諧相處，渾然一體。

客人悲傷於「寄蜉蝣於天地，渺滄海之一粟。哀吾生之須臾，羨長江之無窮」，哀歎生命短暫且渺小，不能像長江一樣無窮無盡。下面透過主客對話的方式，闡述了瞬間與永恆的關係。

《莊子・大宗師》說：「死生，命也。其有夜旦之常，天也。人之有所不得與，皆物之情也……故聖人將遊於物之所不得遯而皆存。」生死同日夜一樣都是自然規律，人無法干預。既然如此，何不把握當下，把瞬間視作永恆？所以聖人不考慮得失，因此得以與自然共存。

〈赤壁賦〉則曰：

蘇子曰：「客亦知夫水與月乎？逝者如斯，而未嘗往也；盈虛者如彼，而卒莫消長也。蓋將自其變者而觀之，則天地曾不能以一瞬；自其不變者而觀之，則物與我皆無盡也，而又何羨乎！且夫天地之間，物各有主，苟非吾之所有，雖一毫而莫取。惟江上之清風，與山間之明月，耳得之而為聲，目遇之而成色，取之無禁，用之不竭，是造物者之無盡藏也，而吾與子之所共適。」

水雖然流走了，但並沒有真的逝去；月雖然圓了又缺，但並不是真的增減了。如果用變化的觀點去看，天地都在運動；如果用不變的觀點去看，萬物與我們都不會消失。

作者顯然深受道家思想影響，闡述的是瞬間和永恆的關係。結合在黃州的處境，可以說，至此，蘇軾真的覺悟了。

〈念奴嬌・赤壁懷古〉裡，蘇軾感歎時光流逝、功業難成、人生如夢。到〈赤壁賦〉，那個困擾他很久的問題，即如何面對壯志難酬的境遇，蘇軾終於給出了答案，就是順應自然，把握當下，享受此時此地大自然的饋贈。江上之清風，山間之明月，雖然不是人間富貴，但賞心悅目，這就是造物主最好的安排。

蘇軾的覺悟對於他的文學創作，乃至於整個文學史，具有里程碑式的意義。如果說〈卜運算元・黃州定惠院寓居作〉是個結束，〈赤壁賦〉則是新的開始。

蘇軾之前的古詩詞有個獨特的現象，寫自己，要麼歡樂，要麼悲戚，悲戚時大多哭哭啼啼，很少有豁達超脫之句。

詩仙李白筆下，放縱時「千金散盡還復來」，失意時「停杯投箸不能食」，唯獨沒有「放下」。同樣信奉道教，李白與自然和諧相處體現在對自然的認同、呼喚和互動上，「我」的本體即是物的客體，物為我用。如「相看兩不厭，只有敬亭山」，山即「我」的另一個存在；「舉杯邀明月，對影成三人」，客體「月」是主體「我」的心理依存。

李白的「道」，是有我，萬物皆為我存在；蘇軾的「道」，是無我，既然我微不足道，何不放下，成為自然中自生自滅、享受當下的一部分？

這一點上，蘇軾十分接近陶淵明。陶淵明晚年回歸自然，詩歌質樸、率直、放任。但陶淵明仍然不能逃過對「我」的關注，正如魯迅〈魏晉風度及文章與藥及酒之關係〉所說：陶淵明「也不能忘掉『死』，這是他詩文中時時提起的」。他把塵世比作「樊籠」，自己恰如困在中間的鳥獸。因難以掙脫，便時時用酒麻醉自己，他幾乎每首詩都寫到酒，並經常爛醉如泥：「千秋萬歲後，誰知榮與辱。但恨在世時，飲酒不得足。」陶淵明的隱遁和避世，從本質上講仍是憤世嫉俗的另一種表現。

蘇軾〈赤壁賦〉傳達的意義超越了陶淵明。他不再關注自身的生死，不再逃遁或掙扎，而是與大自然「握手言和」，承認自身渺小，無論環境如何惡劣，都能從中發現美，享受自然的饋贈，讓生命更加適意。

這是一種真正的超脫，如他在〈定風波〉中所言：「一簑煙雨任平生。」

〈赤壁賦〉之前，詩歌專注生命個體的痛苦；〈赤壁賦〉之後，詩歌意象豁然開朗，至此之後，中國文學依然會寫到痛苦，但不僅寫痛苦，甚至痛苦已經不是主旋律了。此後詩人們更關注對生命價值的看法、對生命品質的體驗，而不再是「泣不成聲」。

宋代羅大經《鶴林玉露》評〈赤壁賦〉：「太史公〈伯夷傳〉，蘇東坡〈赤壁賦〉，文章絕唱也。其機軸略同，

〈伯夷傳〉以『求仁得仁，又何怨』之語設問，謂夫子稱其不怨……操行不軌者多富樂，公正發憤者每遇禍，是以不免於怨也。雖然，富貴何足求，節操為可尚，其重在此，則其輕在彼。況君子疾沒世而名不稱，伯夷、顏子得夫子而名益彰，則所得亦已多矣。又何怨之有？」

「不怨」是〈赤壁賦〉的精髓，此後成為蘇軾最基本的人生態度。

卷四

藝術家

安得世上有絕筆

第十三章
竹痴文同

《宋史》記載，文同與蘇軾為「從表兄弟」，表親指父祖輩的姻親，那麼是蘇家女兒嫁到了文家，還是文家姑娘做了蘇家媳婦，或者他們分別娶了第三家的姐妹，沒有史料交代。文同祖上自漢代起就居住在四川永泰縣（今屬四川綿陽鹽亭縣），與眉山相距遙遠，蘇家數代無人外出做官，不知兩家是如何結親的。

二人的親戚關係是一樁公案，不過可以肯定的是，蘇軾出蜀前，他們並不相識，更沒有任何交集。

竹品能見人品

文同的祖上、西漢蜀郡太守文翁在成都創辦了一所學校，取名石室。學校後來多次毀於天災和戰火，但屢毀屢建，一直在原址上延續了下來，歷代名人如司馬相如、郭沫若、何其芳都曾就讀於這所學校。

無論時代如何變遷，石室都深深地打上了「文氏」的烙印，所以文同被稱為「石室先生」。

文同性格內向，朋友不多，能夠交心的朋友更少。他常常沉浸在自己的世界裡，獨自發呆、發笑，自號「笑笑先生」。蘇軾曾寫過文同的「笑」：

客有贊之者曰：先生閒居，獨笑不已。問安所笑，笑我非爾。物之相物，我爾一也。先生又笑，笑所笑者。笑笑之餘，以竹發妙。竹亦得風，天然而笑。

文同比蘇軾年長十九歲，不折不扣算蘇軾的長輩。他在慶曆六年（一〇四六）應舉，鄉試第一，進士第五，可以說是「優質學霸」。

蘇軾一家第二次出蜀後，蘇洵被安排編纂禮書，文同在朝廷參與編校《新唐書》，應有交集，不過文同與蘇軾並不相識。不久，文同因父親去世，回鄉守制。

英宗治平三年，文同服滿回朝，出秦嶺路過鳳翔，去拜訪任鳳翔簽判的蘇軾，這是二人初次見面。蘇軾後來說：「我官於岐，實始知君。」文同形容當時的心情：「子平一見初動心。」「子平」原為「子瞻」，宋徽宗朝將蘇軾列為元祐黨人，「子瞻」二字遂成為敏感詞，後人在編輯文同詩稿時將「子瞻」改為「子平」。

「子平一見初動心」，頗有男女一見鍾情的感覺，說明文同和蘇軾絕不同於官場士大夫的泛泛之交，他們在短期內從相識到相知，緣於心有靈犀、心領神會、心意相通。之所以如此，在於二人有著非常接近的價值觀、藝術觀。

文同進入仕途的起點很高，但終其一生只做到偏遠地區的太守，曾知陵州（今四川仁壽縣）、知洋州（今陝西洋縣），最後死於上任湖州的路上。文同的主要成就在藝術，蘇軾認為他具有「四絕」：「詩一、《楚辭》二、草書三、畫四。」其中最絕的是畫，尤其是畫竹。

竹屬於古老的植物品種，中國最早的詩集《詩經》裡就有吟詠。竹子與文人的結合大約可追溯到魏晉，嵇康、阮籍等七位憂鬱的音樂家、詩人、酒鬼，聚集於太行山南麓竹林之下，「越名教而任自然」，縱歌飲酒，或臥或躺，或哭或笑，率直任誕，放蕩不羈，被稱為「竹林七賢」。以他們為代表的「魏晉風度」受到後世知識分子的讚賞，竹子因此被賦予超凡脫俗、超然獨立的人格化品性。

晉代王徽之是竹痴，《世說新語》記載，王徽之家裡種滿了竹子。有一次他借住別人的空宅，讓家人種上竹子，家人不解，既然是暫住，何必如此麻煩。王徽之嘯詠良久，指著竹子說：「何可一日無此君！」

自此文人愛竹形成了傳統。

竹子的繪畫史並不長，始於唐代或者五代，但到了宋徽宗時，《宣和畫譜》裡將墨竹畫從花鳥類中獨立出來，成為單獨一類。畫竹發展得如此之快，正是得益於文同和蘇軾。

熙寧元年，文同母親去世，他回到家鄉永泰縣服喪，在家居東面的空岩前建造了一棟房屋，做為書房和畫室，取名「墨君堂」。中國寫意畫一般純用水墨，畫家筆下的竹便是墨竹，尊稱為墨君。文同像王徽之一樣，將房前屋後全部種上了竹子，沒事就坐在一旁觀察竹子，看它們在風中搖曳，在雨中沙沙作響，在月下倒映於粉牆之上，日積月累，對竹的形態、秉性爛熟於心，然後口吟為詩，筆繪為圖，畫竹技藝精進，遂成為當世第一。

文同有〈墨竹堂〉一詩記述種竹、畫竹：

嗜竹種復畫，渾如王掾居。高堂倚空岩，素壁交扶疏。
山影覆秋靜，月色澄夜虛。蕭爽只自適，誰能愛吾廬？

王徽之曾任大將軍桓溫的參軍，為掾吏，文同以王徽之自比，比的不僅是對竹的痴，還是對人品的敬重。

事實上，文同潔身自好、隨性超然，他非常推崇北宋隱士林逋。林逋隱居在西子湖畔，一生不娶不仕，以梅為妻，以鶴為子。文同對蘇軾說：「此身之外何贏餘，栩然而覺其夢蘧。請看湖上人名逋，此子形相誰解摹。」

「此身之外何贏餘」，文同看淡世事。蘇軾讚揚他：「得志，遂茂而不驕；不得志，瘁瘠而不辱。群居不倚，獨立不懼。」這種品行在儒家叫「富貴不能淫，貧賤不能移」、「達則兼濟天下，窮則獨善其身」；在道家叫「得失隨緣，寵辱不驚」；在釋家是捨得、放下。宋代先賢范仲淹「不以物喜，不以己悲」，也是這個意思。

蘇軾在〈文與可畫墨竹屏風贊〉中進一步稱讚文同的人品：「與可之文，其德之糟粕；與可之詩，其文之毫末。詩不能盡，溢而為書，變而為畫，皆詩之餘。其詩與文，好者益寡。有好其德如好其畫者乎？悲夫！」與可是文同的字。這段話說與文同的品德比起來，他的文章不值一提，而文章又好於詩歌，詩歌又好於書法和繪畫。

除了蘇軾，文同的人品同時獲得新、舊兩黨領袖的好評，司馬光為之心服：「與可襟韻，遊處之狀，高遠瀟灑如晴雲秋月，塵埃所不能到。」王安石稱他是「循吏」，將自己的先祖與文同的先祖相提並論。能夠受到對立兩派的一致稱讚，說明文同早已超然於政治紛爭。

儘管如此，文同還是未能避開政治風浪。他服母喪滿回京不久，熙寧三年冬，因議論宗室襲封被貶到偏遠的陵州。蘇軾為他送行，誇讚他：「清詩健筆何足數，逍遙齊物追莊周。」而蘇軾也受到誣陷，自請出京通判杭州，文同勸蘇軾不要寫詩批評新法，不要招惹是非，「北客若來休問事，西湖雖好莫吟詩」，後來又多次寫信苦口婆心勸蘇軾管住嘴巴少說話，蘇軾終不能聽，遂有「烏臺詩案」。

文同在陵州任滿後知興元府（今陝西漢中），熙寧八年移知洋州。洋州任上，他淡泊高逸的品性表現得淋漓盡致。

洋州無論政治地位、地理位置還是富裕程度，都遠不如興元府。其三面環山，條件惡劣，屬「窮鄉僻壤」。朋友們紛紛為文同鳴不平，文同卻頗為愜意，因為洋州漫山遍野長滿了竹子。生活在竹林幽篁中，即便官位低些、待遇差些、生活苦些，又有什麼關係呢？

州衙附近有個小亭子，建在湖邊，亭外便是茂林修竹。這是文同喜歡的去處，他自稱「湖上先生」，一天到晚在這裡看竹、讀詩、獨自傻笑：

看畫亭中默坐，吟詩岸上微行。人謂偷閒太守，自呼竊祿先生。

他毫不忌諱別人說他上班時間偷懶，反而自嘲就是吃閒飯的。

州衙西北十里，有山谷，翠竹修長，名篔簹谷。文同在此修建了一座披雲亭，常往遊其間，欣賞竹形、竹韻。

文同很滿足這樣的生活。他在這裡寫了三十首詩，寄給蘇軾，蘇軾每一首都認真唱和，次韻三十首。

像文同這樣超凡脫俗之人，不屑貪腐謀私，生活清貧，常常只有竹筍下飯。一次正吃飯間，他收到蘇軾書信，除了噓寒問暖，還附詩一首：

漢川修竹賤如蓬，斤斧何曾赦籜龍？料得清貧饞太守，渭濱千畝在胸中。

「籜龍」就是竹筍，這首詩說文同清貧，只有竹筍可吃，大概把千畝竹筍都吃到肚子裡了吧。

這是三十首和詩之一，很應景，文同忍俊不禁，放懷大笑，噴飯滿案。

畫竹胸有成竹

藝術源於熱愛，唯有熱愛才能誕生藝術。

永泰墨君堂、洋州篔簹谷，整日與竹相伴，摹其形，識其韻，得其神，文同墨竹畫達到藝術臻境，成為文人畫興起的標誌之一。文同去世時官職為湖州太守，他創立的繪畫技藝被稱為「湖州畫派」。

熙寧三年四、五月間，文同奉詔還朝，在京城住了幾個月，彼時蘇軾任館職，二人有更多時間在一起切磋畫技。蘇軾學習文同的技法，也畫竹，當時人們將文、蘇並稱。蘇軾承認自己的墨竹達不到文同的境界，對文同甘拜下風。但蘇軾也強調各有千秋，說：「吾竹雖不及，石實過之。」即畫竹不如文同，但畫石超過了他。文同一幅《墨竹圖》現收藏於國立故宮博物院，而蘇軾最受稱道的繪畫作品是《枯木怪石圖》。

蘇軾對文同繪畫藝術的洞悉甚至不亞於文同本人，文同坦言：「世無知己者，惟子瞻識吾妙處。」蘇軾也認為文同之竹「舉世知珍之」、「賞會獨予最」。蘇軾還善於從文同的繪畫實踐中提煉出理論，加以精妙詮釋，這一點文同卻做不到。文同的墨竹畫對後世影響極大，與蘇軾的理論加持是分不開的。元之趙孟頫，明之王紱、文徵明，清之鄭板橋，民國之吳昌碩，皆善畫竹，他們的技法都繼承、借鑑了文同，是文同、蘇軾一脈的忠實踐行者。

文同出守陵州前，與蘇軾同往淨因院告別道臻長老，應長老之請，在淨因院東齋畫了兩叢竹和一樹枯木。蘇軾為之作記，其中評價文同繪畫：

余嘗論畫，以為人、禽、宮室、器用皆有常形。至於山、石、竹、木，水波煙雲，雖無常形，而有常理。常形之失，人皆知之。常理之不當，雖曉畫者有不知。故凡可以欺世而取名者，必托於無常形者也。雖然，常形之失，止於所失，而不能病其全，若常理之不當，則舉廢之矣。以其形之無常，是以其理不可不謹也。

世之工人，或能曲盡其形，而至於其理，非高人逸才不能辨。與可之於竹石枯木，真可謂得其理者矣。如是而生，如是而死，如是而攣拳瘠蹙，如是而條達遂茂，根莖節葉，牙角脈縷，千變萬化，未始相襲，而各當其處。合於天造，厭於人意，蓋達士之所寓也歟！

蘇軾在這裡提出的繪畫理論，就是「雖無常形，而有常理」。所謂「常形」，指相對固定的形態：比如每根竹子長短粗細各異，風吹動時形態會發生改變，陰晴雨雪又賦予它們不一樣的光澤、色彩，石縫裡長出來的竹子與平野裡的韌度不盡相同等，是謂「無常形」。所謂「常理」，老子稱為「道」，莊子稱為「天理」，其實是西方哲學的「自然規律」、「自然法則」。竹子無論生長成什麼形狀，都是自然法則作用的結果。

普通畫工能夠畫出「常形」，文同繪畫的妙處在於「得其理」，掌握了事物的本質、事物的規律。他筆下的竹石枯木，有的欣欣向榮，有的枯萎凋零，各種變化，氣象萬千，有些形態似乎出人意料，卻又合乎天然。

蘇軾有〈文與可畫篔簹谷偃竹記〉引用蘇轍〈墨竹賦〉，將文同比作善於解牛的庖丁，善於造車的輪扁，認為文同在畫竹中傾注了真情實感，寄託了對人生哲學的思索，與〈淨因院畫記〉的議論完全契合。

〈文與可畫篔簹谷偃竹記〉中，蘇軾描述文同畫竹：

竹之始生，一寸之萌耳，而節葉具焉。自蜩腹蛇蚹以至於劍拔十尋者，生而有之也。今畫者乃節節而為之，葉葉而累之，豈復有竹乎？故畫竹必先得成竹於胸中，執筆熟視，乃見其所欲畫者，急起從之，振筆直遂，以追其所見，如兔起鶻落，少縱則逝矣。與可之教予如此。予不能然也，而心識其所以然。夫既心識其所以然，而不能然者，內外不一，心手不相應，不學之過也。故凡有見於中而操之不熟者，平居自視了然，而臨事忽焉喪之，豈獨竹乎？

普通畫家關注竹的一節一葉，他們好比盲人摸象，畫的是竹節和竹葉的組合，卻不是有風韻的竹。好的畫家「畫竹必先得成竹於胸中」，這是成語「成竹在胸」的出處。成竹在胸才能一氣呵成，這正是寫意畫的創作境界。這套繪畫理論是「與可之教予如此」，即文同傳授給蘇軾的。

書法家米芾曾問蘇軾，畫竹為什麼不一節一節地畫，蘇軾回答說：「竹並不是一節一節地生長啊。」這是對「成竹在胸」最淺白的說明。

文同的墨竹畫每幅皆珍品，但文同畫竹只是興之所至，並沒有「奇貨可居」，只要有人請畫，一律來者不拒，常常一幅畫剛畫好，就被人拿了去。為了約他的畫，來自四面八方的人手持縑素（即細絹，作畫的材料）登門相求，絡繹不絕。文同應接不暇，開始厭倦了，發牢騷說學道未足便到處給人畫竹，是病。他將縑素狠狠地扔到地上：「我要拿它們去做襪子。」

蘇軾畫竹風格最像文同，文同給蘇軾寫信，惡作劇般說：「近來我告訴那些士大夫，墨竹一派真傳在徐州，讓他們去徐州找你吧！以後做襪子的材料會全部聚集到你那裡。」信後還附詩一句：「擬將一段鵝溪絹，掃取寒梢萬尺長。」

蘇軾一向嘴上不饒人，煞有介事地給文同算了一筆帳：萬尺長的竹子需用絹二百五十匹。知道先生為筆硯勞累，我願意得到這些絹，替先生減輕些負擔。

蘇軾「假戲真做」，文同傻了眼，只好承認自己胡說八道，世上哪有萬尺長的竹子。蘇軾嘴上贏了這一回合，還不過癮，作詩替文同提供了一個「解決方案」：

世間亦有千尋竹，月落庭空影許長。

月光下，竹子映出長長的影子，或許有千尋長吧。尋是長度單位，六至八尺為一尋。

文同很佩服蘇軾的辯才，實話實說：「然二百五十匹絹，吾將買田而歸老焉。」如果有這麼多絹，誰還做官呀，買成田地告老還鄉算了。文同隨即送給蘇軾一幅《篔簹谷偃竹圖》：「這幅畫上的竹子雖然只有數尺，但氣勢足有萬尺。」

此後，蘇軾多次以文同欠二百五十匹絹相「要脅」，向文同索畫，並揚言如果不給，自己胡亂塗幾筆，對外宣稱是「與可筆」，糟蹋文同的名聲。當然，正因二人沒有一點隔閡，才敢開這樣的玩笑。

蘇軾如此看重文同的畫作，文同也同聲相應，同氣相求。他完成一幅畫後，常常在畫中留下大面積空白，交給蘇軾題詩。「安得世上有絕筆，盡取君詩妝在圖。」鐘子期和俞伯牙是知音，文同畫與蘇軾詩是絕配，金人王庭筠評價二人很到位：「與可能為竹寫真，東坡解與竹傳神。」

有一次，文同為道士王執中畫墨竹，特意叮囑王執中說：「勿使他人書字，待蘇子瞻來，令作詩其側。」可惜，蘇軾見到這幅畫時，文同去世已八年矣。

元豐元年，文同因論茶事，與提舉、轉運使意見不合，被迫罷任，寓居陳州。次年正月，朝廷敕命改知湖州，他尚未赴任，即病逝於寓所陳州，年六十二。

因為文同去世，蘇軾於是年四月接任湖州太守，從而引發了「烏臺詩案」。這一對忘年交，在同一年同一任上觸發了黴運，真不愧為知己。

相知更難相忘

先秦時，有位琴師在山澗溪邊鼓琴，沒有一位聽眾。一位樵夫挑柴路過，站在那裡聚精會神地聽了起來。琴師很失望，不相信樵夫能理解曲子的含義。他彈完一曲，樵夫仰望山峰：「峨峨兮若泰山。」琴師大驚，又彈一曲，樵夫目視遠方：「洋洋兮若江河。」

這就是傳說中高山流水遇知音的故事，琴師叫俞伯牙，樵夫叫鍾子期。後來子期死了，伯牙痛失知音，他摔破了琴，挑斷了弦，從此不再彈琴。

文同與蘇軾，無異於伯牙與子期。文同之死，蘇軾之悲可想而知。他當時在徐州，淚溼衣襟，幾乎氣絕，呆坐三天三夜，不語不眠，稍微回過神來，設祭案，呈供品，面向陳州，遙祭文同。二月初五，他作祭文曰：

嗚呼哀哉！與可能復飲此酒也夫？能復賦詩以自樂，鼓琴以自侑也夫？

嗚呼哀哉！余尚忍言之。氣噎悒而填胸，淚疾下而淋衣。忽收淚以自問，非夫人之為慟而誰為乎？道之不行，哀我無徒。豈無友朋，逝莫告余。惟余與可，匪亟匪徐，招之不來，麾之不去，不可得而親，其可得而疏之耶？

嗚呼哀哉！孰能惇德秉義如與可之和而正乎？孰能養民厚俗如與可之寬而明乎？孰能為詩與楚詞如與可之婉而清乎？孰能齊寵辱、忘得喪如與可之安而輕乎？

嗚呼哀哉！余聞赴之三日，夜不眠而坐喟。夢相從而驚覺，滿茵席之濡淚。念有生之歸盡，雖百年其必至。惟有文為不朽，與有子為不死。雖富貴壽考之人，未必皆有此二者也。然余嘗聞與可之言，是身如浮雲，無去無來，無亡無存。則夫所謂不朽與不死者，亦何足云乎？

嗚呼哀哉！

這篇祭文字字見淚，句句滴血。《蘇軾文集》共收祭文四十一篇，像這篇語言之悲切、情緒之激烈，實屬罕見。祭文中不僅連用五個「嗚呼哀哉」，而且幾乎全是反問句！最後說，不朽與不死有什麼區別呢？

若論親戚關係，蘇轍與文同更近，蘇轍的長女嫁給了文同的小兒子。他們都想去陳州弔唁，但宋朝紀律規定，官員任期內不得擅自出轄境，只好作罷。文同長期在貧困地區任職，又罷官近一年，家中貧困，無力歸喪蜀中，蘇軾、蘇轍都給予了物質上的幫助，蘇軾還寫信試圖說服在舒州的李常伸出援手。

三月蘇軾收到敕令，由徐州轉知湖州。七月七日，他將收藏的畫作拿出晾晒，看到文同的《篔簹谷偃竹圖》，勾起傷心的往事，「見此竹，廢卷而哭失聲……而予亦載與可疇昔戲笑之言者，以見與可於予親厚無間如此也」，含悲寫下〈文與可畫篔簹谷偃竹記〉。

不久之後爆發了「烏臺詩案」，被關押一百三十多天後，蘇軾貶黃州團練副使，蘇轍受連累監筠州鹽酒稅務。

元豐三年正月新年，蘇軾動身赴黃州。此時文同在陳州已停棺一年，仍然無力運柩回蜀。雖然身陷不測，但蘇軾認為讓好友體面下葬，義不容辭。他與蘇轍約定到陳州文同家裡會面，商量解決辦法。

蘇軾於正月四日到達文家，初十蘇轍趕到，在文家會晤了三日，找到了安葬文同的辦法。臨別時，蘇軾將文同少子、蘇轍女婿文務光約到淮河堤岸，作詩贈別：「君已思歸夢巴峽，我能未到說黃州。此身聚散何窮已，未忍悲歌學楚囚。」意即文同馬上就要回到故土了，而我卻羈身黃州，與囚徒何異。

四、五月間，文務光將文同靈柩運回蜀中，路過黃州，蘇軾寫下〈黃州再祭文與可文〉，較之首篇，少了些悲愴的情緒，更多的是濃厚的思念與娓娓道來的往事回憶。此後蘇軾經常陷入對文同的回憶之中，每逢此時，悲傷不能自已。

文同還善琴，曾作詩描述：「起來南窗下，被以朱弦琴。彈之代佳話，俚耳誰知音。」元豐四年蘇軾在黃州貶所寫下〈文與可琴銘〉：

> 攫之幽然，如水赴谷。醳之蕭然，如葉脫木。
> 按之噫然，應指而長言者似君。置之枵然，遺形而不言者似僕。

「幽然」、「蕭然」是聽琴的感受；「噫然」表示悲傷，蘇軾自注說，文同好《楚辭》，所以有「長言似君」句；「枵然」表示遺憾，琴在我的手中，再也聽不到幽然、蕭然之聲了。

元豐七年，蘇軾在宜興把玩與文同唱和的三十首詩，把它們重新書寫一遍，並題寫了跋文。元豐八年，蘇軾睹畫思人，作詩道：

> 筆與子皆逝，詩今誰為新。空遺運斤質，卻弔斷弦人。

「運斤」是莊子講述的典故：有個匠人技藝高超，同伴鼻尖塗上白灰，匠人運斧如風，能將白灰削乾淨，卻不傷鼻子。宋元君聽到後，召見匠人，想見識一番。匠人悲傷地說，我確實能做到，可是同伴已經死去很長時間了。

沒有了文同，誰還能與蘇軾討論墨竹呢？

元祐二年，晁補之拿出收藏的文同墨竹圖，蘇軾題跋，表達與上首詩同樣的情緒：

若人今已無，此竹寧復有。那將春蚓筆，畫作風中柳。
君看斷崖上，瘦節蛟蛇走。何時此霜竿，復入江湖手。

斯人已逝，以後再也見不到這樣的墨竹畫了。

蘇軾在同題另一首詩中，再次重申對竹的喜愛：「寧可食無肉，不可居無竹。」軾之愛竹，寧不知愛人乎？

蘇軾最後一次為文同畫題跋在元祐八年，其時文同已去世十四年，蘇軾也五十七歲了。此後蘇軾被貶嶺南、海南，再也不可能品鑑到文同的墨竹了。

有人統計，蘇軾與文同交往十五年，相關詩文多達七十九首（篇），每一篇詩文都訴說著他們的友情。

第十四章

風流駙馬王詵

蘇軾的至交中，有一位身分非常特殊，他是駙馬都尉，皇親國戚；他生性風流，不拘世俗；他無賴潑皮，聲名狼藉；他重情尚義，結交無數……

他，就是北宋藝術史上鼎鼎大名的風流駙馬王詵，王晉卿。

兩張面孔

王詵的先祖王全斌是北宋開國大將，最大功績是率兵收復四川，滅亡後蜀。宋廷傳統，公主一般下嫁功臣之後，駙馬不許參政，只享受尊崇和富貴。熙寧二年七月，宋神宗將同母妹寶安公主配於王詵，改封蜀國長公主，至此王詵成為風光無限又無職無權的駙馬爺。

《續資治通鑑長編》記載：「主性不妒，詵侍主疾，與婢奸主旁，婢數抵戾主，有後言，詵復與應和。」長公主有病臥床，王詵竟當著公主的面與婢女行苟且之事。這婢女大概有些得意忘形，不把病重的公主放在眼裡，當面頂撞公主，背後說公主壞話，王詵居然隨聲應和！後來事情敗露，宋神宗盛怒之下，把婢女一陣痛打，發配給士兵，王詵則流放到均州。

這是元豐三年五月的事情，在此之前，王詵早已是聲名狼藉的「渣男」。不過他還是頂尖的文藝青年。宋人尚文，駙馬和王爺們無所事事，除了聲色犬馬，便將大量精力消耗於詩文書畫中。王詵在這兩方面都極具代表性。

凡京城裡的文藝青年，幾乎不可能與蘇軾沒有交集。

據「烏臺詩案」留下的資料，「軾在京受差遣，王詵作駙馬。後軾去王宅，與王詵寫詩作賦並《蓮花經》等」。這是司法部門調查的結果，應可信。蘇軾與王詵最初交往主要是研討詩賦和佛學。

王詵對蘇軾推崇備至，他表達推崇的方式之一是送錢、送物，周濟蘇軾的生活，比如經常送一些酒食、茶果等，還送給蘇軾一張弓、十支箭，以及射箭時戴在手上的包指十個。

蘇軾收藏了三十六軸名畫，請王詵幫忙裝裱，王詵二話沒說，自掏腰包買料找工，自始至終沒收蘇軾一文錢。有位叫柳詢的祕書丞，家裡急需用錢，卻沒有像樣的東西典賣。蘇軾拿出自家犀牛角製作的工藝品，準備賣給王詵為柳詢換錢。王詵得知情由，很痛快地送給柳詢三十貫錢，也沒有要犀牛角，當然是看蘇軾的面子。

熙寧四年，蘇軾通判杭州，臨行前，王詵贈送了豐厚的禮物，包括茶、藥、紙、筆、墨、硯，這些屬日常用品；還有鯊魚皮、紫茸氈、紫藤簟等，都是極其名貴的奢侈品，世人視為珍寶，在當時甚為難得。次年王詵又派人不遠千里到杭州，送給蘇軾官酒十瓶、果子兩簍，對蘇軾可謂關懷備至。

熙寧六年春，蘇軾嫁外甥女，向王詵借錢二百貫；秋天又借一百貫。名義上是借，但有來無往，無需歸還。

除了接濟蘇軾，凡蘇軾請託，王詵無不應允。

僧人惟簡是蘇軾同宗兄長，也是老鄉，九歲出家，在成都大慈寺任主持。和尚的最高榮譽是被朝廷賜予名號，惟簡在偏遠的成都，朝中無人，自然就找了老弟兼好友蘇軾幫忙。蘇軾二十歲與蘇轍遊大慈寺，與惟簡十分投機，這個忙不能不幫，結交廣泛又地位尊崇的王詵無疑是最佳請託人選。蘇軾將家中的一幅名畫送給王詵，王詵果然夠力，幫助惟簡辦下了名號，叫「寶月大師」。

王詵的山水畫得好，蘇軾把他的畫寄給寶月大師，一來二去，倒貼進了兩幅畫。

寶月大師從蘇軾處成功「公關」後，一些佛教人士聞風而動，連京城大相國寺的和尚也找到蘇軾，請求疏通關係。和尚帶給蘇軾豐厚的禮物：唐朝畫聖吳道子畫佛涅槃一幅，董羽畫水幛一幅，徐熙五種花鳥各一軸，趙昌畫折枝花一軸，朱繇、武宗元畫鬼神二軸。吳道子是唐朝畫聖，董羽、徐熙是五代南唐畫家，朱繇亦生活在五代，趙昌和武宗元則是宋真宗年間人物。這些畫都是他們的代表作，彌足珍貴。蘇軾經王詵同意，留下了兩幅鬼神圖，其餘悉數進奉給王詵。王詵也沒讓和尚們失望，順利完成了請託。

宋朝出家當和尚、尼姑必須得到官方的許可，發放身分證明，叫「度牒」。蘇軾的一位婢女想削髮為尼，還有一位相識的和尚請幫忙弄度牒，蘇軾也請求王詵幫忙。

王詵視金錢如糞土，對書畫卻愛之如命，不僅不會施捨於人，凡看中的書畫都會想方設法弄到手。做為最倚重的朋友，蘇軾經常抄寫自己的詩詞送給他，但他仍不滿足，四處購買收藏蘇軾的書畫，還會到蘇軾處「巧取豪奪」。

蘇軾曾送給弟子張耒一幅《黃泥阪詞》原稿，王詵得知後，給蘇軾寫信說：我花了不少銀子購買你的書畫，你卻把書畫無償送給別人，趕緊也送我一幅，不要讓我去別處購買了！蘇軾只好重新謄寫一幅送給王詵。

王詵對蘇軾索要書畫還算比較客氣，對其他藝術家或收藏家，簡直像無賴一樣不擇手段，無所不用其極。書法家米芾有一幅易元吉的《鸛鶴圖》，王詵借去觀賞，有去無回。詩人劉季孫有一幅王獻之的書法精品《送梨帖》，米芾十分喜歡，商量好用歐陽詢二帖真跡、王維六幅《雪圖》、一條黑裡透黃的犀帶、一枚硯山（山狀的硯臺）、一枚玉座珊瑚交換這幅《送梨帖》。但王詵借米芾的硯山不還，致使交換無法進行。後來劉季孫死了，他的兒子將《送梨帖》賣給了他人，米芾唯有唏噓。

有些稀世珍品確實無法得到，王詵就請工匠作假，把贗品當真品收藏。一次，他把別人真品上的印章剪裁下來貼在自己的贗品上，雖然達到以假亂真的效果，但真品的價值卻因此大打折扣。

對朋友可以仗義疏財，也可以巧取豪奪，這就是王詵的兩張面孔。

悲涼人生

王詵雖然有令人不齒的一面，但只限於對待藝術品。對人，他不僅坦誠，而且很有擔當。

根據宋代朋九萬《東坡烏臺詩案》原始資料顯示，蘇軾與王詵最初多交流書畫，蘇軾離京通判杭州後，經常給王詵寄送自己新創作的詩歌。這些詩不是寫給王詵的，之所以抄送給他，一是當作書法作品讓他收藏，二是借此抒發對新法的不滿，發洩怨氣。

大理寺丞李杞也是眉山人，蘇軾與其唱和，作〈李杞寺丞見和前篇復用元韻答之〉，抄送給王詵，其中有「獸在藪，魚在湖，一入池檻歸期無。誤隨弓旌落塵土，坐使鞭箠環呻呼」的句子，被認為影射新法頒行後，公事鞭箠之多；「追胥連保罪及孥，百日愁歎一日娛」，被認為是譏諷新法中的連坐苛政。

時蘇轍任陳州學官，蘇軾作〈戲子由〉，透過對蘇轍簡陋清苦生活的描寫，發洩對兄弟二人政治處境的不滿，充滿怨憤的情緒。

又有〈山村〉五首七絕組詩，反映了新法對農村造成的巨大危害。又有詩〈湯村開運鹽河雨中督役〉，寫蘇軾差民夫千餘人，開通運鹽河道的場景，其中多有怨氣。又有〈杞菊賦〉譏諷朝廷減削公使錢太甚。

「烏臺詩案」中，這些詩賦都從王詵家中搜出，可見蘇軾給他書寫之頻繁。

熙寧十年二月，蘇軾密州任滿，轉官期間到汴京看望蘇轍，朝廷有令外官非旨不得入京，他們只好住在京郊范鎮的東園。王詵得知消息後，當即送來茶果酒食。三月一日，王詵送來簡帖，約來日在城外四照亭相見。

第二天，王詵帶來了五、六個侍女，整天歌舞歡飲，說不盡別後情形。侍女中有位叫倩奴的，溫婉明麗，請求蘇軾為她填詞。蘇軾難以拒絕，寫下兩首，一首為〈洞仙歌〉，一首為〈喜長春〉。其中〈洞仙歌〉寫道：

江南臘盡，早梅花開後，分付新春與垂柳。細腰肢自有入格風流，仍更是、骨體清英雅秀。永豐坊那畔，盡日無人，誰見金絲弄晴晝？斷腸是飛絮時，綠葉成陰，無個事、一成消瘦。又莫是東風逐君來，便吹散眉間一點春皺。

詞既然是贈送倩奴這位美麗的女子，當然要說些她喜歡聽的，讓她歡心。上闋把她比作新春垂柳，讚美女子清雅風流。下闋筆鋒一轉，卻對她終將落寞的命運表示同情，非常符合倩奴當時的處境。王詵朝秦暮楚，對公主尚且刻薄，何況地位低下的侍女！蘇軾借寫歌女譏刺王詵薄情，對這位朋友算是不留情面。

蘇軾還有一首〈殢人嬌〉，題為「王都尉席上贈侍人」，都尉即駙馬的官職，全稱駙馬都尉，這裡指王詵。〈殢人嬌〉不知作於何年何月，表現了與〈洞仙歌〉同樣的主題，旁敲側擊地規勸王詵善待這些女孩子。

這天酒宴散去，次日王詵送來唐朝畫家韓幹的駿馬圖，共六軸十二匹馬，求蘇軾題跋。蘇軾寫下了長詩〈書韓幹牧馬圖〉，全詩以馬自比，抒發心中的抱負和不平，寫得恣肆奇絕。

元豐二年，監察御史里行何正臣、舒亶，監察御史李定等彈劾蘇軾諷刺新法、愚弄朝廷，宋神宗下旨差皇甫僎到湖州拘捕蘇軾。皇甫僎受命於聖令，一刻也不敢耽擱，疾行如風，南奔而去。

王詵第一時間得到消息，馬不停蹄地通知在南都的蘇轍，蘇轍不敢耽擱，派人快馬加鞭到湖州向蘇軾報信。

雙方比拚的是速度。

幸好皇甫僎帶著他的兒子一同行路，到潤州時兒子病了，求醫問藥耽擱了半晌，蘇轍的人才得以先行趕到，讓蘇軾提前做好心理準備。

後來朝廷查明此事，王詵在「烏臺詩案」中落得洩密的罪名。而且，宋朝不允許皇親國戚與大臣往來密切，駙馬都尉勾結大臣，無疑犯了忌諱。此外，他與蘇軾的書信往來中多有譏諷朝廷的文字，又收受賄賂為蘇軾請託辦事，都讓他難以置身事外。

王詵的「罪狀」中還有一條，蘇軾作詩賦寄王詵，「致有鏤板印行」，從這條可以看出，王詵還為蘇軾刻版印書。宋朝出書不容易，是許多文人一生的目標。蘇軾是年四十三歲，即有第一本詩集刊行問世，這是王詵的一大功勞。

最後，朝廷判罰：絳州團練使、駙馬都尉王詵，追兩官，勒停。即降級、停職。

雖然受到懲罰，王詵仍得以繼續待在京城，不能不說這是公主的面子。公主賢慧，放下身段侍奉公婆，多次包庇寬容王詵。元豐三年，公主病危，神宗來看望妹妹，公主撐起病體，艱難地請求皇帝善待王詵，為他官復原職，皇帝答應了公主的請求，宣布解除對王詵的處罰。

公主薨逝後，乳母告御狀，揭露王詵縱容婢女凌犯公主一事，激怒了神宗。公主下葬後，宋神宗將王詵貶到均州，即現在的丹江口，後來移潁州。

據說，王詵初到潁州，聽到有人唱婉轉的曲子，聲音很像以前的家妓囀春鶯，差人打探，果然是。原來，王詵失勢後，囀春鶯別有歸屬。王詵惆悵不已，賦詩曰：

佳人已屬沙吒利，義士今無古押衙。

唐朝韓翃供職在外，沙吒利搶劫了他的侍妾柳氏。古押衙是唐朝小說中仗義捨生的俠士，幫助男女主人公破鏡重圓。縱使風光無限的駙馬都尉，一旦失勢，也只能寄希望於上天伸出援助之手了。

王詵在一首詞的序中還透露，他原本不飲酒，貶謫期間心情不好，學會了飲酒。

王詵雖然不是因「烏臺詩案」被貶，但實際上與蘇軾一前一後出京。他們回朝也相隔時間不長，蘇軾在元豐末，王詵在元祐初。二人很長時間沒有互通消息，在宮門外相遇，均感意外之喜。蘇軾執手賦詩：「公子亦生還，仍分剌史竹。賢愚有定分，樽俎守尸祝。」並希望他能大展宏圖，像祖輩一樣帶兵收復河湟地區。

西園雅集

王詵的駙馬宅第有一處園林，叫西園。元祐年間，這裡成為文人雅聚之地。

古代有幾次文人聚會是傳誦千古的盛事。

曹操在鄴城建銅雀臺，圍繞銅雀臺開闢出銅雀園，亦稱西園。投奔曹操的文人會聚於此，談文論道、飲酒作樂，這就是文學史上著名的「鄴下文人集團」，核心成員即曹操、曹丕、曹植「三曹」，以及孔融、陳琳、王粲、徐幹、阮瑀、應瑒、劉楨等「建安七子」。曹植有〈公宴詩〉描述當時的情形：「公子敬愛客，終宴不知疲。清夜遊西園，飛蓋相追隨。……神飆接丹轂，輕輦隨風移。飄颻放志意，千古長若斯。」

東晉，三月初三是上巳日，會稽內史王羲之邀請謝安、孫綽等名士到蘭渚山麓蘭亭聚會，拜水祈福。禮畢舉行了一個遊戲，大家坐在溪流旁邊，將一種叫作「觴」的酒具放在上游，隨著彎彎曲曲的溪流徐徐而下，酒觴在誰的面前停下或打轉，誰就暢飲此酒，臨流賦詩。參加聚會四十二人，得詩三十七首，王羲之把這些詩編輯成冊並親筆為之寫序，就是號稱天下第一行書的《蘭亭集序》。

能夠比肩銅雀園聚會和蘭亭聚會的，就是元祐年間的西園雅集。

王詵、蘇軾等一大幫文人得以回朝，王詵恢復了駙馬都尉的身分，又開始了歌舞昇平、詩酒唱和的生活，經常邀請文化名流到西園飲酒品茶、談詩論藝，辨文藝沙龍，開文藝派對。

李公麟用繪畫的方式忠實記錄下他們聚會的場景，取名《西園雅集圖》。圖上有文藝「大咖」十六人，他們有的在吟詩，有的在潑墨，有的在題石，有的在打坐，有的在撫琴，各盡風雅，各尋其樂。畫成之後，米芾作記，記錄下十六個人的名字，他們是：蘇軾蘇東坡、王詵王晉卿、太學正蔡肇蔡天啟、樞密院編修官李之儀李端叔、蘇轍蘇子由、著作佐郎黃庭堅黃魯直、畫家李公麟李伯時、太學正晁補之晁無咎、祕書省正字張耒張文潛、蘇軾好友鄭靖老、太學博士秦觀秦少游、道士陳景元陳碧虛、書法家米芾米元章、工部員外郎王欽臣王仲至、僧人圓通大師、畫家劉涇劉巨濟。

米芾感歎：「人間清曠之樂，不過如此！」並在最後議論說：

嗟呼！洶湧於名利之域而不知退者，豈易得此耶！自東坡而下，凡十有六人，以文章議論，博學辨識，英辭妙墨，好古多聞，雄豪絕俗之資，高僧羽流之傑，卓然高致，名動四夷，後之覽者，不獨圖畫之可觀，亦足彷彿其人耳！

參加西園雅集的都是曠世奇才，以至於後世畫家馬遠、劉松年、趙孟、唐寅、仇英、張大千、陳少梅等紛紛仿照摹繪，歷史上出現多個版本的《西園雅集圖》。

那段時間是他們的神仙光景，也是中國歷史上文人最舒服的日子。

高俅的發跡

提到蘇軾與王詵，不得不講一下高俅。

高俅是《水滸傳》中主要反派人物：本為市井無賴，高俅想到賭坊找份工作，然而賭坊老闆看不起他；又投靠藥舖，藥舖也不要他。幸而蘇學士收留了他，後轉手給了小王都太尉。高俅因踢得一腳好球，被端王看中，從此發跡。端王後來做了皇帝，就是宋徽宗。宋徽宗在半年內將高俅提拔為太尉，權傾天下。高俅陷害忠良，殘害百姓，逼走八十萬禁軍教頭林沖，又殘酷鎮壓起義軍，可謂壞事做盡，與蔡京、童貫、楊戩並稱四大奸臣。

高俅的故事大多是小說演繹。不過歷史上真有其人，他的發跡真與蘇學士（蘇軾）、小王都太尉（王詵）有關。

真實的高俅並非不學無術，他原是蘇軾帳下的一名「小史」，即文書一類的角色，和書僮差不多。元祐八年，詔蘇軾知定州。蘇軾意識到這一去恐怕再難回到京城，就把府裡下人一一做了安排。本打算將高俅送給曾布，曾布手下不缺小史，蘇軾便將他送給了王詵。

高俅聰明伶俐，深受王詵喜歡。

端王趙佶好書畫，與王詵這位姑父性情相投，走得很近。除了文藝，趙佶還熱愛體育運動。蹴鞠當時最為流行，是現代足球的前身。與足球不同的是，蹴鞠只有一個球門，兩隊爭搶皮球往球門裡踢，雙方上場隊員可以是二人，也可以是十人，只要對等即可。趙佶是踢球高手，經常與門客和王公貴族一起踢球。

一次，趙佶在皇宮裡偶遇王詵，當時頭髮有些凌亂，便向王詵借篦子梳頭，隨口誇讚王詵的篦子新奇可愛。王詵對這個侄子頗為大方，隨口說：「近日做了兩個一模一樣的篦子，另一個從未使用，一會兒讓人送到端王府。」

晚上，差人給趙佶送篦子的正是高俅。趙佶正在王府後園踢球，興致高昂，高俅不便打擾，邊等邊看，一臉享受的樣子。趙佶發現了高俅，把他喊過來問：「你也會踢球嗎？」高俅雖是小史，倒也落落大方，稱自己會踢兩腳。趙佶招呼高俅加入戰隊。高俅球技很好，和趙佶配合默契，對每一次攻守意圖領會得非常到位。趙佶高興極了，讓下人到駙馬府給王詵傳話：「感謝姑父贈送篦子，送篦子的小史也一併留下了。」高俅從此歸屬趙佶。

趙佶登基後，高俅官至殿前指揮使，並不是什麼太尉，真實歷史中算不了大人物，也沒有特殊的貢獻或破壞，《宋史》都沒捨得給他留下一篇傳記。

高俅得勢時，蘇軾已經去世，他不忘舊恩，對蘇軾的後人多有照顧。南宋《揮麈後錄》載：「不忘蘇氏，每其子弟入都，則給養問恤甚勤。」

第十五章

同道中人米芾

米芾初名黻，元祐六年改為芾，字元章，生於宋仁宗皇祐三年（一〇五一），小蘇軾十四歲。

米芾的家族來歷迷霧重重。

米芾改名時自述：「芾，名連姓合之。楚姓米，芈是古字，屈下筆乃芾字。」意思是芈字稍加變化是芾字，芈、芾連體。而芈是米的本字，乃楚國國姓。按這種說法，米芾家族當出自楚國貴族。米芾的印章中亦有「楚國芈姓」、「楚裔芾印」等幾方印。

也有人推斷米芾乃西域人後裔：西域有米國，唐朝時其國人逐漸內遷，以國為姓。另外一些學者則相信米芾是奚族人：奚族為東胡的一支，本居遼水上游，五代時逐漸遷徙，與中原人雜居。

古人依傍貴胄，更改出身的很多，米芾自述並不能做為直接證據。米國也好，奚族也罷，米芾或有少數民族血統。

米芾的五世祖米信乃宋朝開國武將，有匹夫之勇但不知書、不識文，這大概是米芾有意隱瞞家世的原因。米芾的父親曾在濮州為官，喜愛藝術，從小培養米芾學習書畫，使其師從襄陽書法家羅讓。

米芾的母親閻氏曾入宮侍奉英宗皇后、神宗生母宣仁太后，米芾因此被賜予祕書省校字郎，走入仕途。但米芾不是進士出身，既沒有功名，家中又非顯宦，註定前程有限。因此米芾將畢生精力都用在書畫上。

米芾以書畫名世，書法與蘇軾、黃庭堅、蔡襄並稱「宋四家」；畫法則獨創「米氏雲山」，在宋代繪畫中獨樹一幟；他還是書畫理論家，著有《書史》、《畫史》等。

他與蘇軾結緣純粹因為書畫，他們的關係也簡單到幾乎只有書畫。

黃州受教

元豐五年，蘇軾被貶黃州，躬耕東坡，種麥植桑，白天勞作，晚上讀書，朋友稀少。三月的一天，幾名訪客登門，有米芾、董鉞和楊世昌。

米芾剛卸任長沙掾，回京候補新官職，路過黃州。楊世昌是蘇軾舊相識，或許充當了引薦人的角色。另一種說法是米芾與馬正卿素來交善，馬正卿引薦了米芾；而董鉞為朱壽昌引薦。如果按這種說法，米芾、董鉞、楊世昌三人分道而來，恰好在同一時間會聚到了蘇軾處。

蘇軾在雪堂熱情地招待他們，並讓米芾欣賞自己收藏的吳道子作品。米芾後來在《畫史》中記述了當時的情形：

蘇軾子瞻家收吳道子畫佛及侍者、志公十餘人，破碎甚，而當面一手，精彩動人。點不加墨，淺深暈成，故最如活。

吳道子的畫已經破爛不堪，但畫得精彩動人，米芾如見珍寶。

米芾這次見蘇軾為的是學習繪畫技巧。蘇軾對於晚輩一向樂於提攜，無論技藝還是理論，都願意傾囊相授，毫無保留。他為米芾畫墨竹，邊畫邊講，解疑釋惑。

一般畫家畫竹皆自頂至地，先畫竿，後畫節。而蘇軾卻從根部畫起，一筆畫到竹梢。米芾不解：竹子是分節的，為什麼不一節一節地畫？蘇軾反問：竹子難道是一節一節長出來的嗎？這就是蘇軾畫論中的「有常理」，合乎事物的自然法則。畫竹葉，正面墨深，背面墨淡，蘇軾告訴他，這是向文同學習的技巧。

蘇軾還教米芾畫枯木、畫石，枝幹和石皴的走向、筆法不拘一格，給米芾留下了深刻印象。

蘇軾讓米芾把這些教學畫貼在牆上，他們邊喝酒、邊觀摩、邊探討，酒酣興致，真是一次充滿藝術氣息的聚會。

這些見證友誼的作品，最終落入王詵手中，因為他使用了慣常的手法：一借不還。

當時米芾三十出頭，還未真正邁入藝術殿堂的大門。這次有幸直面大師，觀摩大師筆法，聆聽大師教誨，在他的成長道路上具有里程碑式的意義，讓他受益終身。

見蘇軾之前，米芾專心研習唐人書法，蘇軾勸他由唐入晉，這一點對米芾幫助很大。

從專業角度來講，唐人書風法度嚴謹，晉人書風更自由靈動，晉人書法更適合米芾。米芾性情落拓，崇尚個性，行為怪異，有「米癲」之稱。譬如穿衣，他不愛穿時興的服裝樣式，卻「冠服效唐人」。再加上相貌上保留有少數民族的特徵，深眼窩、高鼻梁、大鬍子，走到哪裡都會引來一群人圍觀。父親去世，他埋葬父親，不起墳墓，不豎墓碑，後來連自己也找不到父親的墓穴。他有嚴重的潔癖，只要觸摸過東西，一定要洗手，因此他身後常跟著一位小廝，帶著一壺水，專門供他洗手。有次他的朝靴被人拿了，送回後米芾痛苦不堪地反覆擦洗，最後竟然將朝靴洗破了。

如此特立獨行，怎麼能受嚴謹書風的約束？蘇軾指引他師法晉人，真是對症下藥、有的放矢，對米芾的成功具有決定性影響。

黃州之行後，米芾的書法明顯有「二王」的姿態了。

看到年輕人對藝術充滿靈性，蘇軾倍感欣慰。此後，蘇軾常常懷念他們一起飲酒論畫的夜晚，「復思東坡相從之適，何可復得」（〈與米元章十九首（之一）〉）。

詩書酬唱

元豐八年八月，蘇軾回到朝中，任禮部郎中，不久除中書舍人，後遷翰林學士。而米芾大約於元祐二年還京任職，為太常博士，與蘇軾同朝共事。

他們的交往更加頻繁，米芾每逢有詩、文、書、畫，一定要讓蘇軾過目，請蘇軾提出批評意見。蘇軾感受到米芾日新月異的進步，常在書信中表達欣喜之情：

> 示及數詩，皆超然奇逸，筆跡稱是，置之懷袖，不能釋手。異日為寶，今未爾者，特以公在爾。呵呵。臨古帖尤

奇，獲之甚幸，燈下昏花，不復成字。

米芾書寫自己的詩作，蘇軾重點稱讚的是「筆跡」，即書法，愛不釋手。又稱讚臨古帖很見功夫。蘇軾安慰米芾還年輕，不要急於出名，斷言米芾百年之後，這些書法作品將價同珍寶。

「呵呵」二字在今日網路上屬於熱詞，通常表示敷衍、無奈、輕蔑、嘲諷或高興等多種意思。蘇軾一千多年前就開始使用這兩個字，並頻繁出現在書信中，有人統計共出現了四十多次。

給陳慥的一封信中，蘇軾寫道：「一枕無礙睡，輒亦得之耳。公無多奈我何，呵呵。」這裡有得意的意味。

他向文同索要畫作，怕文同不給，威脅說：「不爾，不惟到處亂畫，題云『與可筆』，亦當執所恵絕句過狀索二百五十匹也。呵呵。」你不送我作品，我就隨處塗鴉，題上你的名字，敗壞你的聲譽。透過「呵呵」二字，彷彿看到蘇軾捉弄人的「狡黠」、「促狹」。

友人孫頎向他求書。蘇軾在書帖後面附了兩張白紙，說：「紙軸納去，餘空紙兩幅，留與五百年後人跋尾也。呵呵。」這兩張白紙留著後人題跋，這裡的「呵呵」又表示自信。

而給米芾的「呵呵」，我們從中讀出了讚賞和期許。

宋朝有「休沐」制度，官員工作五天，放假一天，供休息和洗浴。蘇軾和米芾辦公地點不在一起，上班時難得一遇，蘇軾希望在休沐日見到米芾，與他談談書畫，討論藝術。

蘇軾是公眾人物，休沐日客人絡繹不絕，分身乏術，不能去拜訪米芾。他責怪米芾「公又不肯見過」——你也不主動來我這裡，很想念但不得見。

米芾在朝中任職時間不長，大約在元祐三年即赴揚州為幕僚。此時蘇軾與朝中舊黨也不能安然相處，遭到朔黨、洛黨的排擠，萌生去意。蘇軾給米芾寫信說：

元章想旦夕還縣，竟不得一款話。某累請終不允，信湖山非有分者不能得也。

你就要到地方上去了，可惜我們竟不能暢談一番。我多次申請離京為官，不被批准，看來湖光山色，沒有緣分的人難以享受啊！

這封信發出不久，蘇軾大概提前得知自己也將外放的消息，馬上寫了下一封信：

某恐不久出都，馬夢得亦然。旦夕間一來相見否？乞為道區區。惠示殿堂二銘，詞翰皆妙，歎玩不已。新著不惜頻借示。

除了談論詞翰，目的仍然是邀請米芾相見。

從上述幾封信分析，米芾每有新作都要請蘇軾鑑賞題跋，而蘇軾更希望與米芾面談。蘇軾是個有趣的人，米芾也非循規蹈矩者，二人相處一定妙趣橫生。

從信件來往的內容還可以看出，米芾這段時間進步很快。一開始蘇軾給予其安慰和鼓勵，後來讚不絕口，「詞翰皆妙，歎玩不已」。在蘇軾的指導幫助下，米芾終成一代大家。

沒有完成的交易

元祐四年三月，蘇軾自請外放知杭州。船到揚州，與米芾會面，米芾讓蘇軾觀賞自己收藏的王羲之、王獻之、張旭、懷素等人的書法名帖，蘇軾欣然題跋。

蘇軾請弟子飲茶，一般用珍貴的密雲龍，由侍妾朝雲親自奉茶。米芾雖然不是弟子，但實屬晚輩，只是不肯拜入蘇軾門下而已。招待米芾，蘇軾仍用密雲龍茶。米芾在揚州寫下〈滿庭芳・詠茶〉，記述其事：

雅燕飛觴，清談揮麈，使君高會群賢。密雲雙鳳，初破縷金團。窗外爐煙自動，開瓶試、一品香泉。輕濤起，香生玉乳，雪濺紫甌圓。

嬌鬟，宜美盼，雙擎翠袖，穩步紅蓮。座中客翻愁，酒醒歌闌。點上紗籠畫燭，花驄弄、月影當軒。頻相顧，餘歡未盡，欲去且留連。

上闋詠宴集烹茶，下闋寫捧茶之人，「嬌鬟」、「美盼」就是朝雲。這次會面，蘇軾還見到了米芾收藏的一件寶貝，並為此引出一段風波。

這件寶貝叫硯山，是硯臺的一種，形狀似山，故名。蘇軾誇它「山研奇甚」（研同硯），並為之作銘：

有盜不禦，探奇發瑰。攘於彭蠡，斫鐘取追。

有米楚狂，惟盜之隱。因山作硯，其詞如隕。

這塊硯山用石鐘山石所製，元豐七年，蘇軾黃州團練副使轉汝州團練副使，長子蘇邁就任饒州德興縣尉，蘇軾送蘇邁南下，順帶遊覽了位於鄱陽湖畔湖口縣的石鐘山，寫下〈石鐘山記〉。大約有這段淵源，又因這塊硯山確實罕見，蘇軾產生了「覬覦之心」，他直截了當地向米芾索要：「山研奇甚，便當割新得之好為潤筆也。呵呵。」不過米芾拒絕了他。

蘇軾離開潤州，下一站是湖州，五名後生在此為他設宴接風，加上蘇軾共六人，蘇軾懷念熙寧七年的六客會，作〈後六客詞〉：「看取，曹劉今對兩張蘇。」座中之人有一位叫劉季孫，字景文，時任兩浙兵馬都監，是蘇軾的下屬。劉季孫在杭州與蘇軾相處融洽，成為朋友，蘇軾在任上改造西湖，劉季孫出了大力，蘇軾有多首詩詞贈送給他，最著名的是〈贈劉景文・冬景〉：

荷盡已無擎雨蓋，菊殘猶有傲霜枝。一年好景君須記，最是橙黃橘綠時。

蘇軾對劉季孫多方照顧，還向朝廷大力推薦，劉季孫於元祐七年得以知隰州。劉季孫心懷感恩，想要幫助蘇軾得到米芾的硯山。

劉季孫雖然家裡不寬裕，卻有藝術雅興，收藏有一些名人字畫，其中最珍貴的是王獻之的《送梨帖》。這幅帖總共兩行十一字：「今送梨三百。晚雪，殊不能佳。」（「送」字缺）。應該是王獻之將三百顆梨送與收信之人，並說明因下雪送遲了。

《送梨帖》筆勢開合有度，平和清逸，不僅與其父王羲之書

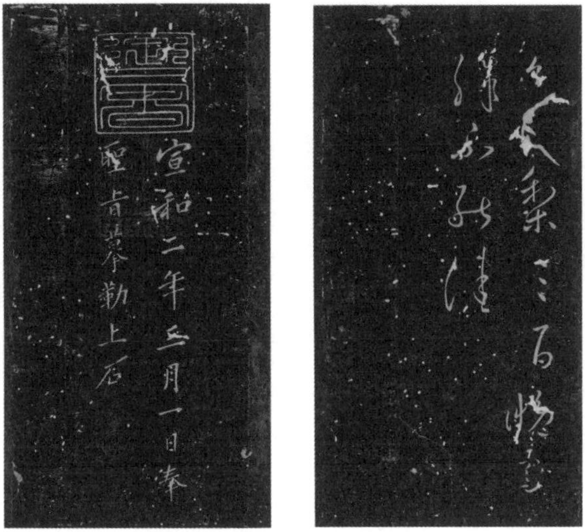

晉・王獻之《送梨帖》國立故宮博物院

法不同，與王獻之本人的其他書法作品相比，也別具一格。蘇軾稱讚說：「君家子敬十六字，氣壓鄴侯三萬簽！」子敬是王獻之的字，鄴侯指唐朝宰相李泌，家有藏書三萬卷。

這樣一幅書法臻品，做為書法家的米芾當然垂涎！劉季孫提出拿《送梨帖》交換米芾的硯山和其他物件，打算交換後將硯山送與蘇軾。

米芾寫《篋中帖》與劉季孫商量交換之事：

芾篋中《懷素帖》如何？乃長安李氏之物，王起部、薛道祖一見，便驚云：「自李歸黃氏者也。」芾購於任道家，一年揚州送酒百餘尊，其他不論。帖，公亦嘗見也。如許，即並馳上。研山明日歸也。更乞一言。芾頓首再拜。景文隰公閣下。

《懷素帖》是米芾在揚州用百餘尊好酒換來的，準備用它換《送梨帖》，另外賠上硯山。不過硯山不在手上，借出去了，明天就送回來。

劉季孫認為《懷素帖》比不上《送梨帖》，經過討價還價，米芾交出的價碼繼續增加。米芾不惜用八幅書畫加上犀帶、硯山、珊瑚交換劉季孫的《送梨帖》，但這場交易最終未能完成，因為借走米芾硯山的不是別人，正是書畫界的「無賴」、風流駙馬王詵！王詵霸占硯山不想歸還，而硯山是劉季孫一定要換的物品，交易就僵持了。

等王詵把硯山歸還給米芾，劉季孫已經赴隰州上任去了。

按說，以後還有機會完成交易，可惜天不假年，劉季孫不久竟病逝於任上。劉季孫一千貫買的《送梨帖》，被兒子二萬貫賣給了他人。蘇軾、米芾、劉季孫都為這場交易留下了深深的遺憾。

後來，蘇軾拿出潤州的一塊地換了這臺硯山，米芾在地上蓋了房子，取名「海岳庵」。

真州永別

蘇軾杭州任滿，短暫入朝，仍因政見不合，元祐六年八月，出知潁州，次年二月移揚州。米芾則由揚州從事改潤州州學教授，這一年終於得到一個像樣的官職——雍丘縣令。

米芾從鎮江北上就任，路過揚州，拜謁蘇軾。蘇軾置酒招待米芾，席上所坐盡皆名士。酒食吃到一半，米芾忽然起身，作揖問蘇軾：「有件小事想問先生，世人都說我米芾瘋瘋癲癲，想聽聽您的看法。」蘇軾笑著說：「我和大家的看法一樣。」座上的名士狂笑不已，從此「米癲」的名聲更響了。

當年九月，蘇軾還朝任兵部尚書、禮部尚書。次年九月宣仁太后去世，失去靠山的蘇軾出知定州。赴定州途中，路過雍丘，米芾迎接到郊外。

吃飯時，兩人面前各擺放精筆、佳墨和三百張紙，飯菜置於紙筆旁邊。他們約定，每喝一輪酒就鋪開紙寫一張字。小史在一旁磨墨，幾乎供不上他們寫字所用。天快黑時，酒喝得差不多了，每人面前的三百張紙也寫完了。

這是宋朝兩大書法高手的比拚，結果是雙贏——他們都認為比平日裡寫得更好。

紹聖元年三月，宋哲宗執意紹述熙寧政治，重新重用新黨，排斥舊黨，將蘇軾由定州貶惠州。蘇軾再次途經雍丘，不巧米芾正患足瘡，無法到城外迎接，就寫了封信解釋，順帶對蘇軾安慰了一番。然而蘇軾見米芾有事要談，回信說：「你可以不出城，但我一定要見你，想來小病問題不大，有些事必須當面說。」

蘇軾所說之事是將窮士馬正卿託付給米芾。馬正卿在黃州陪伴蘇軾數年，卻沒有從蘇軾身上得到任何利益，蘇軾有恩必報，一心牽掛著他。雍丘即現在的河南杞縣，馬正卿離開黃州後一直住在這裡，平民布衣，生活依舊貧寒。

蘇軾還專門看望了馬正卿，贈給他一首小詩，其中兩句：

萬古仇池穴，歸心負雪堂。殷勤竹里夢，猶自數山王。

馬正卿當年追隨蘇軾，當然是為了有個好的前程，然而未能如願，只能歸隱山林。蘇軾把仇池穴比作歸隱地，表達了有意歸隱的願望，可惜四處奔波，流放蠻荒，願望難以實現。「山王」指竹林七賢裡的山濤和王戎，他們倆向司馬氏妥協，出仕朝廷。蘇軾以「山王」自比，對身陷仕途的泥淖中卻不能自拔有深深的自責和懊悔。

政局不斷惡化，蘇軾又由惠州貶到儋州，直到宋哲宗去世才被恩准回到內陸，任便居住。蘇軾馬上渡海北歸，一路輾轉準備長居常州。建中靖國元年（一一〇一）五月，蘇軾船到真州（今江蘇儀徵），歇腳在白沙東園。米芾恰在真州任發運司屬官，立即前去相見。蘇軾戴著小帽出來迎接，雙目炯然，面色紅潤，飄然有神仙之姿。

蘇軾磨難多年，米芾怕勾起他的傷心事，絕口不談時政，只打聽一些海外趣聞。蘇軾講述在惠州羅浮山，曾見到一隻紅色的猿猴，後來多次夢到這隻赤猿。米芾暗地思忖這決非吉兆：猿猴多出現在西方，而佛教中，西方乃極樂世界，人死亡後的歸宿之地。後來米芾輓蘇軾詩有「夢裡赤猿真月紀，與前白鳳似年辰」的句子。

幾年不見，蘇軾感到米芾詩文書畫有了新的飛越，他在〈與元章書二十八首〉之二十五中寫：

嶺海八年，親友曠絕，亦未嘗關念。獨念吾元章邁往凌雲之氣，清雄絕世之文，超妙入神之字，何時見之，以洗我積歲瘴毒耶！今真見之矣，余無足言者。

米芾與蘇軾同遊金山。有客人請蘇軾題名，蘇軾頗有長者風範：「有元章在。」米芾客氣道：「某奉端明殿學士（蘇軾貶前職銜）如師長，某不敢。」蘇軾拍了拍他的肩膀鼓勵說：「現在已經青出於藍了。」米芾是個極其自負的人，順勢收下這份榮耀：「端明殿學士最了解我。」

第二天，米芾為嚮導，帶蘇軾遊西山。米芾正在帶頭籌建西山學院，蘇軾參觀了學院，他們坐在米芾住處的南窗松竹下避暑，米芾拿出珍藏的《草聖帖》和《謝安帖》，請蘇軾方便時題跋。

晚上，真州太守傅質在江上宴請蘇軾，酒罷又召米芾來舟中閒敘，一直聊到深夜。

從海外到江南，氣候變化極大，江南已進入溽熱的季節，加上飲酒，蘇軾感到「海外久無此熱，殆不能堪」。回到白沙東園，他急不可耐地喝了大量冷飲，冷熱在體內交匯，便激出病來。六月三日後半夜，他上吐下瀉，身子彷彿掏空了似的，虛弱得不能忍受。天明後熬了碗黃薯粥喝，才感覺好一點。

早上，米芾差人來請餐敘，還拿來四方古印讓他欣賞。蘇軾躺在床上，一邊把玩古印，一邊商量著推遲餐敘的時間。

沒想到，當日蘇軾病情復發，而且更加嚴重，狂瀉不止。米芾給他送來一種叫「門冬飲」的草藥暖胃，蘇軾強支病體，親手熬製，身體雖然有恙，心情卻還不錯。

疾病帶給蘇軾極大的痛苦，唯有友人詩文能給他少許安慰。蘇過寸步不離，除了侍奉湯藥，就是念書。這一天讀米芾〈寶月觀賦〉，聽到一半，蘇軾躍然而起，說：

> 恨二十年相從，知元章不盡。若此賦，當過古人，不論今世也。天下豈常如我輩憒憒耶！公不久當自有大名，不勞我輩說也。

交往了二十年，都不算真正了解米芾啊！這篇〈寶月觀賦〉超過了前人，現在的人更別提了！蘇軾預言：不需要我們這些人替你推薦和宣傳，你很快會名揚天下。

果然，蘇軾尚未離開真州，朝廷敕令召辟米芾，入京為太常博士。雖然不捨，但聖命難違，米芾與蘇軾告別。蘇軾堅持為他餞行，送到閘屋之下，說：「我要是不來，真州人一定會埋怨說，竟不向天下第一等人米元章告別。」

而這一別，就是永別。

六月十二日，蘇軾拖著病體渡江而行，六月十五日至常州，但病一直沒有痊癒，建中靖國元年七月二十八日病逝。

中秋節，米芾聽聞蘇軾去世的消息，悲傷不已，一口氣寫了五首〈輓東坡詩〉。其三云：

> 小冠白氎步東園，原是青城欲度仙。六合著名猶似窄，八周御魅尚能旋。
> 道如韓子頻離世，文比歐公復並年。我不銜恩畏清議，束芻難致淚潸然。

米芾把蘇軾比作韓愈和歐陽修，這個評價可謂中肯。

第十六章 古來畫師非俗士

自漢代起，宮廷內就供養專職畫師，並設「畫室」管理這些畫師。唐朝畫師歸翰林院管轄；五代翰林院設畫院，專門在宮廷、寺廟作畫。北宋因襲五代，亦設畫院。宋初畫院只有二十多人，後期規模不斷擴大，畫家的政治待遇高於其他同類官員。據南宋鄧椿《畫繼》記載：「凡以藝進者，雖服緋紫，不得佩魚，政、宣間獨許書畫院出職人佩魚，此異數也。」宋代三品以上高官佩有裝飾著魚形圖案的袋子，稱魚袋。低品級官員只有皇帝特批才能享受這樣的待遇，書畫院官員級別肯定不夠三品，卻能佩魚，是「異數」，即不正常現象，足以證明皇帝對畫師的優待。皇宮供養的畫師，堪稱職業畫家，譬如宋神宗時期的郭熙，原是平民，遊於四方，成名後被召入畫院，任翰林待詔直長。

郭熙擅長山水畫，而郭熙之前，北宋的山水畫大師是李成、范寬。他們雖然未入宮廷，但一生以繪畫為業，算是職業畫家或平民畫家。

蘇軾與這些人不同，他是士大夫，畫畫只是眾多「技能」之一。所以蘇軾提出了「士人畫」的概念，他在〈跋宋漢傑畫山〉中說：「觀士人畫，如閱天下馬，取其意氣所到。乃若畫工，往往只取鞭策皮毛槽櫪芻秣，無一點俊發，看數尺許便倦。漢傑真士人畫也。」「士人畫」後來被稱為「文人畫」。

唐代王維進士出身，詩寫得好，畫畫得好，蘇軾評價他「詩中有畫、畫中有詩」。為了進一步完善「士人畫」的概念體系，蘇軾尊王維為「士人畫」鼻祖：「吳生雖絕妙，猶以畫工論。摩詰得之於象外，有如仙翮謝籠樊。」摩詰是王維的字，也是王維的號。

文人畫多表現山水、花鳥，崇尚寫意，講究情趣，有所寄託，抒發自己的理想和情懷。蘇軾、文同是宋朝文人畫的開拓者，也是代表人物，而蘇軾的畫界朋友也多為文人士大夫。

李公麟：前世畫師今姓李

李公麟，字伯時，號龍眠居士，舒州桐城人。宋徽宗時期官方編撰《宣和畫譜》，收錄李公麟一百零七幅畫作，是收錄作品最多的畫家。

蘇軾與李公麟何時開始交往，已不可考。現存資料中，李公麟於元豐八年三月畫了一張《孝經圖》，為《孝經》這部儒家經典配上水墨插圖，蘇軾在後面題了跋：

觀此圖者，易直子諒之心，油然生矣。筆跡之妙，不減顧、陸。至第十八章，人子之所不忍者，獨寄其彷彿。非有道君子不能為，殆非顧、陸所及。

顧、陸指東晉畫家顧愷之、南朝畫家陸探微，皆以人物見長，蘇軾認為《孝經圖》超過了他們二人的人物畫。

蘇軾元豐八年八月從登州回朝，這篇跋當作於是年年底或次年年初。但這絕不是蘇、李初相識，此時他們已經非常熟識並彼此了解。

他們甚至同作一幅畫。蘇軾〈題《憩寂圖》詩〉中寫道：

元祐元年正月十二日，蘇子瞻、李伯時為柳仲遠作《松石圖》。仲遠取杜子美詩「松根胡僧憩寂寞，龐眉皓首無住著，偏袒右肩露雙腳，葉裡松子僧前落」之句，復求伯時畫此數句，為《憩寂圖》。子由題云：「東坡自作蒼蒼石，留取長松待伯時。只有兩人嫌未足，兼收前世杜陵詩。」因次其韻云：「東坡雖是湖州派，竹石風流各一時。前世畫師今姓李，不妨題作輞川詩。」

從蘇轍的題詩得知，作《松石圖》時，蘇軾先畫石頭，而後由李公麟畫松，二人共同完成了這幅畫。蘇軾的和詩把李公麟視作前世畫師轉世。前世畫師是誰？王維晚年居住在輞川別墅，畫有《輞川圖》，「前世畫師」無疑指的是王維。

但是這裡有個問題，蘇軾提出「士人畫」的概念，就是為了區別士大夫繪畫和職業畫工繪畫，「畫師」是人們對畫工的稱呼，相較於士大夫無疑貶低了身分。有人對蘇軾「前世畫師」的說法提出質疑，認為非佳稱。黃庭堅老師解釋說，伯時一丘一壑是詩人的一丘一壑，不是畫師的一丘一壑，蘇軾詩中強調「輞川詩」，突出的就是王維的詩人身分。所以「前世畫師」這種說法，不但沒有貶義，反而「子瞻此語是真相知」。

李公麟繪畫作品表現的題材十分廣泛，人物、山水、花鳥、鞍馬、建築，無一不精。

唐朝畫家韓幹以畫馬著稱，李公麟藏有韓幹畫的三匹馬。李公麟將韓幹畫的馬拿出讓蘇軾、蘇轍欣賞，蘇轍先作〈韓幹三馬〉，蘇軾次韻和之。

蘇轍的詩先描述三匹馬惟妙惟肖的神態，然後饒有情趣地議論：

> 畫師韓幹豈知道，畫馬不獨畫馬皮。畫出三馬腹中事，似欲譏世人莫知。
> 伯時一見笑不語，告我韓幹非畫師。

他說韓幹畫馬的高明之處，在於不僅能畫出馬的外形，還能畫出馬心中所想之事，即畫中有寓意。而這正是「士人畫」的精髓所在，即「寫意」。蘇軾和詩則讚許李公麟臨摹韓幹能夠自出新意。〈韓幹三馬〉及和詩作於元祐二年，當時元祐更化，蘇軾和朋友們都在朝中，經常聚在一起談詩論畫，「西園雅集」就發生在此時。

元祐三年春，蘇軾以翰林學士權知禮部貢舉，吏部侍郎孫覺、中書舍人孔文仲同知貢舉。同知以下官員為首長辟召，蘇軾辟李公麟為考校官。宋朝貢舉，考試官員要提前進入貢院，不准與外接觸。鎖院時間大約要五十多天。這期間，李公麟患了水腫病，沒有食欲。為了排遣苦悶，李公麟畫了一幅馬圖，畫面中的馬在土裡打滾進行「土浴」。鎖院時，其他人則以「馬」為題作詩，先成者得畫。黃庭堅思維敏捷，最先成詩，馬圖就送給了黃庭堅。蘇軾第二個作成。黃庭堅意猶未盡，又寫了一首絕句：

> 竹頭搶地風不舉，文書堆案睡自語。忽看高馬頓風塵，亦思歸家洗袍袴。

意思是馬都想洗澡了，何況我們鎖院這麼久的考官。「高馬頓風塵」給了李公麟靈感，他一下子覺得輕鬆了許多，笑道：「有頓塵馬欲入筆。」當即取來紙筆，又畫了一幅《頓塵馬圖》。

這年九月，蘇軾抄寫了一遍《黃帝內經》贈給葆光道士，李公麟在卷前畫有葆光道士畫像，順手將蘇軾和自己的像畫在卷後。蘇軾稱讚「筆勢雋永，遂為稀世之寶」。因其珍貴，這幅卷軸送葆光道士時，蘇轍、黃庭堅競相在上面題字，李公麟便又將蘇轍和黃庭堅畫了上去，這樣圖上一共五人，頗有山林中人的味道。

做為與蘇軾關係最親近的「人物畫」畫家，李公麟畫過許多蘇軾畫像，其中《扶杖醉坐圖》最為黃庭堅認可：「盧州李伯時近作子瞻按藤杖，坐磐石，極似其醉時意態。此紙妙天下，可乞伯時作一子瞻像，吾輩會聚時，開置席上，如見其人，亦一佳事。」

清．朱鶴年臨摹宋代李公麟《扶杖醉坐圖》

今天仍有《扶杖醉坐圖》傳世，不過可能為清朝畫家朱鶴年的臨摹作品。

元祐三年，蘇軾和李公麟關係達到頂峰。蘇軾吟詠李公麟畫作達十數首。

元祐四年，蘇軾避黨爭，出京城，知杭州，二人交往漸稀。其間雖有短暫回朝，但幾乎沒有元祐間聚會的場景了，也沒有留下他們交往的文字。

元祐七年、八年間，蘇軾在朝中任兵部尚書、禮部尚書，李公麟從陳彥默那裡得到一塊馬臺石，石材為山東古汶泗流域所產的「泗濱樂石」。這種石頭常用於廟堂，非常珍貴。李公麟愛之，將它藏於書齋。有一次蘇軾看見了，向李公麟建議說：不如把這塊石頭鍛造為水池，專門用於洗玉，就叫洗玉池，我為它作銘，刻在池沿上。

李公麟聽從了蘇軾的建議，將馬臺石做成了洗玉池，在池的周邊刻上他珍藏的十六種玉的形狀。彼時蘇軾已經離開京城，他從定州給李公麟寄來銘文，用大字、小字書寫了兩份，寫信告訴李公麟，小字更佳，最好把它刻在石柱上。

之後不久，蘇軾遭遇黨禍，被視為「元祐黨人」主力幹將，詩集、文集等所有作品遭到禁毀。洗玉池的命運也很悲慘，李公麟的兒子怕招禍，將洗玉池上蘇軾的銘文磨去。崇寧五年（一一〇六），李公麟病死於老家，將十六塊玉的其中一塊作了陪葬，他兒子將其他十五塊玉和洗玉池運往京城，貢獻給宮廷，被宋徽宗收藏在宣和殿，北宋亡後下落不明。

更讓人唏噓的是，據《邵氏聞見後錄》記載，蘇軾被貶嶺南之後，李公麟在京城遇到蘇軾、蘇轍兄弟兩人的子弟，不僅不打招呼，反而以扇遮面而過，生怕受黨禍牽連。

然而傳世的一幅《東坡笠屐圖》，歷朝都有不同版本，其濫觴傳說為李公麟所作。作品表現的是蘇軾在海南的一則傳奇故事。南宋費袞《梁溪漫志》記述：

東坡在儋耳，一日過黎子雲，遇雨，乃從農家借箬笠戴之，著屐而歸。婦人少兒相隨爭笑，邑犬群吠。

蘇軾去拜訪儋州秀才黎子雲，回來的路上下起了大雨，就到農家借雨具，戴上斗笠、披上蓑衣、穿著木屐。但來自中原的文人穿土著的衣服顯得很不自然，況且穿木屐走路搖搖晃晃，引得婦女、兒童爭相圍觀，大笑不止，連狗都跟著吠叫起來。

這麼有趣的事怎能不傳為美談！南宋周紫芝為此作詩呼籲：「憑誰喚起王摩詰，畫作《東坡戴笠圖》。」意謂誰能夠把王維拉回陽世，作一幅《東坡戴笠圖》呢！

據說，李公麟聽到這個故事後，就畫了《東坡笠屐圖》，上有題文：

> 先生在儋，訪諸梨不遇。暴雨大作，假農人箬笠木屐而歸。市人爭相視之，先生自得幽野之趣。

廣東省博物館館藏明代朱蘭嵎臨摹的《東坡笠屐圖》，上有清人翁方綱題跋，顯示朱蘭嵎臨摹自李公麟。如果李公麟果作此圖，那麼《邵氏聞見後錄》記載應為假。今天眉山三蘇博物館所藏《東坡笠屐圖》多達十餘幅，包括明代、清代、近代版本，可惜不見李公麟真本。

不管李公麟後來是否疏遠了蘇軾，蘇軾對李公麟始終如一。從海南歸來後，途徑韶州，蘇軾碰到李公麟弟弟李公寅，還向他打探李公麟的消息，追憶他們之間的友誼。

在真州金山寺，蘇軾見到李公麟過去為他作的畫像，感慨萬分，寫下絕句〈自題金山畫像〉：

清・宋犖《東坡笠屐圖硯》國立故宮博物院

心似已灰之木，身如不繫之舟。問汝平生功業，黃州惠州儋州。

從政治上說，黃州、惠州、儋州是他的傷心地；從藝術上來說，這三個地方又是他的隆興地。

文勳：得李斯用筆意

文勳，字安國，廬江人，篆刻家、書畫家，是大名鼎鼎的直臣包拯的外甥。

從已知的資料看，文勳一生輾轉於地方和朝堂之間宦遊。嘉祐八年為溫州里安縣令，後移處州縉雲縣；熙寧元年知海州懷仁縣，後入朝為官；元豐八年任湖州簽判；元祐元年任昭慶軍節度判官，不久轉太府寺丞；元祐八年正月任福建路轉運判官；元符三年為廣南東路轉運判官，不久轉湖南路。大約卒於崇寧二年（一一〇三）。

文勳雖然官位不顯，但在文藝界交遊廣泛，與蘇軾、黃庭堅、米芾、李之儀、毛滂等都是朋友。

蘇軾與文勳相識於熙寧八年密州任上，其〈記陽關第四聲〉：

舊傳〈陽關〉三疊，然今世歌者，每句再疊而已。若通一首言之，又是四疊。皆非是。或每句三唱，以應三疊之說，則叢然無復節奏。余在密州，文勳長官以事至密，自云得古本〈陽關〉，其聲宛轉淒斷，不類向之所聞。每句皆再唱，而第一句不疊，乃知古本三疊蓋如此。及在黃州，偶讀樂天〈對酒〉詩云：「相逢且莫推辭醉，聽唱陽關第四聲。」注云：「第四聲，勸君更盡一杯酒。」以此驗之，若一句再疊，則此句為第五聲矣，今為第四聲，則第一句不疊審矣。

這段文字探討的是詞牌〈陽關曲〉的演唱方法。〈陽關曲〉得名自王維〈送元二使安西〉：「渭城朝雨浥輕塵，客舍青青柳色新。勸君更盡一杯酒，西出陽關無故人。」又名〈陽關三疊〉。何為「三疊」？宋朝人已經搞不清楚了。有些人在演唱時，每句都唱兩遍，蘇軾認為這是「四疊」；也有人每句唱三遍，蘇軾認為節奏亂了。文勳因公務赴密州，他告訴蘇軾，古本〈陽關曲〉中，第一句不疊，其他三句重複唱兩遍，因此為「三疊」。蘇軾在黃州讀白居易的詩，驗證了文勳的說法。

這段話裡稱文勳為「長官」，一則表明文勳時在朝廷任職，二則表明蘇軾與文勳還不熟，稱呼上比較慎重，三則表明文勳於詩詞、於音樂都是行家。

文勳赴密州在熙寧八年年底，那年十二月二十三日為立春日，蘇軾宴請文勳，陪同的有通判喬敘喬禹功、通判趙庾趙成伯。蘇軾身體不適，不能飲酒，拄著拐杖，倚著桌案看同僚暢飲醉笑，寫下「青衫公子家千里，白首先生杖百錢」的詩句，感慨時光不禁用，宦遊催人老。

文勳在密州住過了新年，轉眼到了正月，蘇軾的身體也好起來了，歌舞宴樂更頻繁了。這一天晚上，有歌舞佐酒，宴席逐漸進入高潮。蘇軾與文勳也展開歌喉，吟詩唱曲，以助酒興。文勳好古，便唱了一曲漢樂府苦怨之詩。蘇軾笑著說，天氣雖然寒冷，宴席上多麼熱鬧啊，且珍惜眼下燈光酒色，莫要讓悲傷沖淡了歡樂！於是作〈蝶戀花〉：

> 簾外東風交雨霰。簾裡佳人，笑語如鶯燕。深惜今年正月暖，燈光酒色搖金盞。
> 摻鼓〈漁陽〉撾未遍。舞褪瓊釵，汗溼香羅軟。今夜何人吟古怨，清詩未就冰生硯。

從酒宴的氛圍來看，蘇軾和文勳已經相當熟絡了。

蘇軾在密州做的一件大事是修建超然臺。文勳是篆刻家，蘇軾怎能錯過這個機會！

秦始皇曾封禪泰山，並巡視東方，一直到海邊。密州琅琊山就是秦始皇望海處。秦始皇在此登琅琊臺，觀日出，樂而忘歸。那時候，這裡還荒無人煙，秦始皇下令發三萬平民在琅琊臺下安家落戶，並刻石頌揚此事。秦二世時，下詔繼續擴建，刻詔書、頌詩於原石旁。

到宋朝時，已過了近一千三百年，碑石損毀，頌詩更湮沒於歲月的長河之中。不過有民間人士收藏著碑石的拓本，僅存秦二世的詔書和大臣的名字。這些碑文的內容雖然沒有什麼價值，卻是學習古文字的教材。為保護好文物，蘇軾請文勳摹拓刻石，放置在超然臺上。

蘇軾作〈刻秦篆記〉記述了此事。他對文勳書法的評價是：「勳好善篆，得李斯用筆意。」秦始皇統一六國文字，功勞最大的是李斯。唐人韋續《墨藪》評價李斯書法：「夫書功之微妙，與道合自然……夫用筆之法，先急回，後疾下。鷹望鵬逝，信之自然，不得重改；送腳如游魚得水，舞筆如景山興雲，或卷或舒，乍輕乍重，善深思之，此理可見矣。」由此可知李斯用筆之精妙。所以「得李斯用筆意」這個評價極高。

超然臺上的文勳摹本到明代已下落不明，但南宋《澄清堂帖》收錄了拓本，文字因此流傳了下來。

蘇軾還專門寫了一篇〈文勳篆贊〉：「世人篆字，隸體不除，如浙人語，終老帶吳。安國用筆，意在隸前，汲塚魯壁，周鼓泰山。」汲塚、魯壁、周鼓、泰山都是先秦古文字，那時候還沒有誕生隸書。

正月十三日，文勳還朝，蘇軾寫詞相贈：

天豈無情，天也解、多情留客。春向暖、朝來底事，尚飄輕雪。君過春來紆組綬，我應歸去耽泉石。恐異時、杯酒忽相思，雲山隔。

浮世事，俱難必。人縱健，頭應白。何辭更一醉，此歡難覓。欲向佳人訴離恨，淚珠先已凝雙睫。但莫遣、新燕卻來時，音書絕。

簡單概括這首詞的詞意，就是難捨難分。詞很淺白，但用情之深、用語之痛，如「無情」、「多情」、「相思」、「雲山隔」、「一醉」、「離恨」、「音書絕」，在蘇軾的詩詞中極其少見。

這時，文勳已不是蘇軾普通的朋友，而是牽腸掛肚的知己。

此後不久，蘇軾遭遇「烏臺詩案」，而文勳官職卑微，身無閒餘，二人一度失去聯繫。元祐元年，蘇軾回朝，文勳在昭慶軍（湖州）節度判官。是年十二月，杭州惠因院刻碑，立碑人為杭州太守蒲宗孟。蘇軾伯父蘇渙的孫女嫁給了蒲宗孟的兒子蒲澈，所以蘇軾跟蒲宗孟算是親家。蘇軾推薦在湖州的文勳篆刻碑額，碑文則由蘇軾同年狀元章衡撰文，唐之問書丹。唐之問雖然名氣不大，但他的父親是名臣唐介；他的外孫更有名，叫陸游；他的妻子還是晁補之的堂姐。

此後不久，文勳回朝任為太府寺丞，其中蘇軾應有舉薦之功。同處朝堂，二人來往密切多了。

蘇軾雖為書法家，篆字上卻比不了文勳。有一次，張敦禮為龜山長老請蘇軾寫匾額，蘇軾寫了幾遍都不理想，只好向龜山長老解釋，回頭讓文勳代寫一幅。

也是在蘇軾的大力舉薦下，元祐八年正月，文勳出任福建漕官即轉運判官。

文勳大約與蘇軾年齡相差不大，但無論從官職，還是文壇、書壇上影響來看，都堪稱晚輩後生。元祐末年，「游於軾之門下」成為他的罪狀。

宣仁太后去世後，哲宗紹述熙寧政治，蘇軾先後被貶嶺南、海南，與文勳再次失去了聯繫。元符三年，大赦天下，蘇軾得以回到大陸。他先到廣東，時文勳任廣東路轉運判官，二人得以重敘友情。他們還合作完成了〈廣州東莞縣資福禪寺羅漢閣記〉，蘇軾撰寫，文勳篆額。這一次珠聯璧合，蘇軾連稱「甚妙」。

可惜來年，蘇軾與世長辭，他們的友誼這次真的畫上了句號。

卷五

政敵

平生文字為吾累

第十七章
「怨友」王安石

宋仁宗嘉祐末年，一篇文章在上層士大夫圈內悄然流傳，文章的題目火藥味十足，叫〈辨奸論〉，作者是蘇軾的父親蘇洵。

文章內容更是指向鮮明：

今有人，口誦孔、老之言，身履夷、齊之行，收召好名之士、不得志之人，相與造作言語，私立名字，以為顏淵、孟軻復出，而陰賊險狠，與人異趣。是王衍、盧杞合而為一人也，其禍豈可勝言哉？夫面垢不忘洗，衣垢不忘浣，此人之至情也。今也不然，衣臣虜之衣，食犬彘之食，囚首喪面，而談詩書，此豈其情也哉？凡事之不近人情者，鮮不為大奸慝，豎刁、易牙、開方是也。以蓋世之名，而濟其未形之患，雖有願治之主，好賢之相，猶將舉而用之。則其為天下患，必然而無疑者，非特二子之比也。

大意是，有個人整天把孔子、老子掛在嘴邊，貌似像古代的賢人伯夷、叔齊一樣淡於仕途，以古代儒學大師顏淵、孟軻自比，其實這個人骨子裡陰險得很，比晉朝的王衍、唐朝的盧杞更禍國殃民。這個人什麼樣子呢？他穿奴僕的衣服，吃豬狗的食物，頭髮不梳像囚犯，滿臉汙垢像服喪，嘴裡卻談論著詩文經義。這樣不近人情的人，很少不是奸邪之輩。如果有勵精圖治的君主、禮賢下士的宰相推薦重用他，毫無疑問將禍亂天下。

蘇洵所指不是一類人，而是一個人。這個人是誰呢？就是王安石！王安石常常臉不洗、頭不梳、不講吃穿、不拘小節，傳說他從不主動換洗衣服，時間長了身上竟生出蝨子。有次朋友拖著王安石去洗澡，把髒衣服扔掉，給他換了一套新的，穿在身上他竟渾然不知。還有次別人請王安石吃飯，他只吃眼前的獐脯，這人便得出結論王安石喜食獐脯。知夫莫若妻，夫人吳氏淡然一笑：「下次把他面前換成別的菜。」果然王安石還是只吃筷子跟前的菜，不管它是不是獐脯。

王安石雖是生活上的「低能兒」，學問文章卻非常了得，潛心著書立說，在經學、詩歌、散文上大有造詣。仕途上，別人都想往朝廷中擠，以便接觸到更多高官，提拔升遷快；王安石卻主動請求到地方去，多次拒絕大臣的舉薦。這樣一來反而給人留下深刻的印象。文彥博、歐陽修等重臣對他交口稱讚，認為王安石不修邊幅是性情，不任朝官是淡泊。只有蘇洵不這樣看，他寫下〈辨奸論〉，預言王安石將導致天下大亂。

據說張方平非常欣賞蘇洵的這篇文章，把它寫進了蘇洵的墓誌銘。不過後世學者對〈辨奸論〉的真實性表示懷疑，因為蘇洵與王安石並無深交，只有數面之緣，見了幾面就能斷定其忠奸，就能預知未來，也太料事如神了。

無論蘇洵是否寫過〈辨奸論〉，蘇家與王安石互相看不順眼卻是事實。

仕途上的絆腳石

蘇洵和王安石有一個共同的朋友兼恩師——歐陽修。

蘇洵由張方平舉薦給歐陽修，在歐陽修的大力宣揚下，蘇氏父子才融入上流社會，開始了嶄新的都市生活。

王安石是歐陽修弟子曾鞏的朋友，當曾鞏把王安石介紹給歐陽修時，歐陽修立刻被這位年輕人打動了——那時王安石只是東南沿海小小的縣令。歐陽修非常賣力地勸說他留在朝廷，王安石恃才傲物，卻獨折服於歐陽修，在朝中做了群牧判官和三司度支判官。

晚輩後生中，歐陽修最欣賞的兩個人是蘇軾和王安石。他把蘇軾視作新一代文壇盟主，對兒子說：「三十年後沒有人會記得我，就因為有蘇軾這個人啊。」對王安石，他比作李白和韓愈，預言「後來誰與子爭先」。

嘉祐初年，蘇洵和王安石都是歐陽修的座上賓。

有一次，歐陽修請客吃飯，散席後蘇洵悄悄地問：「那個蓬頭垢面的人是誰？」歐陽修頗為自得地介紹說是王安石。這時王安石官位不高，但名氣已經很大。歐陽修、文彥博等老一輩政界大佬在皇帝面前推薦，司馬光、呂公著、韓維等在朝堂內外宣揚，為他造勢，人們將他視為明日之星。歐陽修有意援引二人認識，蘇洵卻不屑地回絕：「在我看來，這個人將來一定會蠱惑君主，禍亂天下。」還勸歐陽修不要和他來往。

雖然二人不對付，交集不多，但也沒什麼利害衝突。兩家真正結怨是在嘉祐六年。

蘇軾和蘇轍服母喪期滿，回到朝廷已是嘉祐五年二月了。蘇軾被授官福田縣主簿，蘇轍授官澠池縣主簿。這些職位從九品，是一般進士入職的起點。兄弟倆嫌職位太低，遲遲沒有赴任，這時，傳來朝廷要開制科的消息。

參加制科考試需要有人推薦，歐陽修推薦了蘇軾，天章閣待制、同知諫院楊畋舉薦了蘇轍，經過策論汰選和閣試，他們順利進入了殿試。

閣試的考官有同修起居注、同知諫院司馬光，同知諫院楊畋，翰林學士吳奎，權御史中丞王疇，知制誥沈遘等。王安石這時任知制誥，也在考官之列。

蘇轍的殿試惹了麻煩，因為提的意見過於尖銳，受到考官和大臣的猛烈抨擊，在司馬光的堅持下，才被授予第四等。

既然錄取了，就要除官。蘇軾除大理寺評事、簽書鳳翔府判官；蘇轍為祕書省校書郎、商州軍事推官。之前大家爭論時，王安石一直靜默，這時卻「挺身而出」，給蘇轍設置了一塊絆腳石。

王安石是經學大家，他主張學以致用，學問是用來治理國家的，不是用來炫耀的，所以要腳踏實地、注重實用。而蘇軾兄弟秉承父親文風，作品如大江奔湧，汪洋恣肆，王安石不喜歡，批評他們像戰國時縱橫家那樣全靠耍嘴皮子，空談誤國。王安石任知制誥，專為皇帝寫敕書，他藉口蘇轍依附宰相，攻擊人主，拒絕擬詔。宋朝知制誥有拒寫聖旨的權力，宋仁宗拿王安石沒辦法，只好換人，讓另一名知制誥沈遘寫了敕書。

雖然王安石最終未能阻擋朝廷向蘇轍授官，但此事對蘇轍的精神打擊很大，蘇轍對仕途心灰意冷，也看不上商州軍事推官這個職位。恰好蘇洵在京奉命修《禮書》，年紀大了身體不好，蘇轍以奉養父親為藉口拒絕赴任，得到朝廷的批准。

其他人無論怎樣攻擊蘇轍，都停留在進言意見的層面上，這是考官和宰輔的權力，也是他們的本分。唯有王安石直接在行動上給蘇轍製造麻煩，蘇氏父子怎能不在意？

制科考試事件是蘇氏和王安石矛盾之始，過去互相看不對眼，至此終於直接對抗了。嘉祐八年，王安石母親亡故，朝中大臣紛紛前往弔唁，只有蘇洵漠然視之，不去。

變法中的攪局者

時光荏苒，治平三年，蘇洵去世，蘇軾回老家眉山守喪，直到熙寧二年才回到京城。這時風雲變幻，年輕的宋神宗即位伊始，於熙寧二年二月委任王安石主政，開始了轟轟烈烈的「熙寧變法」，又稱「王安石變法」。

王安石上任做的第一件事，就是成立「制置三司條例司」。名義上是理財機構，實際上相當於改革辦公中心，統攬變法事宜。制置三司條例司只對宋神宗負責，連宰相也無權干預。條例司下設兩種屬官：檢詳文字和相度利害官。檢詳文字主管起草變法方案，相度利害官的主要任務是到各州府督導檢查推進新法情況。

蘇轍回京師時，曾上疏談「三冗」之弊，剛好切中神宗心結，被破例安置在條例司，任檢詳文字。

宋朝固有政治體制中，各機構之間相互制衡，比如行政事務全部受中書省統領，使用臺諫去制衡中書省。現在冒出一個新機構，與中書省互不隸屬，各自為政，這不是亂了法度嗎？御史中丞呂誨率先發難，列舉王安石十大罪狀，上書彈劾，結果被貶知鄧州。

許多大臣看到了制置三司條例司的弊端，但事不關己，睜一隻眼閉一隻眼。蘇軾心直口快，明知會有風險，仍然進諫說：

祖宗以來，治財用者不過三司。今陛下不以財用付三司，無故又創制置三司條例一司，使六七少年，日夜講求於內，使者四十餘輩，分行營幹於外。夫制置三司條例司，求利之名也；六七少年與使者四十餘輩，求利之器也。造端宏大，民實驚疑；創法新奇，吏皆惶惑。以萬乘之主而言利，以天子之宰而治財，論說百端，喧傳萬口，然而莫之顧者，徒曰：「我無其事，何恤於人言。」操網罟而入江湖，語人曰：「我非漁也。」不如捐網罟而人自信。驅鷹犬而赴林藪，語人曰：「我非獵也。」不如放鷹犬而獸自馴。故臣以為欲消讒慝而召和氣，則莫若罷條例司。

蘇軾斷言制置三司條例司是個謀利機構，讓百姓驚悚疑慮，讓官吏困惑惶恐。儒家恥於言利，認為逐利的社會必然導致道德墮落，這是蘇軾反對制置三司條例司的主要出發點。文中的「天子之宰」，指的就是王安石。

宋神宗對蘇軾的奏書置若罔聞，王安石開始出臺具體的變法措施，熙寧二年七月詔置「均輸法」。它的具體內容有：過去各路上繳朝廷稅賦、貢品，收實物，不管當地豐收還是災歉，徵收的數目不變。新政規定各路不收物產，改繳現錢，然後由發運司拿現錢購買物品。發運司用徵收來的錢財，到物價低廉的地方購買糧食或布匹，然後倒賣到物價高的地方，賺取差價，獲取利益，國家增加收入。換句話說，發運司由徵收機構變成了倒買倒賣的企業。

任職於制置三司條例司的蘇轍第一個站出來反對「均輸法」。蘇轍上〈條例司乞外任奏狀〉，分析均輸法的弊端：一是既然官府進行市場交易，不可能不與商人爭利；二是官方經營，投入成本大，風險高；三是容易滋生腐敗。

兄弟同心，蘇軾緊接著上書呼應弟弟，他講了一番和蘇轍一樣的道理，還舉例說，比如有人替主家管理牛羊，用一頭牛換五隻羊，損失了一頭牛隱匿不報，得到了五隻羊卻大肆宣揚，算作自己的功勞。均輸法與此無異。「此乃戰國貪功之人，行險僥倖之說，未及樂成，而怨已四起矣。」

「青苗法」是爭議最激烈的新政之一。青苗法的核心是政府以百分之二十的利率向百姓放貸，以保障生產生活。蘇轍在條例司參與了青苗法的討論，他認為：「以錢貸民，使出息二分，本以救民，非為利也。然出納之際，吏緣為奸，雖有法不能禁，錢入民手，雖良民不免妄用；及其納錢，雖富民不免逾限。如此則恐鞭棰必用，州縣之事不勝煩矣。」蘇軾則認為：「青苗放錢，自昔有禁。今陛下始立成法，每歲常行。雖云不許抑配，而數世之後，暴君汙吏，陛下能保之與？計願請之戶，必皆孤貧不濟之人，鞭撻已急，則繼之逃亡，不還，則均及鄰保，勢有必至，異日天下恨之，國史記之，曰『青苗錢自陛下始』，豈不惜哉！」兄弟二人都抓住了此法的要害：市場監管和市場主體屬於同一撥人，其後果必然失控，把利民政策變為擾民、刮民、害民的政策。

蘇軾兄弟預料到變法將導致民怨沸騰，也算有先見之明。不過既然反對王安石的變法措施，蘇轍在條例司肯定待不下去了，向朝廷提交了辭呈。宋神宗惜才，有些不捨，徵求王安石意見：「朕看蘇轍和他哥哥蘇軾的學問不相上下，你認為呢？」王安石搖搖頭：「只不過會耍嘴皮子罷了。」神宗歎息：「這樣的人往往明事理，他們怎麼會反對新法呢？」在王安石建議下，蘇轍改任河南府推官，一個不鹹不淡的小官。

關於變法的矛盾，蘇氏兄弟與王安石已經短兵相接。

此後王安石又陸續出臺了其他變法措施，涉及農業、商業、邊防、軍工等各個領域，毫無例外地都遭到蘇軾的反對。

學術紛爭，嬉笑怒罵皆扎心

除了反對新法，蘇軾和王安石的另一個分歧在學術上。

宋朝實行儒家教育，不過儒家也有分支。孔子死後至第三代，孟子、荀子在學術上各執一詞甚至大相徑庭。比如孟子主張人性本善，而荀子則認為人性本惡；孟子強調統治者行仁政，而荀子則禮法並提，認同以法治國。宋朝復興儒學，不可避免地形成不同流派。比如程顥、程頤兄弟宣揚「天理」，恪守禮制，具有復古主義和保守主義傾向，因他們是洛陽人，這個流派就被稱為「洛學」。蘇洵、蘇軾、蘇轍融匯儒釋道，追求禮義中注重人情，褒揚道德中頤養心氣，具有自由主義傾向，因他們是四川人，這個流派就被稱為「蜀學」。此外還有關學、朔學等。王安石的學說講究道德和性命，認為人具有感覺和思維能力，可以認識萬物，具有實用主義傾向，這個流派被稱為「新學」。

各派觀點有所不同，相互爭論甚至爭吵都屬正常，不但無傷大雅，反而有利於交流融合。不過熙寧二年王安石科舉改制，打破了這種「自由的平衡」。

宋朝進士科考試有策問、詩賦、帖經、墨義等專案，策問即老師提問，考生書面回答，一般針對現實問題，相當於政論文；詩賦即寫詩作賦，考的是聲律和文采；帖經是將經文用帖紙蓋住幾個字，讓考生回答，相當於填空；墨義考的是前人對經文的注疏或經句的上下文，類似於默寫。

王安石認為科舉的目的是為國家選拔治理人才，詩賦是文學技能，是華而不實的雕蟲小技，帖經、墨義重死記硬背，體現不出考生水準，因此建議取消詩賦、帖經、墨義科目，只考經義，從儒家經典著作中找出十道題目，考生結合時事寫出對經義的理解。

王安石把考試經義抬到前所未有的高度，但隨之出現一個問題：古來注釋儒家經典的書籍多如牛毛，觀點大相徑庭，科舉時要不要確立一個「標準答案」？王安石的回答是肯定的！那麼以誰的注釋為權威？王安石適時推銷自己的學術觀點，組織人員編寫《詩》、《書》、《周禮》「三經新義」，把「三經新義」做為太學和全國各州府學的指定教材，做為科舉的標準答案。

當把學術應用於教育，觀點異同不再是學術之爭，已上升為意識形態之爭。王安石用新學為變法尋找依據，企圖占領思想制高點，打擊和排擠其他學說，必然引起其他學派的反彈。蘇軾就旗幟鮮明地反對科舉改革，反對文化專制。

蘇軾向宋神宗遞交了一篇〈議學校貢舉狀〉的奏章，一一駁斥科舉必須改革的論調，最後他總結說：

故風俗之變，法制隨之。譬如江河之徙移，順其所欲行而治之，則易為功；強其所不欲行而復之，則難為力。

蘇軾的基本態度是：循序漸進，順勢而為。宋神宗很受啟發，高興地說：「蘇軾為朕解除了不少疑惑！」他特意召蘇軾問政：「你有什麼策略能幫助到朕嗎？」蘇軾終於有機會當面陳述政治觀點，說：「陛下求治太急，聽言太廣，進人太銳。願陛下安靜，以待物之來，然後應之。」這裡的「進人太銳」，無疑是指王安石和他的變法追隨者。

蘇軾議論新奇，但結論不是宋神宗想要的，便將蘇軾敷衍了過去。

熙寧二年八月，蘇軾為國子監舉人考試官，有擬定策問考題的權力。他擬定的題目是：

晉武平吳以獨斷而克，苻堅伐晉以獨斷而亡，齊桓專任管仲而霸，燕噲專任子之而敗，事同而功異。

題目用了晉武帝司馬炎、後秦世祖苻堅、春秋齊桓公、戰國燕王噲四個典故，司馬炎和苻堅都獨斷專行，結果前者成功了，後者失敗了；齊桓公和燕王噲都將國事委託給他人，一個成為霸主，一個亡了國。這個問題顯然借古喻今，諷刺神宗所用非人。

有時，蘇軾和王安石也會用輕鬆的形式諷刺戲謔。

王安石有本書叫《字說》，是一部解析字形、字意的著作，自稱「平生精力，盡於此書」。不過《宋史》說它「多穿鑿附會，其流入於佛老」。王安石對許多字的解釋想當然耳，全無依據，也沒有總結出什麼原則。比如他想解釋「飛」字，躊躇半日，不得要領。他的兒媳婦來叫他吃飯，見他愁眉苦臉的樣子，問明緣故，脫口而出：「這不是鳥爪反著向上升嗎？」王安石恍然大悟，非常認同。

據岳飛的孫子岳珂記載，蘇軾曾嘲笑說：按照宰相的邏輯，「犇」字由三個牛字組成，牛粗壯，犇的意思應該是更粗壯；「麤」由三個鹿字組成，鹿迅捷，麤的意思應該是更迅捷。但「犇」同於「奔」，「麤」同於「粗」，兩個字的意思剛好反過來，這是怎麼回事？

又有一次，王安石說：「波者，水之皮。」波發生在水流的表面，這種解釋貌似有理，然而蘇軾按照這個思路引申，說：「滑者，水之骨。」以其人之道還治其人之身，諷刺王安石望文生義。

從這些事例可以看出，王安石不懂形聲的原理，一律用會意的方法去解釋形聲字。比如「偽」字，左邊單人旁表關聯意義，右邊「為」表讀音，可王安石非要解釋為「人為之謂偽」。其他如「位者，人之所立」、「訟者，言之於公」，都出自同一思路。

這些有趣的故事散落在宋人筆記小說中，但可信度應打折扣。《字說》是王安石晚年隱居江寧時的著作，蘇軾應該沒有機會當面令王安石難堪。

蘇軾與王安石在學術上的分歧根深柢固，清人全祖望總結說：

荊公（王安石曾封荊國公）《淮南雜說》初出，見者以為《孟子》；老泉（蘇洵號）文初出，見者以為《荀子》。已而聚訟大起。《三經新義》累數十年而始廢，而蜀學亦遂為敵國。上下《學案》者，不可不窮其本末。且荊公欲明聖學，而雜於禪，蘇氏出於縱橫之學，而亦雜於禪。

王安石推崇孟子，曾給歐陽修寫詩說：「他日若能窺孟子，終生何敢望韓公。」孟子學說中的命題之一「道德性命之理」，在王安石手中被發揚光大。道德即社會倫理，性命即人的心性本能，道德性命論強調後天環境、學習對人品行、性格的影響，強調道德的教化功能，這也是王安石要把道德品質列入考察項目的理論依據。

蘇氏父子初出時，寫的文章被人以為是出自於《荀子》，蘇氏學問有縱橫家風格。政論縱橫捭闔、上下馳騁，側重於兵謀權變，重視「術」而輕視「道」。但蘇軾認為自家的學說才是正統，攻擊王安石的「道德性命之學」是偽學：孔子的性命之學早已失傳，連他的弟子子貢都看不到。現在的學者把性命之學掛在嘴邊，能讓人信服嗎？

「價值觀」的分歧是根本性的，是最難彌合的。蘇軾和王安石處處針鋒相對就不難理解了。

彈劾排擠，捕風捉影也傷人

俗話說「宰相肚裡能撐船」，這句話對王安石並不適用。王安石個人品行雖然潔白如玉，但度量並不寬宏。他視蘇軾如芒刺，必欲拔之而後快，多次向宋神宗建議：「軾才亦高，但所學不正。今又以不得逞之故，其言遂跌盪至此，請黜之。」意思是蘇軾得不到自己想要的，所以言語錯亂。

宋神宗想讓蘇軾進條例司，王安石一口拒絕：「軾與臣所學及議論皆異，別試其事可也。」司馬光舉薦蘇軾任諫官，王安石馬上反對：「與司馬光朝夕切磋者，即此劉攽、蘇軾之徒耳。」後來宋神宗多次想提拔蘇軾，王安石都從中作梗，甚至質問宋神宗：「蘇軾是應該提拔的人嗎？」他直接給蘇軾下斷語：「這是個奸邪的人！」王安石更認為蘇軾的〈賈誼論〉一派胡言；蘇軾阿附歐陽修，別人寫文章批評歐陽修，蘇軾就極力抨擊人家；蘇洵過世時，蘇軾婉拒了韓琦送的黃金、絲綢，貌似淡泊名利，轉過頭卻向四川販賣幾大船珍貴蘇木。他告訴宋神宗：「蘇軾的才能只配做推官、判官一類的基層官員，不適合留在陛下身邊。」

熙寧三年，宋神宗再次詔令大臣舉薦諫官，翰林學士范鎮舉薦了蘇軾。王安石深懼蘇軾成為勁敵，他身邊的人察言觀色，對蘇軾「先下手為強」，極盡誣陷打擊之能事。

侍御史知雜謝景溫的妹妹嫁給了王安石的弟弟王安禮，兩家屬於姻親，王安石援以為助。謝景溫也樂意阿附，一舉一動皆看王安石臉色行事。謝景溫上了一道奏章，彈劾蘇軾治平三年在老家眉州丁憂期間往返江南、荊湖和西川路之間，假公濟私，借用兵夫販賣木材、私鹽、瓷器等物資，賺取差價。宋朝雖然不禁止大臣做生意，但公船私用、雇傭兵夫卻是不允許的，何況販賣的還有朝廷壟斷的食鹽！

宋神宗非常重視這起「案件」，詔案件涉及的江淮和湖北兩地發運司查辦，羈押當時的篙工水師嚴加拷問。然後又派人到長江水路沿線州縣一一進行調查。天章閣待制李師中因途中曾邂逅蘇軾，也被要求出來作證。

查處蘇軾「販私案」聲勢浩大、行動迅速，超出了大多數人的預料。宋朝御史彈劾大臣十分普遍，無論朝中顯要還是地方要員，幾乎沒有不被彈劾的，這類奏章大多不了了之，或者僅由皇帝質詢後得出結論，很少命有司立案調查。宋神宗對蘇軾印象不錯，何以突然刻薄至此，將「販私案」鬧得沸沸揚揚？不能不說，王安石在這件事上發揮了推波助瀾的作用，官方史籍如《續資治通鑑長編》、《宋史》都認為是王安石策劃、指使、操控了這起彈劾案。

這起案件調查了一年多，結果一無所得，謝景溫的指控只能說是捕風捉影，無法對蘇軾治罪。不過以這件事為分水嶺，宋神宗對蘇軾有了成見，也許他覺得雖無憑據，但應實有其事吧。其後不久，有次宋神宗與司馬光談話，勸司馬光不要與蘇軾來往，下斷語說：「蘇軾非佳士。」

這起「販私案」為「烏臺詩案」埋下伏筆，可以看作是「烏臺詩案」的預演。

蘇軾人生順遂，沒有經歷過坎坷，遇到事情便惶恐不安。他擔心在朝中不能倖免，主動上書請求到地方為官，以遠離是非之地。神宗本打算授予蘇軾知州，被王安石阻攔，最後只給了杭州通判之職。

蘇軾去了地方，以局外人的身分旁觀王安石主導的這場變法大戲。直到熙寧七年，一場大旱從江南蔓延到中原，數月不雨，莊稼絕收，民眾流離乞討，饑民斃於途，白骨露於野。朝野上下借「天變」掀起了「倒王」浪潮。為了平息民怨，王安石被迫辭去相位，改知江寧府。

王安石下野後，他的親密戰友呂惠卿主政。呂惠卿要表現出獨立性，便想方設法與王安石劃清界限，搞了個「手實法」，採取自報和舉報兩種辦法統計民眾的家庭財產，根據家庭財產核定稅賦和差役。「手實法」在全國鬧得雞飛狗跳，更加不得人心，熙寧八年二月，下野不足一年的王安石再度回朝，復任宰相。但這時宋神宗和王安石君臣之間已失去了固有的信任，王安石心灰意冷，加上兒子王雱病逝，更加意志消沉、無心政事。熙寧九年十月，王安石執意辭去相位，黯然離場，退居江寧。江寧舊稱金陵，他在去鐘山的半道上買了一處宅院，命名「半山園」。

這期間，蘇軾從通判杭州到知密州、知徐州，直到元豐二年發生「烏臺詩案」。

從公已覺十年遲

元豐二年，蘇軾遭遇「烏臺詩案」，就在新貴們要置蘇軾於死地的同時，一些正直的大臣和蘇軾的朋友如張方平、章惇、王安禮等展開了營救行動。據南宋周紫芝《詩讞》記載，已經罷相隱居江寧的王安石曾進呈奏章，向宋神宗說情：「豈有聖世而殺才士者乎？」不過，以王安石的地位聲望，果有營救蘇軾的言辭行動，當見之於正史。之後蘇軾見王安石也未有感恩之語，因此似不可信。

「烏臺詩案」後，蘇軾被貶黃州，度過了一生中最痛苦的階段。黃州也是他蝶變的地方，放下了顯宦的身架，親自下田種地，自號「東坡」。他心中有所覺悟，從蒼茫的宇宙中認識到個人的渺小和生命的無常，從而看淡了功業，看淡了名利，看淡了恩怨，「一簑煙雨任平生」。

元豐七年，蘇軾在黃州近五年後，宋神宗想起了他，畢竟人才難得，便敕令移居汝州。雖然仍為戴罪，但汝州比黃州離京城近得多，這是赦免的前奏，蘇軾的處境比在黃州寬鬆多了。他也樂得借此機會拜訪以前的朋友，便順江而下，由水路回京。

七月，蘇軾到達江寧，王安石隱居的城市。想起這位昔年的政敵，徹悟的蘇軾心中恨意已消，那段恩怨早已被黃州的江浪淘盡。王安石一生的功業主要是推動變法，但他的詩詞文章也冠絕天下，才會入選唐宋八大家。既然不再是政敵，何不做文友？蘇軾有了拜訪王安石的念頭。

經歷過大風大浪之後，帶著滿身疲憊回歸田園，王安石體會到與蘇軾相近的心境。冷眼看天下，政治風雲皆散去，是非成敗轉頭空。王安石也進行了反思：自己一腔熱血，盡忠為國，老朋友們卻大多分道揚鑣，到如今孤獨落寞，晚景蒼涼。既然如此，何不放下政治上的恩怨，交一些真性情的摯友呢？

王安石在政治上不能認可蘇軾，在文學上卻不能不欣賞，退居江寧後，一直關注著蘇軾的創作動態。熙寧十年，蘇軾出版《眉山集》，王安石立即買回來細讀。《眉山集》中有〈雪後書北臺壁二首〉，第一首押「尖」韻，第二首押「叉」韻。這二韻可用字少，屬險韻、窄韻，絕少有人使用，《全唐詩》近五萬首，押「尖」韻的不過二十首，押「叉」韻的只有三首。蘇軾對這二韻運用自如，極見功力。藝術家大多有爭強好勝之心，王安石也不例外。當即和詩五首，過幾天意猶未盡，又作一首，題目就叫〈讀《眉山集》，愛其雪詩能用韻，復次韻一首〉。

若有客自黃州來，王安石必問蘇軾消息。元豐三年，他得知蘇軾新寫了一篇〈勝相院經藏記〉，一字一句地仔細閱讀，忍不住讚歎：「子瞻，人中龍也！」他還對文章挑了處瑕疵，認為「日勝日貧」一句不如「日勝日負」。王安石的意見傳到黃州，蘇軾撫掌大笑，欣然提筆加以修改。

蘇軾有意拜謁王安石，但一個是致仕的宰相，一個是戴罪之身，地位懸殊，昔日又互相仇視，因此不敢貿然前往。他先抄錄了自己數十篇詩文，並附一行簡短的信函投石問路：

元豐七年七月十一日，舟行過金陵，親錄此數篇，呈宰相荊公（王安石封號），以發一笑而已，乞不示人。軾拜白。

蘇軾的心思是，如果王安石做出正面回應，就正式拜謁。如果王安石置之不理，就發舟離開江寧，免得自討沒趣。王安石得到訊息，大喜，他明白蘇軾的顧慮，第二天特意換了一套便服，騎著毛驢親自到江邊迎接。

由於事先沒有通報，蘇軾大感意外，來不及戴帽子、換衣服，就跳下船向王安石行禮作揖。他感到這樣沒有禮貌，抱歉地說：「軾今日敢以野服見大丞相。」王安石緊緊握住蘇軾的手說：「禮豈為我輩設哉！」大有「相逢一笑泯恩仇」之意。

王安石與蘇軾攜手歸於半山園，二人一起游覽山水，探討學問，度過了融洽的半個月。

蘇軾的「雪詩」有「凍合玉樓寒起粟，光搖銀海眩生花」的句子，王安石問道：「道家以雙肩為玉樓，以雙目為銀海，這兩句用的是這個典故嗎？」蘇軾點頭稱是。一般人不懂這個典故，但根據字面意思亦可領會詩句含義，但若懂得這個典故，便能更深入地體會到詩句的妙處。蘇軾背後向人感歎：「學荊公者，豈有如此博學哉！」

王安石曾與人探討動與靜的關係，但沒有滿意答案。他詢問蘇軾，蘇軾回答說：「精出於動，守神為靜，動靜即精神。」王安石擊節讚歎。

他們還一起探討了史學。王安石顯然很喜歡三國史，他認為裴松之的史學修為在陳壽之上，雖為《三國志》作注，但沒有獨立著作，致使名聲不顯。王安石很遺憾歐陽修修了《五代史》而未修《三國志》，他說曾有意重修三國史，無奈歲月不饒人，精力不濟了。他希望蘇軾能夠完成這一願望。蘇軾自覺非史才，婉謝了王安石的建議。

劉備曾對許汜說：「人該憂國忘家，不應求田問舍。」王安石不同意這個觀點，他作詩說：「千載紛爭共一毛，可憐身世兩徒勞。無人語與劉玄德，問舍求田意最高。」王安石勸蘇軾在金陵買地置宅，希望和蘇軾比鄰而居，蘇軾非常感動，作詩道：

騎驢渺渺入荒陂，想見先生未病時。勸我試求三畝宅，從公已覺十年遲。

從熙寧二年到元豐七年，二人鬥了不止十年！透過近距離接觸，蘇軾更了解了王安石，為他們無休無止的爭鬥而後悔。「從公已覺十年遲」，如果能夠重新開始，蘇軾願從公遊於門下。這首詩至少寫出了蘇軾此時此地的心聲，成為他與王安石和解的見證。

蘇軾遊覽金陵山水，考察江寧田地宅院，但終究未能買到合適的田宅。八月，蘇軾離開江寧，王安石依依不捨，對身邊人說：「不知更幾百年方有如此人物！」

是非邪正怨未了

蘇軾離開江寧不到一年，宋神宗去世，宣仁太后攝政，起用舊人，蘇軾進入朝廷，再獲重用。而王安石於元祐元年三月在江寧去世。

新政府面臨的問題之一是如何評價王安石。中國有蓋棺定論的說法，意思是一個人去世後，人們會對他有個客觀的評價。王安石是北宋最有作為的宰相，去世後享受什麼樣的待遇？司馬光說：「介甫（王安石字）文章節義，過人處甚多，但性不曉事，而喜遂非，致忠直疏遠，讒佞輻輳，敗壞百度，以至於此。」基本的態度是否定政績，肯定其人品文章。司馬光這個評價體現了朝中主流士大夫的共識，於是追贈王安石為「太傅」。蘇軾時任中書舍人，撰寫制詞，高度褒揚王安石的文章節義，對政治功過則略去不提。

是年五月，清算新黨二號人物呂惠卿，敕書同樣由蘇軾所寫，其中有「始與知己，共為欺君。喜則摩足以相歡，怒則反目以相噬」的句子，其中「知己」指王安石。「欺君」這頂帽子挺大，可見蘇軾對王安石的怨氣在金陵相會後並沒有完全消除。

元祐三年，鄆州州學教授周穜上奏，請以故相王安石配享神宗皇帝廟廷。蘇軾擔心會向天下發出錯誤的信號，讓新黨那些「小人」再生妄想，於是接連上書反對。他在奏書中提到：「竊以安石平生所為，是非邪正，中外具知，難逃聖鑑。」、「王安石在仁宗、英宗朝，矯詐百端，妄竊大名。」語句頗為嚴厲。

縱觀蘇軾、王安石之交，可謂一對「怨友」，怨憤多一些，欣賞有一些，交心少一些。其根源在於二人在哲學思想、政治觀點、行事作風上都大不相同。對於王安石來說，阻礙變法者都要被排擠，蘇軾攻擊變法最頻繁、輿論影響巨大，所以是主要打壓對象。對於蘇軾來說，青年得志，對自己的期許很高，不料碰到了王安石變法，「今又以不得逞之故」，對王安石愈加怨憤。他們晚年在野時能夠詩文唱和，交遊甚歡，一旦進入朝堂，被黨爭裹挾，便又劍拔弩張，攻訐不斷，真是「在野詩文在朝劍」，政治上終難冰雪消融。

第十八章
復仇者章惇

《宋史》按黨派劃分奸邪，追隨王安石的新黨人物多被歸入〈奸臣傳〉。如果摘掉黨爭的有色眼鏡，公允而言，章惇無疑是王安石之後最有影響、最有建樹的政治家之一。

王安石在任時，章惇是新黨的重要成員，在政治、軍事方面表現出了遠高於同儕的卓越才能，北宋時，今湖南西部、重慶南部、四川西南以及貴州、雲南北部，綿延數千里的群山之中，生活著古老的瑤、彝、壯等少數民族的祖先，由於地形複雜、地勢險要，雖然開國已一百多年，宋朝始終未能對這些地區實行有效的統治，少數民族時而歸順，時而反叛，不時鬧出一些動靜，讓朝廷很是頭痛。熙寧五年、熙寧十年，章惇兩次統兵深入蠻荒，一邊武力進攻、一邊利益拉攏，以鐵腕蕩平了蠻夷軍事勢力，將這裡的羈縻制度改成了郡縣制。

王安石去任後，章惇在元豐三年拜參知政事，成為宰輔中的重要一員。

元祐八年宋哲宗親政後，章惇被起用為相，直到元符三年因反對擁立宋徽宗而被罷相，擁有權力七年。這期間，他對內恢復熙寧政治、打擊舊黨、治理黃河、整修汴河，促進了生產；對外進攻西夏、平定吐蕃、開拓疆土、鞏固了國防。

章惇是個天生的政治家，處事果斷、勇言敢行、手段強硬。這是他成功的祕訣，也是他招禍的因由。這種性格體現在人際關係上，便是恩怨分明，手段狠辣，與蘇軾的關係尤其如此。

諍友

章惇，字子厚，本與蘇軾同年進士。那一年的狀元叫章衡，是章惇的族侄，章惇恥居族侄之下，拒不接受皇帝的任命，「委敕而出」。又三年，章惇參加下一屆科舉，得第五名，進士及第。

蘇軾因服母喪耽擱了出仕，章惇因遲一屆進士耽擱了出仕。等蘇軾授鳳翔府簽判，章惇在商洛縣任縣令。兩地同屬永興軍路，二人年齡相仿，遂開始交往。

南宋曾慥《高齋漫錄》記載：有一次蘇軾和章惇同遊秦嶺，山中寺廟鬧鬼，客人們嚇得不敢住，章惇卻不在乎，非要住在寺廟，反而嚇退了鬼怪，晚上風平浪靜。

次日中午，他們來到聞名遐邇的仙遊潭前。傳說喝了仙遊潭水便可飛黃騰達，然而到潭邊必須走過一條狹窄而朽蝕的獨木橋，橋兩端懸崖峭壁，下面萬丈深淵。蘇軾顫巍巍地說：「我們還是到此為止吧。」章惇卻雲淡風輕，獨自穩步走過木橋，而後取出一根繩索，一端繫在崖邊小樹上，另一端繫在腰間，手握繩索，腳踏崖石墜到半空，神色自若地用蘸著黑漆的大筆在崖壁上寫下：「章惇、蘇軾來遊。」

等章惇神色自若地上崖、解繩、過橋回到來處，蘇軾看得目瞪口呆，過了半晌才回過神說：「你將來能殺人。」章惇問何以見得，蘇軾分析說：「連自己性命都不愛惜的人，還能在乎別人的性命嗎？」章惇哈哈大笑，默認了蘇軾的說法。

從這些記載來看，章惇年輕時就意志堅定，無所畏懼；他們二人交往的過程中，蘇軾居於從屬地位。

接下來的仕途，章惇比蘇軾進步得更快。熙寧初，有人把章惇引薦給王安石，經過一番面談，王安石深感相見恨晚，把章惇安排進了制置三司條例司。幾乎同時進制置三司條例司的還有呂惠卿、蘇轍、程顥、曾布等，他們都是嘉祐二年的進士。這年的進士榜之所以成為龍虎榜的重要原因之一是熙寧變法時他們正當年，被委以重任，所以快速成長起來。

章惇政治上隸屬於新黨，和蘇軾站在對立的陣營，不過他在朝中時間不多，經常被派往外地處理棘手問題。所以蘇軾與章惇之間，仍保持著相對密切的私人友誼。

熙寧七年四月，因天災引起民怨，宋神宗罷去王安石的宰相職務，呂惠卿主持變法大局。次年二月，王安石復相，御史中丞鄧綰彈劾章惇依附呂惠卿，章惇出知湖州。

行前，章惇專門往密州向蘇軾告別，作詩相贈：

君方陽羨卜新居，我亦吳門葺舊廬。身外浮雲輕土苴，眼前陳跡付籧篨。

澗聲山色蒼雲上，花影溪光罨畫餘。他日扁舟約來往，共將詩酒狎樵漁。

「陽羨」即宜興，舊屬湖州，蘇軾多次表示要在此地買田終老。「籧篨」是古代用竹編的粗草席。官場不得意便嚮往蕩舟江湖的閒適生活，章惇承諾，有朝一日你定居陽羨，我們一起悠游林下，泛舟太湖，詩酒歡唱。

蘇軾作詩安慰：

方丈仙人出渺茫，高情猶愛水雲鄉。功名誰使連三捷，身世何緣得兩忘。
早歲歸休心共在，他年相見話偏長。只因未報君恩重，清夢時時到玉堂。

詩中蘇軾把章惇比作仙人，把離開朝廷比作隱居於風景秀麗的水雲鄉，借此勸章惇超脫現實中的利益紛爭。

蘇軾一番好意，但錯估了章惇。蘇軾嚮往歸隱，以己度人，以為人人心中都有個田園夢。其實章惇「共將詩酒狎樵漁」只是失意的一種表達而已，他有很強的功業心、爭勝心，從恥居侄下、兩次科考就能看得出來。蘇軾以「高情猶愛水雲鄉」安慰章惇，只讓章惇更加失落。

元豐二年，章惇獲得了重要職位，任翰林學士。這年九月，蘇軾遭遇了「烏臺詩案」。

案發時，章惇利用翰林學士身分與皇帝接觸多的優勢，立即對蘇軾展開營救。他向宋神宗求情：「仁宗皇帝認為蘇軾是一代之寶，陛下將他關進監獄，後世不知當如何議論。」

除了御史臺，次相王珪也想置蘇軾於死地。葉夢得《石林詩話》透露：

元豐間，蘇子瞻繫大理獄。神宗本無意深罪之，時相進呈，忽言蘇軾於陛下有不臣意。神宗改容曰：「軾固有罪，然於朕不應至是，卿何以知之？」時相因舉軾〈檜〉詩：「根到九泉無曲處，世間唯有蟄龍知」之句，對曰：「陛下飛龍在天，軾以為不知己，而求之地下之蟄龍，非不臣而何？」神宗曰：「詩人之詞，安可如此論！彼自詠檜，何預朕事？」時相語塞。章子厚亦從旁解之，遂薄其罪。

這裡的「時相」，指的就是王珪。王珪利用詩文攻擊蘇軾有不臣之心，而這是個不赦的罪名，比御史臺更為歹毒。章惇拂逆宰相的權勢，為蘇軾辯解，使宋神宗減輕了對蘇軾的懲罰。那麼章惇是怎樣反駁王珪的呢？王鞏《聞見近錄》記載了他們的對話。

王珪：「蘇軾『世間惟有蟄龍知』一句，對陛下大不敬，他是想造反呀！」

章惇：「龍，不是人君的專稱，臣子也可以言龍。」

宋神宗一想，是啊，自古稱龍的人多了。魏晉時期荀淑有八個兒子，稱「荀氏八龍」；諸葛亮自號「臥龍」，難道他們都是反賊？

章惇關鍵時刻的一句話說服了宋神宗，拯救了蘇軾。

退出後，章惇還斥責王珪：「相公要滅掉蘇軾整個家族嗎？」

王珪支吾地說：「這是舒亶說的。」舒亶正是審理蘇軾的御史臺官員。

章惇鄙夷地說：「舒亶的唾液也可以吃嗎？」

這樣的語言非常符合章惇的個性，為了救蘇軾，算是豁出去了。

由於章惇和其他大臣勇於直言、敢於進諫，蘇軾才免於一死。被貶黃州後，章惇主動給蘇軾寫信，勸慰蘇軾說：「若痛自追悔往咎，清時終不以一眚見廢。此乃有才之人，朝廷所惜。」猶言你不要自暴自棄，還有東山再起的機會。章惇的勸慰水準比蘇軾高多了。

別人大多當面讚揚，背後誣陷；而章惇平時說話耿直甚至尖刻，危難之時卻伸出了援助之手。蘇軾說能夠極力勸誡自己的人，只有章惇和蘇轍。

熙寧、元豐年間，章惇對蘇軾確實待之以真心，大約就是所謂的「諍友」吧。

交惡

元豐八年三月，宋神宗去世，宣仁太后垂簾聽政，任用司馬光，開啟「元祐更化」，全面否定熙寧新政。新黨宰相蔡確被任命為山陵使，出京料理宋神宗的喪事去了。朝中章惇為知樞密院事，蘇軾回朝為起居舍人、中書舍人，蘇轍為右司諫。

蔡確不在朝，章惇代表新黨人物與司馬光發生了激烈衝突。

言官一向處於黨爭的風口浪尖，是雙方必爭的政治資源。司馬光向宣仁太后密薦二十名言官人選，章惇得到消息後，立即對推舉程序提出質疑，上書說：「按慣例，諫官都由兩制以上大臣上奏舉薦，然後由執政大臣擬定名單呈送皇帝。現在人選直接由宮中傳出，臣不知陛下怎麼知道這幾個人適合擔任諫官，難道是左右侍者推薦的嗎？不能開這樣的先例！」他語指司馬光：「大臣應光明磊落，為什麼要密薦？」

如何對待免役法上，二人也劍拔弩張。司馬光總結免役法有「五害」，要廢除。章惇、蘇軾有基層歷練經驗，知道過去實行的差役法弊端更多，都對舊法持反對意見。蘇軾私下和司馬光爭吵，司馬光尚且能夠容忍；章惇在皇帝和太皇太后面前阻撓廢除新法，令司馬光十分頭疼。

司馬光知道蘇軾與章惇有著良好的私人友誼，請蘇軾勸導章惇少設置一些阻力。蘇軾找到章惇，說：

司馬君即時望甚重。昔許靖以虛名無實，見鄙於蜀先主，法正曰：「靖之浮譽，播流四海，若不加禮，必以賤賢為累。」先主納之，乃以靖為司徒。許靖且不可慢，況君實乎？

許靖是三國時名士，投奔西蜀劉璋。後劉備吞併西蜀，本不打算任用許靖，法正勸諫：有些人雖沒有真才實學，徒有虛名，許靖就是，但既然已經名播天下，就該待之以禮，否則天下人會議論主公輕賤賢才。蘇軾以許靖作比，告訴章惇，司馬光名望這麼高，應該尊重他。

在司馬光與章惇的爭端中，蘇軾選擇站隊司馬光，一方面緣於蘇軾對司馬光的尊重，另一方面黨爭決定了這個結果。

司馬光站穩腳跟後，指使言官圍攻原新黨重臣。元祐二年二月，蔡確被免除宰相職務，出知地方。接下來就是章惇。

做為右司諫的蘇轍是攻擊新黨火力最猛的人之一。任諫官不久，就上言要求罷免新黨諸臣。

蘇轍主要針對首相蔡確和次相韓縝，對章惇評價還不錯，說他是務實的人才，只是難以獨任。但是，隨著劉摯、王岩叟、朱光庭等人將打擊對象進一步擴大，蘇轍也參與了對章惇的圍攻，還專門上了一道〈乞罷章惇知樞密院狀〉。

章惇與司馬光曾在朝堂辯論役法，章惇抓住司馬光奏章中的漏洞，駁得他啞口無言。蘇轍偏向司馬光，指責章惇阻撓司馬光行事，意在使人人與司馬光為敵。蘇轍的奏章誇大章惇的惡行，目的很明確，就是將章惇逐出朝廷。這種罔顧事實的做法，當然讓章惇感到憤憤不平。

蘇轍這份彈劾尚能就事論事，而且從語氣來看，比之於對蔡確、韓縝要溫和得多。不久，在彈劾韓縝的奏章中，涉及章惇，語句已非常刻薄。

蘇軾的親家、蘇邁的岳父呂陶，為殿中侍御史，也參與了圍剿章惇。

元祐初的章惇猶如困獸，明知要死卻不得不竭力掙扎，大概眼中滿是絕望。這時如果能得到一句公平之論，對他即是莫大的安慰，猶如荒漠中看到一棵綠植，即便不敢奢望救命，至少還殘存一線希望。

舊黨所有成員中，蘇軾無疑是交情最深的那一個，也是關鍵時刻他曾施恩的人。但整個過程中，蘇軾一言不發，既沒有試圖阻止蘇轍、呂陶，也沒有為章惇進行任何辯護。

人在絕望時，心理最容易扭曲、變態，在這種處境下，章惇心中生出了仇恨。他恨那些攻擊他的人，更恨見死不救的朋友。

元祐二年閏二月二十三，章惇被貶汝州。十二月二十七日，蘇軾給章惇寫了一封信以示勸慰。

章惇出知湖州時，蘇軾寫詩「高情猶愛水雲鄉」。和這封信的主要內容一致，大意說我們本來打算歸隱田園的，沒想到你先做到了，讓人羨慕啊，可惜我沒有那樣的緣分！

蘇軾愛幽默，常對朋友開一些不合時宜的玩笑。如果這玩笑不涉及對方的切身利益，過一段時間會被淡忘。但給章惇這封信的玩笑開得太過，他感受到的是嘲諷和幸災樂禍。

兩人終於從朋友變成了仇敵。

報復

元祐八年九月，宣仁太后病逝，舊黨失去了靠山，而親政的宋哲宗則立志繼承父志，再行王安石新法，於是次年改元紹聖。

像翻烙餅一樣，舊黨和新黨重新顛倒了位置。

紹聖元年二月，李清臣任中書侍郎，鄧潤甫為尚書右丞，他們都是新黨的追隨者。

三月，李清臣先向蘇軾、蘇轍發難，指責兄弟二人改變神宗法度。此時蘇軾知定州，而蘇轍在朝任門下侍郎，他上書反駁，其中寫道：

漢武帝外事四征，內興宮室，財用匱竭，於是修鹽鐵、榷酤、均輸之政，民不堪命，幾至大亂。昭帝委任霍光，罷去煩苛，漢室乃定。

宋哲宗看完奏章，大怒：「這是把先帝比作漢武帝呀！」儒家主張仁政，而秦始皇、漢武帝橫徵暴斂，口碑不好。宋哲宗以這道奏章為藉口，將蘇轍貶知汝州。

皇帝樹立了風向標，新得勢的群臣望風而動。言官虞策、來之卲、張商英、趙挺之圍攻蘇軾，彈劾蘇軾任中書舍人、翰林學士期間，所作文字譏斥先朝，以古況今。閏四月初三，朝廷誥令蘇軾以左朝奉郎知英州軍州事（左朝奉郎是蘇軾黃州起復時的官職）。但兩天後，群臣再議，蘇軾由左朝奉郎降為左承議郎。英州在嶺南，對蘇軾這樣級別的大臣算是最嚴厲的處分了。

同時，章惇熬過寒冷的冬季，迎來了生命中的高光時刻。彼時章惇提舉杭州洞霄宮，住在蘇州。皇帝有意拜他為相，詔即日進京！

章惇緊鎖多年的眉頭舒展開來，立刻動身走水路趕赴京城。船過射陽湖，江南名士陳瓘攔住他，請他到船上一敘。陳瓘用小船作比：「天下形勢就像這條小船，如果把東西都放在右邊，船必然右翻；如果都挪回左邊，船又會左翻。最好的辦法是放到中間，不偏不倚，保持平衡，才是治國之道。」章惇憤憤難平：「司馬光驅逐新黨，甚至將蔡確流放嶺南，致使他死在那裡。」陳瓘苦口婆心勸他消除朋黨，去除朝廷積弊，改變黨派輪換的局面，章惇雖然認為有理，但終究心理上過不去這個坎。

閏四月二十二日，章惇回到京城，拜左相，也是獨相。

蘇軾在貶謫的路上，行到南都，聽聞消息，預感有更大的厄運即將到來。

果然，章惇嫌對蘇軾處罰太輕，指使言官上書，重議對蘇軾的處分。六月，在章惇的授意下，朝廷做出新的決定：蘇軾責授寧遠軍節度副使，惠州安置。

這份敕令為林希所寫，用語極其歹毒：

> 左承議郎、新差知英州蘇軾，元豐間，有司奏軾罪惡甚眾，論法當死，先皇帝特赦而不誅，於軾恩德厚矣。朕初嗣位，政出權臣，引軾兄弟，以為己助。自謂得計，罔有悛心，忘國大恩，敢以怨報。若譏朕過失，亦何所不容。乃代予言，誣詆聖考。乖父子之恩，害君臣之義。在於行路，猶不戴天。顧視士民，復何面目？乃至交通閹寺，矜詫幸恩，市井不為，縉紳所恥。尚屈典章，但從降黜。今言者謂軾指斥宗廟，罪大罰輕，國有常刑，非朕可赦，宥爾萬死，竄之遐

服。雖軾辯足惑眾，文足飾非，自絕君親，又將奚懟？保爾餘息，毋重後悔。可特責授寧遠軍節度副使，惠州安置。

傳說章惇初登相位，感歎說：「元祐司馬光為相，能鼓動四方就是有文膽蘇軾。我去哪裡找這樣的人呢？」於是有人推薦了林希。

林希曾是蘇軾友人，為了前程，不惜賣友求榮，落井下石。草制畢，林希將筆扔在地上，痛苦地說：「壞了名節了！」蘇軾看到詔書，揶揄說：「林大亦能作文耶！」

蘇軾行到當塗縣時，敕令又變：責授建昌軍司馬，惠州安置，不得簽書公事。這個職位已經低於在黃州時了。

紹聖四年，章惇對舊黨掀起新一輪貶謫高潮：蘇轍貶為化州別駕、雷州安置，也到了嶺南；而蘇軾責授瓊州別駕，昌化軍安置。瓊州即今海南省海口市，昌化軍即海南儋州。

據南宋曾季狸《艇齋詩話》記載，蘇軾作〈縱筆〉一詩，寫道：「白頭蕭散滿霜風，小閣藤床寄病容。報導先生春睡美，道人輕打五更鐘。」詩句傳到朝廷，章惇很不高興：「蘇某尚爾快活耶！」於是有了儋州之貶。

可以說，蘇軾晚年所受的苦難，與章惇脫不開干係。

原諒

章惇的厄運從宋徽宗即位開始。

元符三年，宋哲宗駕崩，沒有子嗣，只好在兄弟中選擇繼任者。宰相章惇認為按照禮制，或立哲宗的同母弟簡王，或立哲宗最長的弟弟申王，而神宗皇后向太后屬意端王趙佶。胳膊終究拗不過大腿，最終趙佶得立，是謂宋徽宗。

雷州曾是蘇轍的貶所，而蘇轍已於元符三年回到了中原。

宋徽宗上任伊始，推行新、舊兩黨政治融合的政策，蘇軾、蘇轍得以赦免。蘇轍在潁州居住；蘇軾先徙廉州，又量移永州，接著允許任便居住。

但擁立過程中站錯隊的大臣都要付出代價。元符三年九月初八，章惇罷相，知越州，建中靖國元年初，再貶雷州司戶參軍。攻擊章惇最為嚴厲的言官正是曾勸他走中間路線的陳瓘。

蘇軾得知章惇被貶雷州，給章惇的外甥黃寔寫信說：

> 子厚得雷，聞之驚歎彌日。海康地雖遠，無瘴癘，舍弟居之一年，甚安穩。望以此開譬太夫人也。

海康即雷州治所，蘇軾對章惇心存關切，告訴黃寔說海康這個地方還好，生活並沒有太大的風險，不必擔心。章惇的外甥黃寔與蘇轍是姻親，蘇轍的次子蘇適、幼子蘇遠原配都是黃寔的女兒。黃寔一肩擔兩頭，不過在政治上是元祐黨人。

六月，蘇軾船次京口。恰好章惇的第四子章援在京口。章援是元祐三年進士第一名，那一年蘇軾知貢舉，章援算起來是蘇軾的學生。章援知道父親與老師的恩怨，擔心蘇軾重新當政會變本加厲迫害父親，於是寫了一封信請求蘇軾饒過章惇。

蘇軾看信上情真意切，才藻富贍，非常高興，連連誇獎：「斯文，司馬子長之流也。」子長是史學家、文學家司馬遷的字。

蘇軾給章援回了信，說我與你父親有四十餘年交情，中間雖然有些齟齬，但情義並沒有減少。蘇軾本著「向前看」的態度，向章援介紹了荒蠻之地的生活經驗，希望章援多帶藥物，既可以自治，又可以惠及鄉黨。又寬慰說，從「建中靖國」的年號裡可以揣度皇帝的政治風向是政治融合、平息黨爭。蘇軾透過解釋政策，意在解除章援怕父親受到報復的擔憂。

蘇軾還許諾將自己寫的《續養生論》抄一本送給章惇，在嶺南貧陋之地剛好派上用場。

蘇軾既然看淡了生死，自然原諒了仇人。他曾說：「吾上可陪玉皇大帝，下可以陪卑田院乞兒，眼前見天下無一個不好人。」一個人胸懷寬廣能夠容得下愛恨情仇，容得下世間萬物，就足夠強大，強大到任何魍魎魑魅都傷不了他，任何暴風疾雨都能夠抵禦。

蘇軾從惠州到儋州，大難不死，足以證明這一點。

蘇軾和章惇的關係是一部元祐、紹聖黨爭史，是文人政治的折射。南宋之後，熙寧新政成了「靖康恥」的替罪羊，當局為蘇軾平反，章惇被打入冷宮。元朝修《宋史》，章惇與呂惠卿、蔡確、蔡京等一起列入〈奸臣傳〉，而蘇軾以偉大的文學成就、高尚的人格世世代代受到景仰，甚至贏得世界性聲譽。

蘇軾固然值得頌揚，可章惇未嘗不值得同情。章惇對內發展經濟，對外鞏固國防，建制的州縣一直延續了下來。他當政期間，宋朝文治武功達到新的高度，論其功績，論其操守，論其遠見，論其幹練，論其真直，章惇何嘗不是個偉大的政治人物？

第十九章

「烏臺詩案」的殺手們

蘇軾眼前見天下無一個不是好人，但別人未必把他當好人；他悲憫蒼生，有些人卻只看見了利益，需要時把他當恩師，當朋友，不需要時就當敵人，當墊腳石。

科學家沈括

沈括是中國古代最著名的科學家之一，著有《夢溪筆談》，記載了朝廷故實、耆舊出處，以及天文、方志、律曆、音樂、醫藥、卜算和機械製造等知識。他創立了隙積術、會圓術，發現了磁偏角，改進了渾儀，揭示了共振現象，是自然科學全才。在重文輕理的古代尤顯可貴。

沈括是嘉祐八年進士，那時蘇軾正任鳳翔府簽判，蘇洵在京，沈括或許此時與蘇洵有交往，《夢溪筆談》中曾記錄蘇洵的言行。

治平二年，蘇軾判登聞鼓院、直史館，沈括任職一屆地方官後被調入京師，編校昭文館書籍。同在館閣，他們應相識於此時，但交往時間不長，也沒有留下任何文字記錄。再之後，蘇軾回眉山服父喪，沈括回錢塘服母喪，蘇軾熙寧二年回朝，沈括熙寧四年回朝。

這時他們面臨著艱難的選擇，是追隨王安石進行變法，還是與老臣們結成同盟反對變法。二人在這裡走上了岔路，各行其是，背道而馳。

蘇軾和沈括交情不深，又身處兩個陣營，沒有結下深厚的友誼，也沒有直接的利害衝突，長時間裡相安無事。熙寧五年，淮南饑荒，沈括受命巡察，主要察看常平倉賑災糧的發放和荒田治理情況，之後又巡察兩浙的水利，這時與蘇軾在杭州見面了。

李燾《續資治通鑑長編》引王銍《元祐補錄》說：

> （沈）括素與蘇軾同在館閣，軾論事與時異，補外。括察訪兩浙，陛辭，神宗語括曰：「蘇軾通判杭州，卿其善遇之。」括至杭，與軾論舊，求手錄近詩一通，歸則簽帖以進，云詞皆訕懟。軾聞之，復寄詩。劉恕戲曰：「不憂進了也？」其後，李定、舒亶論軾詩置獄，實本於括云。

按照這段記載，「烏臺詩案」的由頭可追溯到熙寧五年，沈括巡察時向蘇軾討要近作，蘇軾給了他一本手抄詩集，沈括回京後獻給了宋神宗，打算陷害蘇軾。換言之，沈括是「烏臺詩案」的始作俑者。現代作家余秋雨將這一條記載寫入其散文〈蘇東坡突圍〉中，並由此將沈括歸入「小人」行列。

李燾是位嚴肅的史學家，他在引文之末特別說明：「此事附注，當考詳，恐年月先後差池不合。」意思是時間對不上，畢竟熙寧五年到元豐二年，相距七年，時間差太長了。

不過，中國有句俗話：「無風不起浪」。王銍生活在兩宋相交，離「烏臺詩案」並不遙遠，記錄這一條或許有些依據，或者有些傳聞。假定王銍記錄為真，就一定能得出沈括是「小人」的結論嗎？

未必。

王銍記載得很清楚，宋神宗非常關注蘇軾，特意交代沈括「善遇之」。沈括奉命接觸蘇軾，回來後將蘇軾詩集交給宋神宗，實屬正常操作，完成聖命而已。至於「云詞皆訕懟」，史籍沒有留下沈括的奏章，《宋神宗實錄》也沒有記載，應當是王銍的臆斷。

問題的關鍵是，宋神宗為什麼格外關注蘇軾？

無非有兩種原因：一是惜才，認為蘇軾通判杭州大材小用，準備伺機提拔；二是警惕，知道蘇軾經常作詩譏訕新法，讓沈括借機試探、調查。蘇軾通判杭州後知密州、徐州，雖然職位有所提升，但兩州都屬小州、窮州，其仕途路線並不理想。再結合宋神宗一手炮製了「烏臺詩案」，可以推斷沈括求蘇軾的詩集正是宋神宗的授意，從那時起，神宗就暗中調查、收集蘇軾的「黑材料」。

不要被「卿其善遇之」迷惑了，為尊者諱而已。

不孝子李定

「烏臺詩案」發酵在元豐二年。

蘇軾從徐州移知湖州，元豐二年四月二十一日到任，按慣例向朝廷上表謝恩。謝表呈上後，張貼於文德殿外，供朝臣觀看品評。

上謝表本是官員到任的必要流程，無非是感謝皇帝恩典，表態殫精竭慮做好任內之事，一般人不會認真品讀，更不會仔細審批。然而蘇軾這篇〈湖州謝上表〉，偏偏有人較了真，因謝表中的句子戳痛了某些人的神經。

七月四日，監察御史里行何正臣首先發難。他上劄子說：蘇軾謝上表裡有「愚不適時，難以追陪新進；察其老不生事，或能牧養小民」之句。「新進」指的是皇帝提拔的年輕人啊！分明是「愚弄朝廷，妄自尊大」，這話流傳到中外，怎能不讓人驚歎！然後他從謝表引發，攻擊蘇軾「為惡不悛，怙終自若，謗訕譏罵，無所不為」。何正臣舉例說：「一有水旱之災，盜賊之變，軾必倡言，歸咎新法，喜動顏色，唯恐不甚。」更強調說：「世之大惡，何以復加！」

何正臣從市場上買了一本蘇軾的雕版詩集，呈送給宋神宗，乞請「大明誅賞以示天下」。對何正臣的劄子，宋神宗本可以置之不理，但他批轉到了中書省。這是一種態度，表示他認為這道劄子有一定價值，需要中書省研究處理。

還未等中書省拿出處理意見，另一位監察御史里行舒亶的劄子又呈送到宋神宗面前。舒亶奏曰：

且陛下自新美法度以來，異論之人，固不為少。然其大，不過文亂事實，造作讒說，以為搖奪沮壞之計；其次，又不過腹非背毀，行察坐伺，以幸天下之無成功而已。至於包藏禍心，怨望其上，訕讟罵，而無復人臣之節者，未有如軾也。

意思是說，變法以來，有的人捏造事實，擾亂視聽；有的人當面不說，背後亂說，詆毀新法。然而比起蘇軾，這些人的罪惡算是輕微了。蘇軾對聖上心懷不滿，誹謗謾罵，已經失去了身為臣子應有的禮節。

如果說何正臣彈劾蘇軾，尚屬泛泛而談，舒亶則從蘇軾詩歌中摘出了「實例」。

陛下向貧民發錢，蘇軾寫詩諷刺助長了貧民的遊手好閒：「贏得兒童語言好，一年強半在城中。」

陛下立法課試郡吏，蘇軾陰陽怪氣：「讀書萬卷不讀律，致君堯舜知無術。」

陛下興修水利，蘇軾冷嘲熱諷：「東海若知明主意，應教斥鹵變桑田。」

陛下禁私鹽，蘇軾卻作詩暗指民眾吃不上鹽：「豈是聞韶解忘味，邇來三月食無鹽。」

舒亶的用意很明顯：蘇軾和皇帝對著幹！接著，舒亶又用惡毒的語言挑撥道：

軾在此時，以苟得之虛名，無用之曲學，官為省郎，職在文館，典領寄任，又皆古所謂二千石。臣獨不知陛下何負於天下與軾輩，而軾敢為悖慢，無所畏忌，以至如是。

舒亶上表的第二天，御史中丞李定就迫不及待地再上劄子，列舉蘇軾有四條「可廢之罪」：一是其惡行已昭著的情況下，仍然不思悔改；二是皇帝耐心教化蘇軾，但對他的思想改造沒有效果，只能「廢之」；三是蘇軾的言論具有很大的蠱惑性，必須從肉體上消滅他；四是蘇軾對沒有受到重用心懷憤懣，訕上罵下，發洩私怨，這是法律所不能寬宥的。

李定所謂「廢之」，就是要殺掉蘇軾。

七月三日，宋神宗終於降下聖旨：送御史臺根勘聞奏。「根勘」即徹底調查清楚。有了這道聖旨，御史臺就可以立案調查了。

何正臣、舒亶、李定是「烏臺詩案」的發起人，他們過去與蘇軾有什麼恩怨？

何正臣，字君表，江西人，與蘇軾年齡相當。江西出神童，晏殊十四歲就被賜予同進士出身，王安石筆下的「仲永」也是江西神童。何正臣八歲應童子科，賜授童子出身，宋仁宗還專門為他寫過一首詩〈賜神童何正臣還鄉歌〉。不過，何正臣中進士卻很晚，一直到治平四年，那時蘇軾正在眉山守孝，二人並不認識。熙寧年間，也沒有現存資料顯示二人有任何交集。

舒亶，字通道，慈溪人，治平二年進士，授官臨海縣尉。縣尉主管治安，舒亶濫用職權，未經審判擅殺部屬，只好辭官回鄉。變法正需要不蹈常規的人，王安石看中了他，讓他到各地督導青苗法落實情況，熙寧八年又擢進御史臺。

舒亶文才不錯，流傳下來的詩詞有五十餘首。不過他與蘇軾也沒有什麼往來。

御史中丞李定，在變法初期算得上風雲人物。

李定比王安石小七歲，揚州人，《宋史》記載他「少受學於王安石」。王安石二十四歲中進士後到淮南任判官，工作地點在揚州，應該在這時教導過李定。李定中進士幾年後升任秀州（今浙江嘉興）軍事判官，相當於知州的軍事助理，職位並不高。

熙寧三年四月，李定秩滿入京，等待下一次任命。他先去拜訪知諫院李常。李常詢問秀州青苗法執行情況，李定不知新舊兩黨正為青苗法爭執得不可開交，傻乎乎地回答：「老百姓感到便利，都非常擁護這項新政。」李常不高興地交代他：「見到別人千萬不要說這樣的話。」

次日，李定去拜謁王安石，向王安石陳述了在李常處的遭遇，訴苦說：「學生初來京城，不知還有忌諱，只是說了實情。」自青苗法出臺以來，這是第一位報喜的地方官，王安石高興極了，祕密將李定推薦給宋神宗，李定由此時來運轉，進入了仕途的快車道。

李定的出現對於舊黨相當於一記悶拳。宋神宗將李常逐出諫院，打算由李定接任。但這時，李定曝出了一樁醜聞。

李定在秀州軍事判官之前任涇縣主簿，他的親生母親仇氏去世，李定刻意隱瞞不報，不為母親服喪。仇氏是李定父親的妾，地位雖低，但畢竟是生母，焉有不為生母服喪的道理？這是一顆重磅炸彈，養子不孝，有悖人倫，何以為官？如果爆料屬實，不要說做御史，李定的仕途恐怕將提前終結。宋神宗下令調查，發現仇氏很早就離開了李家，李定並不知生母是誰。後來李定聽到風聲曾向父親求證，他父親隱瞞了真相，告訴他親生母親不是仇氏。

事情似乎可以告一段落了，不想一個月後又發生了一件事，和李定形成鮮明對比，最終影響到他的仕途。駕部郎中朱壽昌的生母劉氏也是父親的妾，生下朱壽昌一年多，被賣出朱府，不知所向。朱壽昌想念母親，乾脆辭去官職，行走四方，到處尋找母親。也許他的孝心感動了上蒼，分別五十年後居然真的找到了母親。

朱壽昌棄官尋母的事蹟傳到朝廷，人們紛紛作詩褒揚，其中就有蘇軾。有分析稱蘇軾作詩讚美朱壽昌是為了襯托李定不孝，讓李定十分難堪，因此李定伺機報復，參與發起了「烏臺詩案」，而何正臣、舒亶皆是受了李定指使。

這應該不是事情的全部真相。蘇軾曾將王安石、呂惠卿比作董卓、王莽，王安石想利用謝景溫打擊蘇軾，但沒有成功。王安石尚且做不到的事，李定如何能做到？所以李定應該得到了更大人物的首肯甚至慫恿，這個人物的能量遠在王安石之上。

諂附者張璪

御史臺得了皇帝的敕令，立刻派人到湖州拘捕蘇軾，將他打入大獄。

皇帝委派了兩個主審官，一個是知諫院張璪，一個是御史中丞李定。

張璪初名張琥，是蘇軾同年進士，蘇軾簽判鳳翔府時，張璪任鳳翔法曹，二人過往比較密切。嘉祐八年十一月，張璪調職回京，蘇軾有文相贈，即〈稼說〉，以種田比喻學習、做事，講述厚積薄發的道理。

二人考中進士時都很年輕，受到眾人吹捧，蘇軾卻自以為不足，勸張璪堅持學習。蘇軾曾對張璪說：你到京城如果見到蘇轍，也把這番道理講給他聽。可見蘇軾有意讓蘇轍與張璪交遊，把張璪當成了「圈裡人」。

然而張璪卻是個見風使舵的小人，攀附上新黨後，張璪將舊黨這些朋友拋到了一邊，包括蘇軾。現在眼看蘇軾要倒楣，張璪便踩上一腳，做為晉升的階梯。

審問一開始，張璪就頤指氣使：「祖上五代以內有沒有可以免死的丹書鐵券呀？」言外之意蘇軾這次必死無疑。

舒亶已列舉了蘇軾詩詞中所謂「包藏禍心，怨望其上，訕讟罵」的內容，然而還不夠，他們要透過審問擴大成果。為此他們查閱了七十多人與蘇軾往來的文字，威逼利誘蘇軾招認有譏刺朝廷、干涉時政之意。

對於御史臺的指控，蘇軾當然不會承認。據記載，八月十八日蘇軾入獄，二十日即有供狀，蘇軾僅承認〈山村〉一詩涉及時政，其餘文字無干時事；二十二日、二十四日先後又有供狀，堅持沒有譏刺之作。然而，到三十日，審問取得進展，蘇軾供出有詩賦往來的人員姓名，並承認有譏諷文字。

二十四日到三十日之間，監獄裡發生了什麼？

原權知開封府蘇頌因「失職瀆職」遭舒亶彈劾，也被關在御史臺。他曾在獄中賦詩，序言寫道：

己未九月，予赴鞫御史，聞子瞻先已被繫。予晝居三院東閣，而子瞻在知雜南廡，才隔一垣，不得通音息。因作詩四篇，以為異日相遇，一噱之資耳。

蘇軾被單獨關在一間屋子裡，與蘇頌一牆之隔。那麼蘇頌聽到了什麼？

遙憐比戶吳興守，詬辱通宵不忍聞。

因蘇軾知湖州，故稱「吳興守」。蘇軾屋子裡辱罵之聲不絕於耳，通宵達旦，連隔壁的人都受不了。由此可見蘇軾在獄中至少受到巨大的精神折磨。

「烏臺詩案」結束後，蘇軾隻字不提獄中之事，對於是否受到肉體折磨，不得而知。不過，蘇軾在一首詩中曾流露出一些資訊：

去年御史府，舉動觸四壁。幽幽百尺井，仰天無一席。
隔牆聞歌呼，自恨計之失。留詩不忍寫，苦淚漬紙筆。
餘生復何幸，樂事有今日。

元祐六年，蘇軾在一道劄子中透露：「到獄即欲不食求死，而先帝遣使就獄，有所約敕，故獄吏不敢別加非橫。」由於宋神宗的約束，獄卒對他算是手下留情了。即使如此，他也曾想過絕食而死。

《孔氏談苑》裡還談到蘇軾本打算服藥而死。

蘇軾好道，身上備有青金丹，這種方劑適量能夠治病，過量能夠致死。蘇軾把它埋在土中，一旦有不好的消息，打算自盡以保持士大夫最後的尊嚴。

蘇軾在獄中度過一生中最為黑暗的一百三十多個日夜，張璪、李定終於如願以償，拿到了「供狀」。

李定最初彈劾時，攻擊蘇軾「初無學術，濫得時名，偶中異科，遂叨儒館」，經過這次審訊，卻不得不佩服蘇軾的才能：

李定自鞫東坡獄，勢不可向。一日，於崇政殿門外語同列曰：蘇軾奇才也。俱不敢對。又曰：軾前二三十年所作詩文，引援經史，隨問即答，無一字之差，真天下奇才也。歎息久之。

蘇軾博覽群書，記憶力超強，二、三十年前的詩文還記得一清二楚，連政敵都不由自主地發出感歎之聲。

張璪、李定想置蘇軾於死地，但宋朝制度規定御史臺僅能審案，定案判罰則由大理寺初審、審刑院複判。

大理寺初審結果是「當徒二年，會赦當原」，意思是按所犯罪行應當關兩年牢獄，但朝廷會不定期赦免犯罪，蘇軾的罪行在赦免之列，因此可以無罪釋放。御史臺對大理寺的判決極為不滿，上書強調蘇軾用心險惡，怎麼可以不殺！然而審刑院的複審支持了大理寺，建議對蘇軾免於處罰。

宋神宗不甘心放過蘇軾，十二月二十六日特責蘇軾為黃州團練副使，本州安置，不得簽書公事，相當於留職察看。所謂「特責」就是利用皇帝的權力法外判決，對比殺蘇軾的初心是從輕發落，對比司法部門的審理意見卻是從重處理。

「烏臺詩案」這才塵埃落定。

第二十章

元祐黨爭中的政敵

熙寧、元豐年間，宋神宗和王安石為推動變法，任用新黨，排擠舊黨，開啟了黨爭，其中蘇軾是最大的受害者，差一點被文字獄折磨致死。元祐初，宣仁太后拜司馬光為相，盡廢新法，新黨幾乎全被逐出朝廷，舊黨得勢。蘇軾深得宣仁太后恩眷，十個月四次升遷，官至翰林學士，離拜相僅一步之遙。然而隨著司馬光去世，舊黨分裂，黨爭再起，蘇軾又一次成為圍攻的對象，被迫離開朝廷。

元祐大臣劉安世評價蘇軾：「士大夫只看立朝大節如何，若大節一虧，則雖有細行，不足贖也。東坡立朝大節極可觀，才意邁峻，惟己之是信。在元豐，則不容於元豐，人欲殺之；在元祐，則雖與老先生議論，亦有不合處，非隨時上下人也。」「烏臺詩案」中，蘇軾的敵人是李定、張璪、舒亶之流，元祐黨爭中，蘇軾的敵人卻來自過去的同盟軍。

老夫子程頤

程頤和兄長程顥是著名的理學大師，世稱「二程」，又與周敦頤、邵雍、張載並稱「北宋五子」，在思想界地位很高。「程門立雪」的故事主角便是程頤。元豐年間，程頤在洛陽伊川向文彥博討了一塊莊園，辦了所「伊皋書院」，開門授徒。有位叫楊時的年輕人放棄了做官的機會，專門跑到伊皋書院向程頤求學。他去拜見程頤時，程頤正在打坐（一說睡覺），他不敢驚擾老師，老老實實站在門外等候。等程頤發現他，門外的積雪已經沒過了腳脖子。

程顥是蘇軾的同年進士，程頤在學問上比哥哥名氣還大，卻沒有功名。司馬光執政後，為了將幼小的宋哲宗培養成標準的儒家皇帝，不再走變法圖強的「法家」道路，便延請天下名儒為帝王師，向朝廷推薦了程頤。元祐元年，程頤以處士之身為崇政殿說書，專門教授宋哲宗禮儀道德。

程頤的為人就像其宣導的道學一樣刻板、教條。宋哲宗是十一、二歲的孩子，有一次課間休息，折斷一條柳枝玩耍。程頤看見後，板起臉孔教訓，認為此舉傷害了天地和氣。司馬光聽到這個消息，搖頭歎息：「使人主不敢親近儒生，就是因為有程頤這樣的人。」

蘇軾在元祐二年七月兼官侍讀，也是皇帝的老師。他是個自由派，與程頤格格不入。

司馬光去世當日，元祐元年九月初一（一〇八六年十月十一日），皇帝正率領大臣祭祀，以神宗配享明堂，大赦天下。參加祭祀的朝臣要齋戒三日，不能參加其他典禮。一直到明堂祭祀完畢，眾臣才匆忙脫下祭服，前去相府弔唁司馬光。

重臣喪禮，皇帝要指定熟悉禮儀的儒者做主持人，這個差事便落在程頤身上。程頤卻反對眾人前去弔唁，說：「《論語》有云：『子於是日哭，則不歌。』」剛剛慶祝大赦，怎麼可以立即去弔喪？

有人不服氣：「孔子說哭則不歌，沒有說歌則不哭。」

蘇軾跟著嘲諷程頤：「此乃枉死市叔孫通所制禮也。」眾人大笑。

程頤認死理，又是喪禮主持人，執意不許眾人弔唁，又交代司馬家孝子不准受悼。眾人碰了壁，悶悶不樂，蘇軾又說：「鏖糟陂裡叔孫通也。」

蘇軾兩次提到叔孫通，叔孫通是何許人也？

叔孫通是秦朝的待詔博士，後轉投項羽、劉邦，漢朝建立後自薦為新朝廷制定禮儀，漢惠帝時又用他制定了宗廟儀法及其他多種儀法。

叔孫通為漢家禮法做出貢獻，但他轉事多主，毫無氣節，所制禮儀逢迎皇帝的喜好，並非出自古禮，連他的學生都指責他：「公所事者且十主，皆面諛以得親貴。」司馬光評價說叔孫通媚俗取寵，逞一時之功，結果使古禮失傳。

司馬光是舊黨的一面旗幟，司馬光批評過的人，蘇軾以程頤比之，程頤自然不高興。

程頤主持的喪禮一切從古，他用錦綢做囊，把遺體裝在囊中，然後斂棺。蘇軾嫌他做作，揶揄說：「還欠一樣東西，應當寫一封信，捎給閻羅大王。」蘇軾的意思是把遺體裝在囊中，像個郵包，是要把遺體寄給閻羅王嗎？

蘇軾和程頤由此結怨。

另據《二程外書》記載，國忌日，大臣們都在相國寺祈禱。程頤只吃素，蘇軾取笑他：「正叔（程頤字）不好佛，胡為食素？」程頤嚴肅地回答：「按照禮節，居喪不可以飲酒吃肉。忌日是喪事的延伸。」蘇軾故意和程頤對著幹，讓人準備肉食，說：「為劉氏者左袒。」祈禱的人分成兩派，程頤的弟子吃素食，蘇門弟子秦觀、黃庭堅吃肉食。「為劉氏者左袒」也是個典故，借指在二者之中做出選擇。《史記‧呂后紀》記載：「漢高祖死，呂后稱制，諸呂封王，以危劉氏。太尉周勃入軍中，行令軍中曰：『為呂氏者右袒，為劉氏者左袒。』軍中皆左袒為劉氏。」

蘇軾與程頤的怨艾愈來愈深了。

客觀地說，蘇、程結怨，源於性格不同、思想觀點相異。程頤號為儒學正統，遵循禮教，食古不化；蘇軾深受佛、道影響，不拘一格，灑脫隨性。蘇、程相處中，蘇軾處於進攻方，看不慣的事就說出來，並且愛開玩笑、促狹弄人。對旁觀者來說，這是蘇軾可愛的地方；對當事人來說，這是他得罪人的地方。或者說，這是蘇軾性格上的優勢，也是缺陷。

蘇軾與程頤個人之間的矛盾很快演變為兩個團體間的衝突，正如蘇軾在元祐六年請求外放時所說：「臣素疾程某之奸，未嘗假以辭色，故頤之黨人，無不側目。」

蘇軾為自己招惹了禍端，程頤的弟子和門人群起而攻之，逐漸演變為元祐黨爭。

學士院風波

元祐元年十一月，朝廷選拔館閣人員要進行考試，蘇軾以翰林學士被委任為考官。

按制，考試前一天鎖院，考官們在學士院擬策試題，共擬三題，送請皇上點定一題。這次翰林學士鄧伯溫擬了兩道題，蘇軾擬了一道題。皇上選中蘇軾的題目做為試題，題目為「師仁祖之忠厚，法神考之勵精」。

策試即問答題，老師擬題，考生根據題目解答發揮。

宋仁宗和宋神宗是統治風格截然不同的兩位君主。宋仁宗無為而治，以善聽諫言、不折騰、不擾民著稱；宋神宗勵精圖治，以獨斷專行、大刀闊斧進行變法而聞名。元祐之後的黨爭，實際上是宋仁宗路線還是宋神宗路線之爭。但凡太后當制都留戀宋仁宗的太平盛世，皇帝親政則希望像宋神宗一樣有所作為，所以北宋後期在政治上左右搖擺，黨爭不息。

蘇軾這道策試題點明了兩條路線之爭，意圖讓考生做出選擇，實際上為宋仁宗路線張目。

試題提供了三組比較對象：

第一組是周公治魯和太公治齊。魯講究禮制，親親尊尊，齊追求功業，舉賢任能，然而他們的結局都不好，都陷於衰亂。

第二組是宋仁宗和宋神宗。宋仁宗忠厚，但朝廷擔心百官不舉其職，或至於偷。「偷」即偷懶，行政不作為。宋神宗雖然勵精圖治，但又怕部門領導流入於刻。「刻」即刻薄，濫用職權，擾民害民。

第三組是漢文帝和漢宣帝。漢文帝寬仁，但行政沒有怠廢；漢宣帝嚴格考核，也沒有陷入苛政。

考生根據試題說明不同執政風格的得失正誤，得出結論，到底應該走什麼樣的道路。

這次考試，蘇軾的弟子、門人大獲全勝，黃庭堅、張耒、晁補之都進入了館閣，只有秦觀因身分不符，沒有參加考試。

但是這道策試題給蘇軾惹來了麻煩。

左司諫朱光庭首先發難，彈劾蘇軾誹謗宋仁宗和宋神宗。他攻擊蘇軾在試題中貶損宋仁宗、宋神宗，暗指二帝不如漢文帝、漢宣帝，是大不敬，應當治罪。

朱光庭與蘇軾同歲，也是同年進士，蘇軾與他的關係還不錯，二人曾多次詩詞唱和。朱光庭為諫官，蘇軾稱讚他有耿直的名聲。

朋友為何反目？難道是因耿直嗎？並不是！只因朱光庭是程頤的得意弟子，涉及團隊利益時，他毅然而然地站在老師的一邊。

朱光庭上章，宣仁太后知道緣於黨爭，蘇軾沒錯，便下詔特放罪。放罪即赦免無罪。這道旨意看似中立，卻讓雙方不滿，因朱光庭沒有達到彈劾的目的，而蘇軾認為自己無罪，何來放罪？蘇軾上章自辯：

臣之所謂偷刻者，專指今之有官有司及監司、守令不能奉行，恐致有此病，於二帝何與焉？至於前論周公、太公，後論文帝、宣帝，皆是為文引證之常，亦無比擬二帝之意。

蘇軾還說題目雖是臣擬的，但是御筆親點，如果題目有問題能逃得過聖鑑？

蘇軾這篇自辯章把責任推給了皇帝和太后，不是妥善的做法，但太后對他眷顧甚深，下令收回放罪詔令。

也有人幫著蘇軾說話，認為朱光庭胡言亂語，攻擊大臣，應當逐出朝廷。御史中丞傅堯俞、侍御史王岩叟擔心朱光庭被逐，幫助朱光庭攻擊蘇軾。

相比於朱光庭，傅堯俞與蘇軾的關係更為密切。黃州期間，蘇軾作〈赤壁賦〉，不願示人，卻親自抄寫了一份贈給傅堯俞。現存《書前赤壁賦》法書中，蘇軾自題：「軾去歲作此賦，未嘗輕以示人，見者蓋一二人而已。欽之（傅堯俞字）有使至，求近文，遂親書以寄。多難畏事，欽之愛我，必深藏之不出也。」當時蘇軾對傅堯俞是絕對信任的。

傅堯俞算是司馬光門下，王岩叟是韓琦門下，私交都厚，想不到老朋友竟變成攻擊他的打手。

蘇軾受到臺諫交相攻擊，呂陶看不慣，旗幟鮮明地站隊蘇軾。呂陶既是蘇軾老鄉，又是蘇軾的親家，他直接點明臺諫攻擊蘇軾的原因，就是程頤門人為老師報怨。

呂陶的參戰讓爭鬥形勢更為複雜。傅堯俞、王岩叟親自到延和殿向宣仁太后面陳，堅持要求罷免蘇軾。宣仁太后說：「這是小事，不應當發展到這種地步，算了吧。」二人對曰：「雖然寥寥數語，但關係到朝廷大體，不是小事，一定要有個說法。」宣仁太后不予理睬，二人乾脆自摜烏紗，罷朝回家。

蘇軾得到消息，只好再次上章自辯。他知道政敵們為了排除異己，已難容他供職朝中，於是竭力求去，希望太后、皇帝允許他到地方上做一名太守。為了表示決心，他不去翰林院上班，在家等候消息。

雙方都以罷工要脅，爭鬥已陷入白熱化狀態。宣仁太后當然維護蘇軾，想罷免臺諫一干人，右僕射呂公著、知樞密院范純仁從中調停，這件事才翻過一頁。

以這件事為標誌，朝中派系已然明朗：蘇軾、蘇轍、呂陶為「蜀黨」，程頤是洛陽人，他和弟子朱光庭、賈易等為「洛黨」，而司馬光門下劉摯、梁燾、王岩叟、傅堯俞等都是北方人，為「朔黨」。

自請就郡

學士院風波雖然平息下來，但宣仁太后到底難以容忍臺諫無中生有，不久找了藉口將傅堯俞、王岩叟徙官外出，命起居舍人孔文仲為左諫議大夫、呂陶為左司諫、賈易為右司諫，又令趙挺之任監察御史。

趙挺之，字正夫，密州諸城縣人，後遷居青州。趙挺之是熙寧三年進士，曾通判德州，積極推行新法，是變法派基層先鋒。德州隸屬於大名府，當時黃庭堅在大名府當差，到德州的德安鎮督導新法時，藉口鎮子比較小，民眾貧困，建議暫緩實施新法，趙挺之不同意，二人產生了矛盾。這個矛盾影響到蘇軾對趙挺之的評價，趙挺之應試館職時，蘇軾下結論說：「趙挺之聚斂小人，學行無取，豈堪此選？」將趙挺之刷了下去。

趙挺之與蘇軾由此結怨，趙挺之當上了監察御史，意味著蘇軾將迎來又一場風波。

元祐二年十二月，蘇軾再試館職，這次他出的題目大意是：西漢比東漢穩定，更得民心，但王莽談笑之間取代了西漢。曹操東征西討，功蓋天下，卻不敢取代東漢。這是為什麼呢？讓考生就考題展開論述。

這一科錄取的第一名是廖正一，蘇門「後四學士」之首。

然而又是因為試題，臺諫再次群起而攻之。

監察御史楊康國首先上書說：「策試題問王莽、曹操所以攘奪天下難易，太駭人聽聞了！」

整日虎視眈眈盯著蘇軾的趙挺之怎能錯過這個機會，他粉墨登場，奏道：

> 蘇軾專務引納，輕薄虛誕，有如市井俳優之人，以在門下，取其浮淺之甚者力加論薦。前日十科，乃薦王鞏；其舉自代，乃薦黃庭堅。二人輕薄無行，少有人比。王鞏雖已斥逐補外，庭堅罪惡尤大，尚列史局。按：軾學術本出《戰國策》蘇秦、張儀縱橫揣摩之說，近日學士院廖正一館職，乃以王莽、袁紹、董卓、曹操篡漢之術為問……此數人者，忠臣烈士之所切齒而不忍言，學士大夫之所忌諱而未常道。今二聖在上，軾代王言，專引莽、卓、袁、曹之事，及求所以

> 篡國遲速之術，此何義也？公然欺罔二聖之聰明，而無所畏憚，考其設心，罪不可赦。使軾得志，將無所不為矣。

趙挺之這道奏章從策試題擴而大之，到蘇軾舉薦王鞏、黃庭堅，一併彈劾，明顯在報蘇軾對他惡評之仇。侍御史王覿則建議將蘇軾逐出朝廷，「若使久在朝廷，則必立異妄作」。

再次面對洶湧的「輿情」，蘇軾懶得上書自辯了。他唯一的願望就是離開朝廷這個是非之地，守一郡，得享清閒。他在〈答劉貢父書〉中敘述心境：

> 某江湖之人，久留輦下，如在樊籠，豈復有佳思也。

儘管沒有自辯，但宣仁太后信任蘇軾，對臺諫彈劾的奏章照舊不理不報。

「輿情」暫時被壓制了下去，但「蜀黨」與「洛黨」率先攻訐，兩敗俱傷，程頤被趕出朝堂，蘇軾一派的呂陶、王鞏、黃庭堅、歐陽棐、秦觀等也不能倖免，朝中只剩下「朔黨」獨大。對於「朔黨」來說，最有分量的異己人士只有蘇軾了，必欲除之而後快。

蘇軾給宋哲宗上課，與程頤不同。程頤專講一些古代禮制方面的大道理，枯燥乏味，而蘇軾善於透過歷史故事啟蒙君主，讓宋哲宗明白善惡是非。然而一班政敵卻雞蛋裡挑骨頭，又從經筵中尋找瑕疵，攻擊蘇軾。

蘇軾在經筵中講漢成帝故事：漢成帝時，張禹位居特進，地位等同於三公，漢成帝執之以師禮。小官朱雲上書求見，彈劾張禹為佞臣，請誅之。漢成帝大怒，說：「小臣以下訕上，廷辱師傅，罪死不赦。」御史將朱雲拿下，朱雲抱著大殿欄杆不鬆手，欄杆都被折斷了。

又講漢文帝故事：漢文帝時，申屠嘉為丞相，鄧通受到皇帝寵愛。申屠嘉入朝覲見，鄧通坐在漢文帝身旁，對中屠嘉怠慢無禮。中屠嘉罷朝出殿後，發檄要斬鄧通。

又講唐太宗故事：唐太宗時，李好德有精神疾病，胡言亂語，說了不該說的話。唐太宗下詔治他的罪，大理丞張蘊古為其講情，而治書侍御史權萬紀彈劾張蘊古與李好德有私交，為李好德說情不是出於公心。唐太宗大怒之下，斬了張蘊古。

蘇軾為皇帝講述這些事例，意在說明皇帝辨明是非，讓皇帝能正確把握與臣下的相處之道。然而監察御史王彭年上書，攻擊蘇軾給小皇帝講這些殺戮故事，難以輔成人主仁厚德性，應當將蘇軾早賜斥逐。王彭年更借機發揮，不但將蘇軾講筵上升到離間皇帝骨肉、疑貳皇帝君臣的高度，還沿襲此前臺諫一貫說法，攻擊他詆毀宋神宗：

原軾之心，自以素來詆謗先朝語言文字至多，今日乃欲謀為自完之謀，是以百端奸譎，欲惑天聽。

宣仁太后又是按下不報。但這份奏章在蘇軾去世後，仍被有心人羅列為蘇軾罪名之一。

司馬光在世時，新黨早已失勢，但隨著司馬光、韓琦、富弼等元老之臣去世，新黨主要人物蔡確、呂惠卿蠢蠢欲動，試探他們有沒有可能重返朝廷。他們找了個默默無名的鄆州教授周穜上書，提請將王安石牌位配享宋神宗廟庭。蘇軾識破了他們的企圖，立即大加撻伐。因此又得罪了新黨，新黨蟄伏在朝廷中的人物猛烈攻擊蘇軾。

內外圍困之下，蘇軾多次上章乞請外放，並以眼疾為由，告假在家。宣仁太后終於明白，蘇軾不走，朝堂不寧，只好准許了蘇軾的請求，誥令蘇軾以龍圖閣學士充兩浙西路兵馬鈐轄、出知杭州。

蘇軾出守後並沒有獲得安寧，政敵仍拿著放大鏡盯著他，交攻不已。

在杭州期間，蘇軾曾越職處理一起案件，後來主動向朝廷上章，請求重審。然而洛黨賈易抓住不放，以此攻擊蘇軾，他只好連上兩篇〈杭州謝放罪表〉，進行說明。

元豐八年五月，蘇軾居住宜興時寫有三首〈留題竹西寺〉詩，其中一首寫道：

> 此生已覺都無事，今歲仍逢大有年。山寺歸來聞好語，野花啼鳥亦欣然。

此時宋神宗駕崩不久。賈易便加以附會，攻擊蘇軾把宋神宗死訊當成「好語」，屬大不敬。賈易要製造第二次「烏臺詩案」，置蘇軾於死地。

元祐年間有宣仁太后護著，蘇軾雖然累受攻擊，仍安然無事。但此後蘇軾幾次回朝，朔黨已牢牢地掌控了政權，朝中已無其立身之地，蘇軾屢進屢出，元祐六年在朝中只待了短短數月。

以蘇軾的性格，或許只適合嬉笑怒罵作文章，不適合爾虞我詐為黨爭。

值得慶幸的是，當年攻擊他的那些朔黨、洛黨人物，大多已湮沒在歷史的荒草中，而蘇軾以文學家享名後世，他的生命力和影響力可謂千古不朽。

元祐政敵中，趙挺之是個特殊的人物，他攻擊蘇軾，兒子趙明誠卻是蘇軾的「鐵粉」。崇寧年間朝廷將蘇軾及其弟子的詩文集列為禁書，而趙明誠根本不理會禁令，只要碰到蘇軾、黃庭堅的書籍，哪怕只有半部也要買下來收藏。趙明誠的夫人更為有名，便是著名詞人李清照，岳丈是位列「蘇門後四學士」的李格非。

今人之所以還會提起趙挺之，只是把他做為蘇軾和李清照的背景介紹。如此而已。這就是歷史。

卷六

弟子

滄海何曾斷地脈

第二十一章 亦友亦徒黃庭堅

黃庭堅，字魯直，號山谷，江西洪州府人。黃庭堅是個大孝子，二十四孝中有一則「滌親溺器」講的便是黃庭堅的故事。他的母親愛乾淨，聞不得馬桶的味道，黃庭堅從小為母親刷馬桶，幾十年如一日，後來成為朝中顯貴，家裡僕從、婢女很多，他仍親力親為，從不怠慢。蘇軾讚歎他「瑰瑋之文，妙絕當世；孝友之行，追配古人」。

黃庭堅的母親姓李，是李常的姊姊；他的原配是孫覺的女兒。李常和孫覺都是蘇軾極要好的朋友，按理說黃庭堅有條件與蘇軾及早認識，及早結交，然而事實上，他們聞名於熙寧五年，相交已是元豐元年了。

黃庭堅只比蘇軾小八歲，最初並不甘心拜於蘇軾門下，後來欽佩蘇軾的學識，加上蘇軾文壇盟主的地位不可撼動，便主動與蘇軾交往，成為「蘇門四學士」之首。

訂交

黃庭堅治平四年進士及第，次年上任葉縣尉。任職葉縣期間，妻子孫氏不幸病逝。黃庭堅是個情意深重之人，熙寧五年改任大名府國子監教授，趁轉官之際特地到湖州看望、安慰岳父孫覺。

孫覺為湖州太守，新建了一座亭子，叫「墨妙亭」，專門收藏碑刻法帖。孫覺寫信讓時任杭州通判的蘇軾題詩吟詠，信中談到女婿黃庭堅，這是蘇軾第一次聽到黃庭堅這個名字。

熙寧五年十二月，蘇軾因公出差到湖州。他心情激動，渴望一見黃庭堅，寫詩給孫覺說：「江夏無雙應未去，恨無文字相娛嬉。」「江夏無雙」典出《後漢書》：江夏人黃香幼年喪母，思母惟切，遂盡心盡力孝敬父親，夏天暑熱，用扇子把竹席搧涼爽了才讓父親就寢；冬天寒冷，每晚用身體為父親暖熱被窩。黃香也是「二十四孝」人物之一，博學經典，寫得一手好文章，人稱「天下無雙江夏黃童」。蘇軾在此用黃香代指黃庭堅，特意在句下注明：「黃庭堅，莘老婿，能文。」

蘇軾期盼與黃庭堅文字娛嬉，互相唱酬，沒想到他剃頭挑子一頭熱，黃庭堅聽說蘇軾要來，竟提前離去。其時蘇軾已名滿天下，士子無不仰慕其人。黃庭堅為何故意躲避蘇軾？如果不是黃庭堅有急事必須離開，那麼只有一個解釋：孫覺希望黃庭堅能拜蘇軾為師，黃庭堅卻孤傲自許，對蘇軾並不服氣，不願拜入門下。

見到孫覺後，孫覺拿出黃庭堅詩文讓蘇軾看，蘇軾閱後「聳然異之，以為非今世之人」，並從文章風格推斷，此人「必輕外物而自重者，今之君子莫能用也」。不能不說，蘇軾目光如炬，一眼看出黃庭堅是個自矜自負的人，不容易與人相處。

孫覺說：「此人，人知之者尚少，子可為稱揚其名。」他希望蘇軾幫助黃庭堅揚名。蘇軾笑著回答：「此人如精金美玉，不即人而人即之，將逃名而不可得，何以我稱揚為？」這不是婉拒，而是讚美：像這樣精金美玉的人，想不出名都難！

這是蘇軾與黃庭堅第一次神交。

第二次在黃庭堅的舅舅李常處。

熙寧九年九月底，蘇軾密州秩滿，到齊州去看蘇轍，不料蘇轍去了京師。彼時李常知齊州，蘇軾在齊州盤桓了個把月，主要與李常暢遊款敘。

黃庭堅十四歲時父親去世，母親送他跟著舅舅李常遊學，由李常督導其學習。黃庭堅在李常身邊三年多，博覽群書，研讀經典，打下了深厚的學術和文學根基，李常為他作主聘娶孫覺之女。黃庭堅回憶說：「長我教我，實惟舅氏。」這世上最了解黃庭堅的，就是李常。

李常處收藏有更多黃庭堅詩文，他像孫覺一樣請求蘇軾指點。蘇軾對黃庭堅有了更進一步了解：「意其超逸絕塵，獨立萬物之表，馭風騎氣，以與造物者遊，非獨今世。」讚其詩文和人品均超凡脫俗，世所少有。

這是蘇軾與黃庭堅第二次神交，為其正式交往打下堅實基礎。

在密州，蘇軾寫下著名的〈水調歌頭‧明月幾時有〉、〈江城子‧密州出獵〉、〈望江南‧超然臺作〉等膾炙人口的詞作，文壇盟主地位牢不可破，而黃庭堅仍籍籍無名。審時度勢，高傲自矜的黃庭堅意識到二人之間的差距，決定放下身段，與蘇軾交往。

元豐元年二月，蘇軾齊州會見李常一年之後，黃庭堅第一次寫信給蘇軾，表達了願意拜入門下的願望。

黃庭堅敘述對蘇軾的仰慕之情：

庭堅齒少且賤，又不肖，無一可以事君子，故嘗望見眉宇於眾人之中，而終不得備使令於前後。伏惟閣下學問文章，度越前輩；大雅豈弟，博約後來；立朝以直言見排報，補郡輒上最課，可謂聲實於中，內外稱職。凡此數者，在人為難兼，而閣下所蘊，海涵地負，此特所見於一州一國者耳。

惟閣下之淵源如此，而晚學之士不願親炙光烈，以增益其所不能，則非人之情也。借使有之，彼非用心於富貴榮辱，顧日暮計功，道不同不相於謀；則愚陋是已，無好學之志，「予既已知之」者耳。

黃庭堅找了個藉口說因年齡比先生小，身分比先生低，雖然很仰望您，但終究不敢貿然與您結交。然後盛讚蘇軾的文章人品，學問文章超過了前輩，高雅之士津津樂道，後進學生奉為典範；在朝中直言敢諫，在地方上考核最優，才華像大海一樣兼收並蓄，品德像大地一樣負載萬物。

接下來，黃庭堅簡要地介紹了自己，表達了虔誠的態度：

蓋心親則千里晤對，情異則連屋不相往來，是理之必然者也，故敢坐通書於下執事。……《詩》云：「我思古人，實獲我心。」心之所期，可為知者道，難為俗人言，不得於今人，故求之古人中耳。與我並時，而能獲我心，思見之心，宜如何哉！《詩》云：「既見君子，我心寫兮。」今則未見而寫我心矣！

黃庭堅還隨信附上〈古風〉二首，其中一首寫道：

江梅有佳實，托根桃李場。桃李終不言，朝露借恩光。
孤芳忌皎潔，冰雪空自香。古來和鼎實，此物升廟廊。
歲月坐成晚，煙雨青已黃。得升桃李盤，以遠初見嘗。

終然不可口，擲置官道傍。但使本根在，棄捐果何傷。

這首詩託物引類，把自己比作野生的江梅，沒有經過園丁的栽培，僥倖像桃李一樣結出果實，寄給遠方的客人，不知道可口不可口。詩歌表達了與書信相同的用意。「孤芳忌皎潔，冰雪空自香」是黃庭堅當下的自況：生性孤傲但不被人賞識，非常盼望師長訓導。

蘇軾收到黃庭堅的書信已是春夏之交。因為督建黃樓，公務繁忙，入夏之後家中又有人生病，直到秋初才回信答覆並和詩。蘇軾的答書回憶了孫覺和李常的兩次推薦，繼而對黃庭堅投書贈詩表示感謝，表態說：「喜愧之懷，殆不可勝。」又喜又愧，喜的當然是能結交到黃庭堅，愧的自然是怕難以勝任老師的職責。

蘇軾的和詩寫道：

嘉穀臥風雨，稂莠登我場。陳前漫方丈，玉食慘無光。
大哉天宇間，美惡更臭香。君看五六月，飛蚊殷回廊。
茲時不少暇，俯仰霜葉黃。期君蟠桃枝，千歲終一嘗。
顧我如苦李，全生依路傍。紛紛不足慍，悄悄徒自傷。

關於這首詩的題旨，「烏臺詩案」有供述：起四句「以譏今之小人輕君子，如莨莠之奪嘉穀」，其下「意言君子小人進退有時，如夏日蚊蚋縱橫，至秋自息。比黃庭堅於蟠桃，進必遲，自比苦李，以無用全生。又取《詩》云『憂心悄悄，慍於群小』，以譏諷當今進用之人皆小人也」。

因黃詩有「孤芳忌皎潔，冰雪空自香」的句子，蘇軾對此表示深切的同情和理解，同時稱讚黃庭堅如「嘉穀」、「蟠桃」，對黃庭堅給予熱忱的鼓勵和期待。

以這次書信往來為標誌，蘇、黃二人正式訂交，中國文化史因此呈現出新的氣象。

初見

蘇、黃訂交後，仍沒有機會見面，不過書信往來頻繁，詩詞唱和尤多。黃庭堅讀蘇軾的詩，愈讀愈有滋味，愈讀內心愈佩服，對友人說：「君聞蘇公詩，疾讀思過半。譬如聞韶耳，三月忘味歎。」那種迫不及待、如痴如醉、廢寢忘食、擊節讚歎的場景如在眼前。黃庭堅認為難以比附蘇軾：「我詩豈其朋，組麗等徘玩。不聞南風弦，同調廣陵散。鶴鳴九天上，肯作家雞伴。」把蘇軾比作鶴，把自己比作家雞。

元豐二年三月，蘇軾移知湖州。聽聞消息，黃庭堅作詩祝賀，其中有「天下無相知，得一已當半」、「安得垂天翼，飛就吳興館」的句子，感念知遇之恩。

遺憾的是，他們還未來得及謀面，蘇軾就陷入「烏臺詩案」，被捕入獄。受審期間，蘇軾有意保護黃庭堅，「不說曾有黃庭堅譏刺文字等因依」。但御史臺如何肯放過這個線索，令北京留守司到黃庭堅家裡搜查他們往來的書信、詩詞，蘇軾寫給黃庭堅的〈次韻黃魯直見贈古風二首〉等詩，因將新黨人物比作「莨莠」、「飛蚊」、「群小」而成為罪狀之一。二人還未相見，黃庭堅就被連累，罰銅二十斤。黃庭堅的舅舅李常、岳丈孫覺同時受罰。

元豐三年，黃庭堅改官知泰和縣，此後三年與蘇軾失去聯繫，未見唱和之作。不過蘇轍被貶筠州，與黃庭堅同屬江西，相距不遠，二人成為朋友。

蘇轍寫給黃庭堅的信中說：「家兄子瞻與您交往很久了，我與您的舅舅李常關係親密，『讀君之文，誦其詩，願一見者久矣。性拙且懶，終不能奉咫尺之書致殷勤於左右，乃使魯直以書先之，其為愧恨可量也。』」由此可知，黃庭堅先寫信給蘇轍，而蘇轍對黃庭堅非常推崇。黃庭堅在短時間內給蘇轍寫了很多信，表達的都是辭官歸隱之意和思念蘇軾之情，如「欲解銅章行問道」、「想見蘇耽攜手仙」。

蘇軾在黃州，也時常念叨黃庭堅。元豐五年二月，他在〈答李昭玘書〉中寫道：

> 軾蒙庇粗遣，每念處世窮困，所向輒值牆谷，無一遂者。獨於文人勝士，多獲所欲，如黃庭堅魯直、晁補之無咎、秦觀太虛、張耒文潛之流，皆世未之知，而軾獨先知之。

黃庭堅（字魯直）、晁補之（字無咎）、秦觀（字太虛）、張耒（字文潛）即所謂「蘇門四學士」，是蘇軾最得意的四位弟子。

文中又提到：

> 魯直既喪妻，絕嗜好，蔬食飲水，此最勇決。

黃庭堅任葉縣尉時，孫夫人去世；在北京大名府國子監任教授，娶詩人謝景初之女，元豐三年亦病逝，這一年黃庭堅三十五歲。蘇軾說的「喪妻」，當指謝氏。謝氏去世時，蘇軾已經獲罪，他不僅知道謝氏去世的消息，還知道黃庭堅「蔬食飲水」，與蘇轍〈答黃庭堅書〉中「吏事之餘，獨居而蔬食，陶然自得」的說法完全一致。可見在黃州，蘇軾一直默默地關心、關注著黃庭堅，打聽著他的消息。

李昭玘，字成季，也是蘇軾的學生，彼時任徐州教授。同年十二月，蘇軾又有一封給李昭玘的回信，再次提到黃庭堅：「老病廢學已久，而此心猶在，觀足下新制，及魯直、無咎、明略等諸人唱和，於拙者便可格筆，不復措辭。」從文中得知，蘇軾能經常讀到黃庭堅的新作。

元豐六年，黃庭堅再次聯繫到蘇軾，表達思念之情：「自往至今，不承顏色，如懷古人。」隨信附有一首〈食筍十韻〉，蘇軾回了信並次韻一首。

元豐七年，蘇軾量移汝州，恢復了自由身，乞居常州，得到恩准。黃庭堅則仕途坎坷，不知何故竟由泰和縣令變為監德州德平鎮。他得知蘇軾被赦免的消息，欣喜之餘，寫下〈次韻清虛喜子瞻得常州〉：「鷲回汝水間關夢，乞與江天自在春。」

在蘇軾的宣傳下，黃庭堅名聲漸大，文學才能很快為士大夫所認可。宋哲宗即位後，宣仁太后聽政，召黃庭堅為校書郎。九月，在司馬光的推薦下，黃庭堅參與《資治通鑑》的校訂。

十二月，蘇軾也回到京師，任禮部郎中、起居舍人、中書舍人，元祐元年九月任翰林學士知制誥，十個月四次升遷。

蘇、黃神交十五年，終於見面了。

兩人見面應在元祐元年初，黃庭堅贈送蘇軾一方洮河石硯做為見面禮。蘇軾有〈魯直所惠洮河石硯銘〉記述其事：

洗之礪，發金鐵。琢而泓，堅密澤。郡洮岷，至中國。棄矛劍，參筆墨。歲丙寅，斗南北。歸予者，黃魯直。

丙寅年即元祐元年，「斗南北」即北斗星柄指向東北，正是冬春之交。

蘇軾在〈題《憩寂圖》詩〉中記載他和李公麟共同完成《松石圖》，因有「前世畫師今姓李」一句，眾人認為把文人士大夫與前朝畫師相提並論，有辱斯文。蘇軾便讓黃庭堅替自己打圓場。黃庭堅解釋說，李伯時的一丘一壑是詩人的一丘一壑，不是畫師的一丘一壑，「子瞻此語是真相知」。這件事發生在元祐元年正月十二日（一〇八六年一月二十九日），那時兩個人已一起雅集聚會，談詩論畫了。

黃庭堅晚年有〈題東坡像〉，寫道：「元祐之初吾見東坡於銀臺之東。」銀臺司是門下省的一個衙門，是蘇軾任起居舍人的辦公地點。他們在元祐元年正月十二日之前第一次見面，應該沒有問題。

從這一天起，宋朝兩位頂級文人的命運就連在一起了。

提攜

元祐元年十一月，蘇軾試館職，主持考試選拔館職官員。宋朝昭文館、史館、集賢院、祕閣等校對、編撰單位通稱館職，擔任這些工作的大多是年輕文士，他們被視為宰執的後備梯隊，前途無量。擔任館職需要經過考試選拔，一般由翰林學士主持，又稱學士院考試。官員報考館職需要進士出身，有一定履歷，還要有大臣保舉。

蘇軾曾在治平二年鳳翔府秩滿後參加學士院考試，得到直史館職位，直到次年蘇洵去世。

蘇軾鼓勵他的弟子們參加館試，黃庭堅、張耒、晁補之、畢仲游都報了名。考試結果，畢仲游第一，由衛尉丞任集賢校理。其他人也通過了考試，黃庭堅由校書郎升任集賢校理、著作佐郎。秦觀由於履歷不夠，未能參加這次考試。

在蘇軾的提攜下，「蘇門四學士」已經與文壇巨擘們平起平坐了。

「蘇門四學士」都是文采斐然之人，蘇軾認為可堪大用。元祐二年十一月，他上〈舉黃庭堅自代狀〉，要將自己翰林學士和知制誥職務讓給黃庭堅：

> 蒙恩除臣翰林學士。伏見某官黃某，孝友之行，追配古人；瑰瑋之文，妙絕當世。舉以自代，實允公議。

寥寥數語中，盡是對黃庭堅的欣賞和褒揚。於是，黃庭堅除著作郎。

蘇軾不遺餘力地提拔門人和弟子，雖然是為國舉才，卻觸發了元祐黨爭，引起洛黨、朔黨的不滿，監察御史趙挺之上書彈劾蘇軾，其中一條罪狀便是「其舉自代，乃薦黃庭堅」，評價黃庭堅「輕薄無行，少有其比」、「罪惡尤大，尚列史局」。在趙挺之不遺餘力的攻擊下，黃庭堅未能上任著作郎，依舊為著作佐郎。

元祐三年正月，蘇軾知貢舉，吏部侍郎孫覺、中書舍人孔文仲同知貢舉。知貢舉有權力按自己意願組建考官隊伍，蘇軾辟黃庭堅為參詳官，秦觀、晁補之、李公麟、劉安世等為點檢試卷官，協助主考官批改卷子。

省試要鎖院，在貢院與外界隔絕四十多天，考官們過集體生活。這些人都是蘇軾的朋友、弟子，他們日夜相處，和睦融洽。他們在鎖院公務之餘，就是飲酒作詩，嬉笑怒罵皆成文章，日後都是文人佳話。

因為年歲相差不多，加上黃庭堅學識文章與蘇軾相差無幾，黃庭堅經常和蘇軾開玩笑，甚至稱蘇軾為「蘇二」。其他弟子很是眼熱，對黃庭堅暗生不滿。

省試是他們畢生難忘的回憶。建中靖國元年五月，黃庭堅與王霖等人在沙市舟中一起觀賞蘇軾墨蹟，題跋於字後：

東坡居士極不惜書，然不可乞。有乞書者，正色詰責之，或終不與一字。元祐中鎖試禮部，每來見過，案上紙不擇精粗，書遍乃已。性喜酒，然不能四五龠已爛醉，不辭謝而就臥，鼻鼾如雷。少焉蘇醒，落筆如風雨，雖謔弄皆有義味。真神仙中人，此豈與今世翰墨之士爭衡哉！

蘇軾書法極佳，皆隨性而寫，不輕易送人。黃庭堅在鎖院時目睹蘇軾酒前醉後書寫情形，落筆如風雨，感歎如神仙中人。

流放

隨著舊黨的分裂，元祐黨爭加劇，朝中大臣分成「洛黨」、「蜀黨」、「朔黨」三派，按王應麟《小學紺珠》的說法：洛黨，程頤為領袖，朱光庭、賈易等為羽翼；蜀黨，蘇軾為領袖，呂陶等為羽翼；朔黨，劉摯為領袖。所謂的蜀黨還包括蘇轍以及蘇門弟子。

元祐四年三月，蘇軾受到排擠，出知杭州。有宣仁太后的庇護，蘇軾弟子在政治上受影響不大，黃庭堅繼續留在祕書省和史局。不過，在文學上，失去了蘇軾這個知音，黃庭堅一度消沉，作詩很少，任淵〈《山谷詩集注》目錄〉說：

山谷在京師多與東坡唱和。四年夏，東坡出知杭州，遂無詩伴，而山谷常苦眩冒，多在史局，又多侍母夫人醫藥，至六年六月遂丁家艱，故此數年之間作詩絕少。

黃庭堅於元祐六年三月完成《神宗實錄》的修撰，六月他的母親去世了，黃庭堅回鄉丁憂。而蘇軾在同年五月受詔以兵部尚書還朝，到達京師大約在六月之後，二人失之交臂。

黃庭堅元祐八年九月丁憂期滿，任祕書丞，提點明道官，兼國史編修官。但這一月朝廷發生了一件大事，宣仁太后薨了，宋哲宗親政，黃庭堅意識到時局將變，上章極力辭免，居家待命。

紹聖元年閏四月，蘇軾以所謂「譏斥先朝」罪落職追官，貶謫英州，再貶惠州。而黃庭堅被臺諫指責《神宗實錄》歪曲、醜化了先帝，令赴京調查。七月，行至鄱陽湖畔，正好與蘇軾相遇。

鄱陽湖又稱彭蠡湖，二人在此相聚三日，蘇軾為黃庭堅作〈黃魯直銅雀硯銘〉，大約意識到以後見面的可能性不大了，蘇軾分外珍惜，親自將銘詞刻在硯臺上，以作紀念。

果然如蘇軾所料，此別即是永別。

黃庭堅十一月抵達京畿陳留，十二月責授涪州別駕，黔州安置，次年四月到黔州，元符元年又移戎州。黔州、戎州都在西南偏遠之地，離京城千山萬水，比嶺南、海南好不了多少。

聽到黃庭堅被貶黔州的消息，蘇軾寫下〈桄榔杖寄張文潛一首時初聞黃魯直遷黔南范淳父九疑也〉：「遙知魯國真男子，獨憶平生盛孝章。」盛孝章名憲，吳地名士，魯人孔融的朋友，受到孫策、孫權兄弟的猜忌。孔融想救盛孝章，但晚了一步，盛孝章為孫權所害。蘇軾以盛孝章比黃庭堅、范祖禹，為他們的命運感到擔憂。

黃庭堅也牽掛著蘇軾，他給蘇軾寫信介紹自己的情況，並表達對老師的關心。蘇軾回信安慰他說：我在惠州已安頓好了，聽說黔州的風土人情類似長沙，想來不算太壞，應該還能忍受。

「劉郎已恨蓬山遠，更隔蓬山一萬重。」嶺南、黔南都是群山連綿，蘇軾、黃庭堅路途隔絕，書信往來極其困難，只能在回憶中慰藉彼此的友情。

元符元年重九日，黃庭堅在戎州與僧道、子侄等諸人登山，途中見到蘇軾題詞，「低回其下，久之不能去」。之所以再三徘徊不願離開，一是思念蘇軾，二是感傷共同的淒涼命運。

元符二年（一〇九九），黃庭堅見到一封蘇軾寫給王慶源的書信。蘇軾的尺牘是難得的收藏品，後面少不了名人題跋。而這幅字卻鮮為人知，尚未受到重視，黃庭堅在書後題道：「東坡道人書尺，字字可珍，委頓人家蛛絲煤尾敗篋中，數十年後，當有並金懸購者。」意思是你們把這些字畫不當回事，數十年後將價值不菲。

黃庭堅詩文已入臻境，與蘇軾齊名，並稱「蘇黃」，開創了一代詩風，被後來的「江西詩派」奉為始祖。他的書法也聞名於世，同樣與蘇軾齊名，位列「蘇、黃、米、蔡」四大家之一。他們的書法尺牘在當時都已屬珍品。

蘇軾和黃庭堅書法交流頻繁。元符三年，宋徽宗即位，黃庭堅得到赦免，改為監鄂州鹽稅，但因江水暴漲，不便出峽。因姑表弟在青神為縣尉，黃庭堅便趁此機會到青神縣看望姑姑。黃庭堅在此見到蘇軾最著名的書法作品《寒食帖》，欣然題跋，對蘇軾的詩、書都給予高度評價：

東坡此詩似李太白，猶恐太白有未到處。此書兼顏魯公、楊少師、李西臺筆意。試使東坡復為之，未必及此。它日東坡或見此書，應笑我於無佛處稱尊也。

顏魯公即顏真卿，唐朝書法家；楊少師名楊凝式，五代書法家；李西臺即李建中，宋初書法家。

雖然蘇軾的書法作品每一幅都是稀世珍寶，但黃庭堅從中發現了最大、最亮的《寒食帖》。此帖被譽為「天下行書第三」，僅次於王羲之《蘭亭集序》和顏真卿《祭侄文稿》，在蘇軾作品中當之無愧排名第一。《寒食帖》是蘇軾在黃州特殊心境下的即興之作，印證了黃庭堅的評語：「試使東坡復為之，未必及此。」

黃庭堅在青神縣耽擱些時日，建中靖國元年才行到荊州。他滿懷希望這次回來能夠很快見到蘇軾，故次韻東坡的七夕詞曰：

八年不見，清都絳闕，望河漢、溶溶漾漾。年年牛女恨風波，算此事、人間天上。野麋豐草，江鷗遠水，老去惟便疏放。百錢端往問君平，早晚具、歸田小舫。

「八年」即從彭蠡分別至此首尾共八年。黃庭堅以牛郎織女難得相見類比自己和東坡，思念難平。然而黃庭堅終究未能見到老師，蘇軾於是年七月二十八日仙逝。

黃庭堅無比悲痛，據邵博《邵氏聞見後錄》記載：

趙肯堂親見魯直（黃庭堅）晚年懸東坡像於室中，每早作衣冠，薦香肅揖甚敬。或以同時聲名相上下為問，則離席驚避，曰：「庭堅望東坡門弟子耳，安敢失其序哉！」

黃庭堅在屋裡懸掛蘇軾像，每天早上都上香祭拜。有人問他們兩人誰的名聲更大，黃庭堅站起來誠惶誠恐地說：「庭堅是東坡門下弟子，怎敢亂了秩序。」

餘生歲月，黃庭堅多次在文字中表達對蘇軾的敬仰和懷念。

僅崇寧元年（一一〇二），其涉及蘇軾的文字多達四十餘篇。是年初夏，他給友人寫信：「去年失秦少游，又失東坡蘇公，今年又失陳履常，余意文星已宵墜矣。」六月，他被任命為知太平州，打算到任後派人去祭奠蘇軾，可惜上任九天就被免職。

黃庭堅在書信、詩文中多次稱蘇軾為「玉人」、「偉人」，足見其對蘇軾的崇敬。正如他在一篇跋文中所寫：

東坡先生道義文章，名滿天下，所謂青天白日，奴隸亦知其清明者也。心悅而誠服者，豈但中分魯國哉！士之不遊蘇氏之門，與嘗升其堂而畔之者，非愚則傲也。

埋葬蘇軾時，蘇轍作墓誌銘，黃庭堅給蘇轍寫信，自告奮勇要書寫這篇墓誌銘，但不知何故，蘇轍並未用黃庭堅書。

此後趙挺之為相，殘酷打擊報復黃庭堅，黃庭堅被列入「元祐黨人碑」，一再被除名外放，崇寧四年九月三十日（一一〇五年十一月八日）病逝於宜州。

去世前數月，黃庭堅評價蘇軾說：

軒轅彌明不解世俗書而無一字，東坡先生不解世俗書而翰墨滿世，此兩賢，隱見雖不同，要是魁偉非常人也。

軒轅彌明是唐憲宗時道士，世外高人，而蘇軾則是不解世俗書的入世偉人。

知師者，莫如弟子；知東坡者，莫如山谷。

第二十二章

於四學士中最善少游

秦觀，字少游，又字太虛，號淮海居士、邗溝居士。

民間傳說秦觀是蘇軾的妹夫，由此衍生出許多生動的故事。最有名的莫過於「蘇小妹三難新郎」：蘇軾的妹妹文采出眾，不輸於兄。蘇老泉將女兒許配給秦觀。新婚之夜，秦觀興致勃勃地要入洞房，卻吃了個閉門羹。原來，蘇小妹要測試夫婿的才學，出了三道題。第三道是個聯對，蘇小妹出上聯「閉門推出窗前月」，讓秦觀對下聯。這下可難住了新郎官，他眉頭緊蹙、苦思冥想也對不出中意的聯句。

秦觀嘴裡不停地念叨著聯句，在院子裡轉來轉去，時不時做出以手推窗的動作。恰好蘇軾夜間散步，遠遠瞧見秦觀，有心幫他解圍，就拾起一個小石子，投向院中央的水池裡。石子濺起水花，秦觀來了靈感，遂對出佳句：「投石衝破水中天。」

傳說終歸是傳說，蘇軾只有一個姊姊，結婚不久就去世了，並沒有妹妹，秦觀更不可能是他的妹夫。

不過，秦觀是蘇軾最欣賞、最中意的弟子，卻是不爭的事實。葉夢得《避暑錄話》介紹得沒錯：「蘇子瞻於四學士中最善少游。」

惟願一識蘇徐州

秦觀是高郵人，孫覺也是高郵人，秦觀年輕時投奔孫覺，在孫覺幕府任職。孫覺平日沒少念叨蘇軾這位文學奇才，秦觀聽在耳中，記在心裡，便產生了從師蘇軾的想法。

蘇軾是文學泰斗，如何才能引起他的關注，讓他將自己收入門下？秦觀還是動了一番腦子。

宋人惠洪《冷齋夜話》記載：

東坡初未識少游，少游知其將復過維揚，作坡筆語，題壁於一山寺中。東坡果不能辨，大驚。及見孫莘老，出少游詩詞數十篇讀之，乃歎曰：「向書壁者，定此郎也。」

秦觀得知蘇軾要過揚州，在其必經之地的一座山寺牆壁上題詩，模仿蘇軾的筆跡和風格，故意讓蘇軾看到。蘇軾大驚，以為真的是自己的作品，繼而又困惑，為什麼沒有一點記憶？

這樣的場景頗有戲劇性，但可信度不高。秦觀詩風、書風與蘇軾迥異，特別是詞，一個婉約，一個豪放，很容易分別。

假定書中敘述屬實，應當發生在蘇軾離開杭州、上任密州之際，途經揚州。那一年是熙寧七年，蘇軾三十八歲，秦觀二十六歲。

後來蘇軾見到孫覺，孫覺向蘇軾推薦秦觀，請他批點秦觀的詩詞，蘇軾恍然大悟：「過去在揚州一處山寺牆壁上題詩的，一定是這傢伙了。」

但他們並沒有馬上見面。

熙寧十年，李常由知齊州轉淮南西路提點刑獄，路過徐州，與蘇軾暢談甚歡。李常到揚州時見到秦觀，介紹秦觀前去拜謁蘇軾。恰好秦觀要進京趕考，就帶著李常的介紹信來到徐州。

和黃庭堅很相似，他們歸入蘇軾門下的介紹人都是孫覺、李常。

元豐元年四月，秦觀前往徐州拜謁蘇軾，蘇軾一見，分外賞識，當即作詩稱頌：

夜光明月非所投，逢年遇合百無憂。將軍百戰竟不侯，伯郎一鬥得涼州。

翹關負重非無力，十年不入紛華域。故人坐上見君文，謂是古人籲莫測。

新詩說盡萬物情，硬黃小字臨黃庭。故人已去君未到，空吟河畔草青青。

誰謂他鄉各異縣，天遣君來破吾願。一聞君語識君心，短李髯孫眼中見。

江湖放浪久全真，忽然一鳴驚倒人。縱橫所值無不可，知君不怕新書新。

千金敝帚那堪換，我亦淹留豈長算。山中既未決同歸，我聊爾耳君其漫。

那一年秦觀三十歲，蘇軾在這個年齡已經任館職了，而秦觀卻屢考進士不中，蘇軾才有「將軍百戰竟不侯，伯郎一鬥得涼州。翹關負重非無力，十年不入紛華域」之句，為秦觀鳴不平。

第一次相見，就確定了蘇軾與秦觀的友誼不同於他人。

臨別時，秦觀寫下〈別子瞻〉，表達對蘇軾的仰慕：

人生異趣各有求，繫風捕影只懷憂。我獨不願萬戶侯，惟願一識蘇徐州。
徐州英偉非人力，世有高名擅區域。……
故人持節過鄉縣，教以東來償所願。天上麒麟昔漫聞，河東鸑鷟今才見。
不將俗物礙天真，北斗以南能幾人。

把蘇軾比作天上的麒麟、河東的鸑鷟，比作北斗星，這樣的譽美之詞幾乎無以復加了。尤其「我獨不願萬戶侯，惟願一識蘇徐州」，虔誠之心令人動容。

蘇軾在徐州重修黃樓，見到文人學士便邀作賦詠之，秦觀也不例外。對老師布置的作業，秦觀很重視，很快用駢文寫成了〈黃樓賦〉，辭藻瑰麗，想像豐富，確是賦中佳作。蘇軾知道秦觀有才，但沒想到水準已經力壓前賢，驚喜之餘寫了一首詩贈給秦觀，其中一句：

雄辭雜今古，中有屈宋姿。

這一句成為文壇對秦觀的經典評價。「屈宋」指屈原和宋玉。

秦觀的強項是詩詞歌賦，然而王安石變法，貢舉不再考詩賦，對秦觀極為不利，這年秦觀落榜了。消息傳來，蘇軾安慰秦觀說：「這不是你的損失，這是有司的不幸。」

秦觀家境貧寒，甚至買不起書，需要到親戚處借書讀。落榜後他遭人白眼，心情鬱悶，把自己的遭遇寫信告訴了蘇軾。蘇軾暗下決心，一定要幫助秦觀取得功名，改善他的處境。

不遺餘力薦秦觀

元豐二年三月，蘇軾由徐州移知湖州，途經高郵，與秦觀和詩僧參寥結伴南下，同遊無錫、惠山，每到一處都要賦詩唱和。

彼時山雨欲來，朋友們已經聽到許多對蘇軾不利的消息，而蘇軾卻渾然不覺。秦觀提醒蘇軾，蘇軾不以為然，裝聾作啞。

蘇軾沒有聽從秦觀的規勸，還是惹了大禍，招致「烏臺詩案」，被貶黃州。

在黃州，蘇軾極少與人來往，包括「大弟子」黃庭堅，但與秦觀的聯繫沒有中斷。讀蘇軾黃州期間寫給秦觀的信，事無巨細盡鋪陳於紙上，絮絮叨叨，囉哩囉唆，像個與街坊聊天的中年婦女。比如老乳母喪了，堂兄去世了；開始養生了；借了三間房居住，準備閉關不出；李常近日來看我了，孫覺卻不給我寫信；我在這裡交了幾個朋友，王生殺雞做飯招待我，潘生開了間酒店，我是他們的老主顧；還有當地土特產和物價，米多少錢一斗，羊肉和北方的沒有區別，豬、獐、鹿、魚、蟹太便宜了……

蘇軾在黃州太無聊了，需要有人聊天，有人傾聽，而秦觀就是最合適的人選，不用擔心說錯話，不用擔心對方不耐煩。

這就是蘇軾與秦觀的友誼，想說就說，無所不談。

蘇軾最關心的當然還是秦觀的文學和科考。宋代科考已經糊名，主考難以確認哪一張試卷是哪一位考生的，但畢竟每位貢生文章風格不一樣，還有依稀辨識的餘地。歐陽修曾把蘇軾的試卷誤認為曾鞏的，蘇軾元祐三年知貢舉也有錯認試卷的經歷，可見主考若想提攜貢生，並非完全沒有機會，所以宋朝仍保留著貢生考前行謁顯貴的風氣。秦觀屢考不中，與無人推舉、沒有管道行謁也有一定的關係。當下王安石雖已罷相，但對政壇的影響力不容小覷。元豐四年，淮南轉運副使李琮行書向蘇軾諮詢西南邊陲軍事策略，李琮是江寧人，與王安石熟識，蘇軾有〈答李琮書〉，在信的結尾懇請李琮向王安石引薦秦觀：「秦太虛維揚勝士，固知公喜之，無乃亦可令荊公一見之歟？」

不過李琮可能沒有把蘇軾的請求當回事。

元豐七年，蘇軾恢復了自由身，四月別雪堂、遊廬山，五月會蘇轍於筠州，六月送長子蘇邁赴任德興，七月、八月謁見罷相王安石。有一說是為秦觀的前途著想，蘇軾才放下恩怨試探著拜會王安石。在江寧，蘇軾向王安石力薦秦觀，希望王安石利用政壇影響力，幫助秦觀科考入仕。

告別王安石後，蘇軾與秦觀相約在江南會面。這時秦觀心情灰暗，把所有心思都用在寫詩作文上，自編《淮海詩文集》十卷。蘇軾立即派人將詩文集送給王安石一份，再次向王安石推薦秦觀。

讀了秦觀的詩文，王安石讚不絕口：

> 得秦君詩，手不能舍。葉致遠適見，亦以為清新嫵麗，與鮑、謝似之。不知公意如何？餘卷正冒眩，尚妨細讀。嘗鼎一臠，旨可知也。公奇秦君，數口之不置；吾又獲詩，手之不舍。然聞秦君嘗學至言妙道，無乃笑我與公嗜好過乎？

蘇軾與秦觀同遊江南，直到十一月分，秦觀又要赴京趕考，才於淮上飲別。

元豐八年，秦觀終於考中了進士，得官定海主簿。

後會不知何處是

元祐二年，蘇軾任翰林學士知制誥，立即推薦秦觀為太學博士，後遷祕書省正字。這時蘇門「四學士」和「六君子」齊聚京城，有了更多雅集與唱和的機會，其中秦觀參加了著名的「西園雅集」。

邵博《邵氏聞見後錄》有一則故事，可見蘇軾、秦觀當時交遊的情況：

秦少游在東坡坐中，或調其多髯者。少游曰：「君子多乎哉？」東坡笑曰：「小人樊須也。」

沒有人會想到詞風婉約的秦觀會是個大鬍子。有人拿大鬍子取笑他，秦觀用《論語》的句子解嘲，而蘇軾對這位弟子更「損」，同樣用《論語》的句子稱秦觀為「小人」。他們用了諧音梗，「多乎」同「多鬍」，「樊須」是孔子的弟子，音同「繁鬚」，指鬍子多。

如果不是親密無間，不會開這樣的玩笑。

隨著蘇門弟子隊伍的擴大和交往的深入，引起洛黨、朔黨人物的忌妒，他們瘋狂攻擊蘇軾，秦觀也被牽連其中。蘇軾和鮮于侁舉薦秦觀參加「賢良方正直言極諫科」制科考試，但秦觀被人以莫須有的罪名誣告，被刷了下來。

蘇軾在〈辨賈易彈奏待罪箚子〉提到，賈易彈劾秦觀與御史中丞趙君賜勾結，借此劍指蘇軾。這種情況下，蘇軾於元祐四年出知杭州，秦觀也在元祐六年被罷去祕書省正字。元祐七年八月，蘇軾還朝，秦觀的仕途達到頂點，授左宣德郎，又祕書省正字兼國史院編修官，參與編修《神宗實錄》，風光無限。

然而，宋哲宗親政後，蘇軾被貶嶺南，做為蘇軾的得意門生，秦觀難逃厄運。蘇門弟子中，秦觀入職最短，受到的處罰卻最重。他以「影附蘇軾，增損實錄」的罪名，於元祐八年貶監處州酒稅。反對派派人緊盯著他，等他犯錯。紹聖三年，因為「謁告寫佛書」這種莫名其妙的罪名，削秩徙郴州。削秩指削去所有官職封號，是對士大夫最嚴重的懲罰之一。紹聖四年又編管橫州。

「國家不幸詩家幸，賦到滄桑句便工。」秦觀屢試不中之時，寫下〈滿庭芳・山抹微雲〉，是其代表作之一，蘇軾極其欣賞這首詞，送給秦觀「山抹微雲秦學士」的雅號。在貶往郴州路上，秦觀寫下了另一首代表作〈踏莎行・郴州旅舍〉：

霧失樓臺，月迷津渡，桃源望斷無尋處。可堪孤館閉春寒，杜鵑聲裡斜陽暮。
驛寄梅花，魚傳尺素，砌成此恨無重數。郴江幸自繞郴山，為誰流下瀟湘去。

詞的上闋寫謫居中寂寞淒冷的環境，下闋寫遠方友人的殷勤致意。從詞中可看出在坎坷的仕途生涯中，秦觀愈來愈傷感、憂鬱。在胸襟上，秦觀遠不如蘇軾豁達超脫，這大概是他早亡的原因之一吧。

在處州、郴州、橫州，蘇軾和秦觀幾乎失去了聯繫。元符元年，秦觀再徙雷州，而蘇軾已貶謫儋州。同在化外之地，這時他們復通音訊，蘇軾文集中保留了他們的通信記錄。

元符三年，蘇軾遇赦回到內地，量移廉州。秦觀比蘇軾更先得到消息，立即差人將這一喜訊報告給老師。蘇軾將信將疑，回信說：

前所聞，果的否？若信然，得文字後，亦須得半月乃行。自此徑乘蜑船至徐聞出路，不知猶及一見否？

他還告訴秦觀：「至渡海前一兩日，當別遣人去報也。若得及見少游，即大幸也。」

六月，蘇軾與秦觀會於海康，臨別時秦觀以一首〈江城子〉送別老師：

南來飛燕北歸鴻，偶相逢，慘愁容。綠鬢朱顏，重見兩衰翁。別後悠悠君莫問，無限事，不言中。

小槽春酒滴珠紅，莫匆匆，滿金鐘。飲散落花流水、各西東。後會不知何處是，煙浪遠，暮雲重。

詞句通俗易懂，秦觀一是感歎二人都已衰老，二是感歎相見不易，下次相會不知何時。

秦觀曾自作一篇輓辭，人皆以為不祥之兆。不過，文人本身特立獨行，蘇軾當時沒有把這件事放在心上。據其他書籍記載，蘇軾拍了拍秦觀的肩膀安慰他說：「我也曾自作墓誌銘，密封起來放在身邊，不讓蘇過知道。」

蘇軾沒想到這次分別真的成了永別。一個月後，八月十二日，秦觀卒於藤州光華亭。

關於秦觀的死，《宋史・秦觀傳》有比較傳奇的記載：

徽宗立，復宣傳郎，放還。至藤州，出遊光華亭，為客道夢中長短句，索水欲飲，水至，笑視之而卒。

對於愛徒之死，蘇軾一是震驚，二是悲傷，給友人的信中多次表達痛惜之情：「聞少游噩耗，兩日為之食不下。」、「途中聞秦少游奄忽，為天下惜此人物，哀痛至今。」、「哀哉少游，痛哉少游，遂喪此傑耶？」

秦觀去世時年僅五十二歲，是「蘇門四學士」中辭世最早的一位。一年之後，蘇軾在常州去世。蘇軾對秦觀的情義，僅次於家人，從這個意義上說，秦觀早一步離開，大概是為了在天上侍奉師尊吧。

第二十三章
學士中的「小圈子」

黃庭堅、秦觀、張耒、晁補之是蘇軾最優秀的弟子，蘇軾多次將他們並提，因此有「蘇門四學士」之稱。「四學士」之外，還有「後四學士」，他們是李格非、廖正一、李禧、董榮。這些弟子門人中，張耒、晁補之、李格非三人關係較好，交往較多，雖然沒有並稱，其實是個「小圈子」。

張耒

張耒，字文潛，自號柯山，人稱宛丘先生。張耒早慧，熙寧六年，十九歲即考中進士。未考進士前，張耒遊學陳州，蘇轍為陳州教授，二人相識，很快成了忘年交。蘇軾於是年通判杭州，不久透過孫覺發現了黃庭堅。蘇軾把發現黃庭堅的消息寫信告訴蘇轍，蘇轍自然會向蘇軾介紹張耒。

熙寧八年秋，蘇軾知密州，作〈後杞菊賦〉，寄給漣水令盛僑品讀。當時張耒授臨海縣主簿，因公出差路過漣水縣，盛僑便將蘇軾〈後杞菊賦〉讓張耒看。張耒當即作〈杞菊賦〉盛讚蘇軾：

> 膠西先生，為世達者。文章行義，遍滿天下。

膠西即密州，代指蘇軾。

張耒這篇〈杞菊賦〉很快傳到了蘇軾的耳中，蘇軾對張耒的文才有了更進一步了解。

不久，蘇軾修超然臺，遍請天下文章名家為之作記、作賦，前輩文彥博、司馬光，友人文同、李清臣、鮮于侁都有文字。蘇軾想起張耒這位「後起之秀」，但這時他們之間還沒有直接的聯繫，便透過老友劉攽向張耒發出邀請。張耒欣然命筆，創作了〈超然臺賦〉。

元豐二年，蘇軾守湖州。張耒始終關注著蘇軾的活動，給蘇軾的方外之交參寥寫詩稱頌蘇軾：「蘇公守吳興，山水方有主。子兮從之遊，掛錫當可駐。」

八月，蘇軾被誣下獄，繼而流放黃州。張耒給黃庭堅的信中描述當時的情形：

> 蘇公黜官，貶走數千里外，放之大荒積水之上，飯粥不給，風雨不蔽。平日之譽德美者皆諱之矣，誰復議於蘇公之徒哉。宜其滅息掩抑，而莫敢言之矣。

平日讚頌蘇軾的人都不敢說話了，誰還敢承認自己是蘇軾的學生呢？元豐五年，蘇軾在書信中提到張耒，已經明確了二人的師徒身分。蘇軾〈答李昭玘書〉中將張耒與黃庭堅、晁補之、秦觀並列，無疑已收入門下。此時二人應已相識，但見面於何時，他們的書信和有關史料均未明確記載。

元豐八年，蘇軾回京，張耒時任咸平縣丞，派人到京向蘇軾祝賀，並送來自己的新作請求指導。蘇軾寫了一封回信：

軾頓首文潛縣丞張君足下。久別思仰。到京公私紛然，未暇奉書。忽辱手教，且審起居佳勝，至慰！至慰！

惠示文編，三復感歎。甚矣，君之似子由也。子由之文實勝僕，而世俗不知，乃以為不如。其為人深不願人知之，其文如其為人，故汪洋淡泊，有一唱三歎之聲，而其秀傑之氣，終不可沒。作〈黃樓賦〉乃稍自振厲，若欲以警發憒憒者。而或者便謂僕代作，此尤可笑。「是殆見吾善者機也。」

文字之衰，未有如今日者也。其源實出於王氏。王氏之文，未必不善也，而患在於好使人同己。自孔子不能使人同，顏淵之仁，子路之勇，不能以相移，而王氏欲以其學同天下！地之美者，同於生物，不同於所生。惟荒瘠斥鹵之地，彌望皆黃茅白葦，此則王氏之同也。近見章子厚言，先帝晚年甚患文字之陋，欲稍變取士法，特未暇耳。議者欲稍復詩賦，立《春秋》學官，甚美。

僕老矣，使後生猶得見古人之大全者，正賴黃魯直、秦少游、晁無咎、陳履常與君等數人耳。如聞君作太學博士，願益勉之。「德如毛，民鮮克舉之。我儀圖之，愛莫助之。」此外千萬善愛。偶飲卯酒，醉。來人求書，不能復覼縷。

文中第一段有「久別思仰」的句子，透露出二人的交往資訊，即很久前曾見過面。「久」應不少於三年。可以推測，張耒給黃庭堅寫信後不久，即不顧世人非議，毅然前去拜訪蘇軾，明確了師徒名分。

書信第二段評價張耒的文才，說他的性格、文風像蘇轍：其文如其為人，故汪洋淡泊，有一唱三歎之聲，而其秀傑之氣，終不可沒。

第三段表明了蘇軾的文學主張：文學應百花齊放，求同存異。蘇軾在文學上提攜後進，尊重他們的風格，弘揚他們的特長，並不要求和自己保持一致。比如他的詞豪放，而弟子秦觀卻是婉約派代表，這不妨礙蘇軾對秦觀的認同。蘇軾批評王安石「患在於好使人同己」，為天下的讀書人制定條條框框，追求整齊劃一，在價值觀和文風上排斥異己。蘇軾與王安石的差別，不僅僅是教學思想的差別，更是文化思想和意識形態的差別。

當然，蘇軾批判王安石主要針對的還是他變法取消了詩賦一科。最後蘇軾對張耒等提出了期望。

元祐元年末，范純仁舉薦張耒參加館試，張耒提前到京城備考。十一月十九日，他和黃庭堅、晁補之等弟子到蘇軾家作客。他們一點也不客氣，翻騰蘇軾的書稿，找出蘇軾在黃州寫的〈黃泥阪詞〉，那是蘇軾醉後所書，字跡潦草，很多地方有塗抹改動，不容易辨析。幾個人根據上下文意思，把不清楚的地方補齊，張耒重新謄抄了一份留給老師，自己把原稿拿走了。

十二月，蘇軾試館職，這幾位弟子都考上了，張耒被任命為祕書省正字。對於長期在縣裡任副職的張耒來說，這是仕途上的飛越。

那一段時間，師徒友誼進入了高潮期。他們唱和頗多。有一次，張耒到王直方家，作一首長詩。五天之後，蘇軾造訪王直方，讀到張耒的詩，讚歎道：「此不是吃煙火食人道底言語。」那幾句詩是：「漱井消午醉，掃花落晚涼。眾綠結夏帷，老紅駐春妝。」

「蘇門四學士」中，黃庭堅幾欲與蘇軾比肩，蘇軾以朋友待之，而對秦觀和張耒稱頌較多。元祐五年正月知杭州時，秦觀的弟弟秦覿從蘇軾學，回鄉探親，蘇軾作文為他餞行，稱張耒和秦觀為超逸絕塵之士。蘇軾還認為「秦得吾工，張得吾易，而世謂工可致而易不可致」。「工」即嚴謹，「易」即平實，嚴謹容易平實難。從這個評價看，蘇軾甚至認為張耒超過了秦觀。晁補之有詩形容張耒文風：「君詩容易不著意，忽似春風開百花。」稱讚張耒的詩歌無斧鑿之痕。

張耒為館職八年，紹聖元年受蘇軾連累，被攻擊參與《神宗實錄》時採納了謗史，出知潤州。不久，蘇軾被貶英州，張耒專門派老兵王告和顧成護送照料。蘇軾記述說：「方某流離道路時，告奉事無少懈，又不憚萬里再來。……當時同來者顧成，亦極小心。」中途，詔改貶惠州，王告二人又跟隨到惠州，毫無怨言。王告歸潤時，蘇軾將一根桄榔方杖託他送給張耒，以表謝意。

後來張耒再貶宣州，又為黃州酒稅，但他仍遣使到嶺南向蘇軾問候。蘇軾在貶所也想念張耒，曾手書張耒〈寒衣歌〉。蘇軾到了儋州，受眼疾和牙齒鬆落困擾，想起張耒過去的一段諫言，遂寫在開元寺的牆壁上：「眼惡點濯，齒便漱琢。治眼當如治民，治齒當如治軍。治民如曹參之治齊，治軍如商鞅之治秦。此張文潛言也，而吾喜書之。」

宋徽宗建中靖國元年，蘇軾受赦北歸，張耒歡欣鼓舞，寫詩相慶。可沒想到，蘇軾不久竟病逝於常州。時張耒知潁州，無法前去弔唁，便拿出自己的官俸，在薦福禪院為恩師飯僧縞素而哭。正因這件事，崇寧中他又被人彈劾，貶為房州別駕，黃州安置。政和四年（一一一四），他在貧困交加中抑鬱而亡。

晁補之

「蘇門四學士」中，晁補之最早拜入蘇軾門下。

熙寧四年，蘇軾通判杭州，晁補之的父親晁端友任杭州治下新城令。晁補之隨父居住，非常想拜蘇軾為師，次年投書門下，但蘇軾沒有回應。

熙寧六年，蘇軾巡視新城，晁補之怎能放過這個難得的機會，袖文以見。蘇軾看了他的文章，欣喜地說：「我可以擱筆了。」標誌著晁補之正式成為蘇門弟子。

晁補之學習很刻苦，他自己說：

> 辱在先生門下，雖疾風苦雨，晨起夜半，有所請質，必待見先生而後去。先生亦與之優遊講析，不記寢食，必意盡而後止。

其他文獻中，多記載蘇軾與弟子親密無間、平等相處，或在詩文章法，具體語句上予以指導。從上述資料中可知，蘇軾教學也是不辭勞苦的。

蘇軾帶著晁補之遊歷杭州山水，為他介紹人物掌故，根據其行文特點，讓他效仿枚乘、曹植。在蘇軾的指導下，晁補之寫成了《七述》。這是一部記述杭州風情、歷史的著作，是晁補之的成名作。

蘇軾由杭州移知密州，晁補之也回到老家齊州。蘇軾罷知密州，先到齊州，又回京城，在范鎮的東園借居兩個多月。晁補之先是在中途汶水之岸等待老師，為老師接風餞行，後意猶未盡，專程趕到京師謁見蘇軾。晁補之如饑似渴學習的情形如在眼前。

元豐二年，晁補之以開封府舉子資格進行科考，府試和禮部別院考試均為第一。宋神宗讚其文曰：「是深於經術者，可革浮薄。」他得到的第一個職務是澶州司戶參軍。

及第後，晁補之專門寫信感謝老師栽培之功：「補之敢不益自檢束，期終教育之賜。」他解釋科考的原因：

「自吳歸魯，先人謝世，家四壁立，偏親需養，婚媾日逼，少業慵惰，不能作業。念無以奉朝夕，束書薄遊，為苟且之圖，分外得之，粗飽為幸。」大意是太窮了，只能出仕養家。

和黃庭堅、張耒一樣，晁補之於元祐三年蘇軾試館職時考中，升為祕書省正字，又升為校書郎。這是師徒歡聚的日子，也是文壇盛事，史稱「一時文物之盛，自漢唐以來未有也」。宋人張守記其盛狀云：

自東坡先生主斯文之盟，則聞先公（晁補之）與黃魯直、張文潛、秦少游輩升堂入室，分路揚鑣，蔚乎其揚袂，炳乎其相輝。每文一出，人快先睹。

他們聚集一起最暢快的事便是論文評畫。一次，蘇軾將自己新作的詞讓晁補之和張耒看，問比秦觀如何。晁、張二人評價說：「少游詩似小詞，先生小詞似詩。」這是文學史上重要的一條論斷，蘇軾「以詩入詞」的評語，濫觴於此。

晁補之收藏文同的《墨竹圖》，蘇軾為之題詩，重申了精神追求：「可使食無肉，不可使居無竹。」

晁補之出身名門望族，近支祖上晁迥官至翰林學士承旨、太子少保。晁迥有位哥哥晁迪，死後贈刑部侍郎，官職也不低。晁迪是晁補之的五世祖。晁補之四世祖晁宗簡為吏部尚書。後來子孫官位低微，已經家無餘財。到了晁補之，家庭收不抵支，生活捉襟見肘。他給張耒的詩描述當時的家境：「寒衣婦補綻，學績女娉婷。」妻子要親自補綴衣服，孩子打小就得學習紡織，不像官宦之家。無奈之下，元祐五年，晁補之上書請求補外，以奉養親老，年底，以祕閣校理通判揚州。

沒想到的是，一年後，元祐七年春，蘇軾由潁州調往揚州，任知揚州軍州事。蘇軾和晁補之搭檔，成了揚州的

一、二把手。蘇軾與弟子同守一郡，真是難得的佳話。

聽說老師要來，晁補之抑制不住激動的心情，遠迎到淮南，並寫詩道：

去年使君道廣陵，吾州空市看雙旌。今年吾州歡一口，使君來為廣陵守。

……

青袍門人老州佐，於世無成志消墮。封章去國人恨公，醉笑從公神許我。

瓊花芍藥豈易逢，如淮之酒良不容。一酹孤鴻煙雨曲，平山堂上快哉風。

平山堂為歐陽修任職揚州時所修，是文人士大夫吟詩作賦的場所。晁補之已經在暢想與老師把酒唱和的場景了。

蘇軾對師徒相聚也很期待，次韻和詩，稱晁補之為「風流別駕」，希望在他的陪伴下盡覽揚州繁華：「賴有風流賢別駕，猶堪十里卷春風。」蘇軾給別人去信說，幸虧有晁補之在這裡輔助，真擔心他被調走。

五月二十四日是晁補之生日，延請蘇軾到家做客。晁補之母親楊氏命人在大盆中裝滿水，採來白蓮花置於水面，清涼芬芳之氣充盈室內，頓覺暑氣消退，涼意宜人。蘇軾不顧五十七歲高齡，一定要與晁補之歡飲達旦。蘇軾告訴太夫人：「壽樽餘瀝到朋簪，要與郎君夜語深。敢問阿婆開後閣，井中車轄任浮沉。」

蘇軾和晁補之在揚州做了兩件民生實事，一是上書朝廷免除百姓欠官府的債務；二是准許官船的船夫捎帶貨物，使他們有以為生。可惜，蘇軾在揚州的時間不長，元祐七年九月即奉詔回朝。到京後，蘇軾推薦晁補之任祕書省著作佐郎。

不久，宣仁太后薨，章惇執政，蘇軾被貶惠州、儋州，晁補之也連續被貶，在一些小州郡任監稅。

大觀年間，晁補之徹底失去官職，閒居於家鄉齊州緡城，買田置屋。因蘇軾喜歡陶淵明詩，晁補之便自號「歸來子」，把莊園稱為「歸去來園」。他把住處的屋、園、亭、閣等，全部用陶淵明〈歸去來兮辭〉中的詞語命名，比如把堂屋前的樹木叫「松菊」，把軒取名「舒嘯」，把亭取名「臨賦」；封土為臺，上面蓋屋權作樓房，取名「遐觀」；房屋裡的走道取名「流憩」。

大觀四年九月二十五日（一一一〇年十月二十九日），晁補之逝世，年五十八，張耒為其撰寫〈晁無咎墓誌銘〉：

蘇公以文章名，一時士爭歸之，得一言足以自重，而延譽公如不及，至屈輩行與公交。由此，公名籍甚於士大夫間。

說明晁補之的成長離不開蘇軾的教育和提攜，晁補之從蘇軾處汲取營養，最終成為一代文學大師。

李格非

李格非屬於「蘇門後四學士」之一，聲名比不上前四學士，但他有個名震寰宇的女兒——李清照，因此備受後人矚目。

李格非年輕時注重經學，著有十萬字的《禮記說》。宋神宗熙寧年間，王安石改革科舉，廢除詩賦，專考經義，熙寧八年又頒布固定教材，把《周禮》做為優先考試的內容，對李格非非常有利，於次年金榜題名，年僅二十六歲。

李格非與蘇門弟子的友誼開始於元祐初。這一年李格非調任太學錄。太學錄為國子監所屬學官，負責管理太學的學生並輔助教學。太學錄之上太學正、太學博士，他們是正式教師，具有教學資格。此時晁補之正在太學正任上，二人由此結識。

透過晁補之這層關係，李格非開始與張耒、黃庭堅等交往，並拜謁蘇軾，正式成為蘇軾門下弟子。由於他入門晚於黃、秦、晁、張四學士，終身成就也不如四人，所以與廖正一、李禧、董榮並稱為「蘇門後四學士」。

蘇門弟子中，李格非與晁補之、張耒年齡相仿，他們很談得來，關係比其他人更好一些。

元祐四年，李格非從太學錄轉為太學正，在汴京經衢之西買下一座官方的公租房，把家眷接到京城。李格非在院落裡種了一片竹子，取蘇軾「可使食無肉，不可使居無竹」之意，得名「有竹堂」。

「有竹堂」很小、很簡陋，下雨天十分潮溼，雜草叢生，蛛網遍布，各種藤木毫無章法地交織在一起，一點也不好看。李格非特意種的竹子顯得矮小，被藤木纏繞，常常被忽略。李格非卻敝帚自珍，中午從太學回來，坐在有竹堂裡讀書作文，靈感像噴湧的泉水，寫文章如行雲流水，一揮而就，一天能寫好幾篇。

「蘇門四學士」經常光顧有竹堂，特別是晁補之和張耒。李格非和二人臥榻論詩，高談闊論就忘了時間，深夜裡還能聽到他們激烈的爭論聲和爽朗的笑聲。

憑藉李格非的關係，李清照有機會接受更廣泛的文學滋養。晁補之、張耒對李清照不吝教誨，給予她古文、聲律、辭賦方面的指導。李清照雖然沒有拜入二人師門，但確實受益匪淺，他們成了亦師亦友的忘年交。後來李清照自號「易安居士」，取自陶淵明〈歸去來兮辭〉，與晁補之「歸來子」遙相呼應。

元祐五年五月，蘇軾再次回到朝廷。他有沒有造訪過有竹堂，歷史沒有記載。不過，李清照或許見過蘇軾，至少能經常讀到蘇軾的新作，聽到關於東坡的趣聞。北宋最有成就的兩位詩詞大家有這樣的淵源，恰好體現了文學的傳承。

新舊黨爭中，李格非的身分比較複雜。他受過保守派韓琦的教誨，後來是蘇軾的弟子，算是舊黨；但早年好經文，是熙寧科舉變革後的進士，是變法派培養出來的新人。他先娶王珪的女兒為妻，王珪在元豐年間任宰相，立場不鮮明，至少沒有站在變法派的對立面，應該屬於溫和的變法派；王珪女兒去世後，他續娶的是王拱辰的孫女，王拱辰屬溫和的保守黨，與司馬光有著良好的友誼。李格非與兩派都有淵源，這兩種身分保護了李格非，使他在黨爭前期沒有受到衝擊。

紹聖元年，蘇軾被貶嶺南，李格非反而進入了祕書省，任校對黃本書籍一職。他沒有忘記老師的教導，寫信慰問老師，讓人送到遙遠的惠州。

紹聖二年，李格非遷禮部員外郎，這一年他寫了〈洛陽名園記〉，介紹洛陽十九處名園，其中有富弼居住的「富鄭公園」和司馬光居住的「獨樂園」。介紹了「獨樂園」之後，發議論說：「所以為人欣慕者，不在於園耳。」分明是讚美司馬光的品德和為人。當時司馬光正被「批倒批臭」，李格非此文不合時宜，最終為自己招來了禍端。

崇寧年間，李格非被列入「元祐黨籍」，貶象郡，也到了嶺南。不過這時他的老師蘇軾已經去世一年多了。

李格非在象郡沒過多長時間就回老家賦閒了，大約晚於晁補之去世，張耒為他寫了墓誌銘。

第二十四章
桃李滿天下

孔子門下有賢人七十二，蘇軾的弟子沒有具體數目，但絕不止前後「四學士」。南宋時，人們將黃庭堅、秦觀、晁補之、張耒和陳師道、李廌的文章編輯在一起，便有了「六君子」之說。除此之外，蘇軾愛惜人才，在地方上廣施教育，桃李滿天下，載入史冊的不在少數。

陳師道

陳師道，字履常，又字無己，號後山居士，彭城人。

陳師道年輕時隨父親宦遊，十六歲那年遇到曾鞏，拜在曾鞏門下讀書。父親去世後，陳師道以布衣之身待在老家。

陳師道喜歡詩詞，屬於苦吟型詩人。黃庭堅有詩云：「閉門覓句陳無己，對客揮毫秦少游。」傳說陳師道平時出行，靈感來了就匆匆忙忙趕回家，埋在被窩裡苦思冥想，像得了場大病，有時幾天才起床。王安石改革科舉，專考經義，陳師道很不滿意，拒不應試，所以一直沒有功名。

陳師道與蘇軾交往，有人認為可以上溯到蘇軾知密州期間，因為《蘇軾文集》中有兩篇尺牘標示為答陳履常，尺牘顯示作於密州。然而尺牘內容與陳師道的履歷對不上號，應該是張冠李戴了。

熙寧十年，蘇軾守徐州，陳師道在〈秦少游字序〉云：

> 熙寧元豐間，眉山蘇公之守徐，余以民事太守，間見如客。

此傳遞了兩則資訊，一是此時二人有了來往，二是並不熟悉，相互之間非常客氣。

元豐元年，蘇軾建成黃樓，廣求賦銘，陳師道呈上〈黃樓銘並序〉，描述洪水肆虐的情形：「河決澶州，南傾淮泗，彭城當其沖；夾以連山，扼以呂梁，流瀉不時，盈溢千里。平地水深丈餘，下顧城中，井出脈發，東薄兩隅，西入通洫，南壞水垣，土惡不支，百有餘日而後已。」蘇軾非常欣賞他的才華。

此後蘇軾入獄，被貶黃州，二人幾乎失去了聯繫。元祐二年，蘇軾為翰林學士知制誥，與傅堯俞一起向朝廷推薦陳師道，晁補之也上了薦書，稱讚他：「年三十五，孝悌忠信聞於鄉閭，學知聖人之意，文有作者之風；懷其所能，深恥自售，恬淡寡欲，不干有司；隨親京師，身給勞事，蛙生其釜，慍不見色。」陳師道至此走上仕途，授亳州司戶參軍，充徐州教授。

蘇軾與陳師道的友誼，前面像是序幕，元祐二年才進入正劇。陳師道在徐州，儘管對蘇軾心懷感恩，卻不能像「四學士」一樣侍奉左右，心裡總有不少缺憾。

元祐四年五月，蘇軾自請知杭州，要到遙遠的南方去。陳師道為報恩，一定要送一程。宋朝官吏管理制度，任職期間不得擅自離境，陳師道只好向徐州郡守孫覺請假。但孫覺也不好違犯朝廷法令，不批准。怎麼辦？他只好裝病不上班，偷偷溜了出來。

陳師道在南都等候蘇軾，又同舟南下，一直送到宿州，分別時寫了一首餞行詩：

平生羊荊州，追送不作遠。豈不畏簡書，放麑誠不忍。
一代不數人，百年能幾見。昔如馬口銜，今為禁門鍵。
一雨五月涼，中宵大江滿。風帆目力短，江空歲年晚。

羊荊州指西晉羊祜，羊祜都督荊州諸軍事，深受百姓愛戴，郭奕因送羊祜出界而被免官。陳師道把蘇軾比作羊祜，把自己比作郭奕，他明知將會受到朝廷處罰，依然不改初衷。

果然，諫官劉安世彈劾陳師道擅離職守、蔑視長官、徇情亂法，陳師道被免職。不久，復為州教授，不過移到了潁州。

元祐六年，蘇軾知潁州，對陳師道來說真是意外之喜。潁州是歐陽修最後落戶的地方。他們和簽判趙令畤，以及歐陽修的兩個兒子歐陽棐、歐陽辯經常舉行文學聚會，不到半年時間，唱和詩歌達十數首。這是陳師道詩歌創作爆發期，也是其詩歌風格形成期，可以看出，他的詩歌受到蘇軾影響愈來愈大。

陳師道與蘇軾有師生之實，卻無師生之名。蘇軾有意收陳師道為徒，但他不願辜負曾鞏，不肯師投二門。他寫詩道：「向來一瓣香，敬為曾南豐。」委婉地拒絕了蘇軾。

陳師道心地純粹，即便如此，也看出蘇軾處境險惡，常常規勸蘇軾不要多言惹禍。蘇軾在潁州僅半年，即調往揚州，但仍上書請求減免潁州災民積欠的官稅。陳師道給蘇軾寫信，勸誡他不要越職言事，不然，「必有過甚覆溺之憂」。元祐末，宋哲宗紹述熙寧政治的意圖愈來愈明顯，陳師道先後作〈寄侍讀蘇尚書〉、〈寄送定州蘇尚書〉，云「功名不朽聊通袖，海道無遠具一舟」，希望蘇軾急流勇退。

紹聖中，蘇軾被貶嶺南，陳師道受到牽連，罷官。道士吳復古要去嶺南看望蘇軾，陳師道讓他捎去一首詩，表達對蘇軾的牽掛：

聞名欣識面，異好有同功。我亦慚吾子，人誰恕此公。
百年雙白鬢，萬里一秋風。為說任安在，依然一禿翁。

宋代文學家任淵對這首詩有詳細的批註：「聞名欣識面」，言吳君欲識東坡也。「異好有同功」，言吳君方外之士，與後山異趣，而好賢之意則同，故云「同功」。「我亦慚吾子，人誰恕此公」，言後山不能往見蘇公，此所以有愧於吳君也。此二句大妙。「百年雙白鬢，萬里一秋風」，時東坡年五十九，此言神交心契，與風無間也。末句後山自謂不負蘇公之門，時亦坐黨事廢錮，故云「禿翁」。

前四句陳述二人寫此詩的因由，頸聯訴說思念，尾聯用任安的典故表達對蘇軾的忠誠。西漢將軍衛青失勢後，他的門人大多轉投新貴霍去病，只有任安不肯離棄。禿翁指年老沒有官勢的人，這裡是陳師道自嘲。

此後陳師道與蘇軾音訊不通，仍不能抑制彼此的思念。他有一首〈懷遠〉詩，為懷念蘇軾所作：

海外三年謫，天南萬里行。生前只為累，身後更須名。
未得平安報，空懷故舊情。斯人有如此，無復涕縱橫。

從詩意看，這首詩作於建中靖國元年，是年，蘇軾病逝於常州。

這一年，陳師道被任命為棣州教授，改除祕書省正字。十一月，朝廷在南郊進行祭祀大典，官員都要陪祀，晚上隨駕住在南郊的齋宮青城。青城簡陋，只有一些臨時性居住設施如幔帳等，政和之後才蓋上房屋。十一月極寒，陳師道家裡只有一件破舊的裘衣，妻子擔心夫君受凍，從他的連襟趙挺之家裡借了一件裘衣給陳師道穿。趙挺之是蘇軾政治上的死敵，陳師道問明來歷後，堅決不穿。這次郊祭中，陳師道感染風寒，於臘月二十九日不治身亡，年僅四十九歲。

李廌

李廌在蘇門弟子中顯得特殊而另類，應當說，他在個人修養和性格方面存在許多缺陷，因此成為蘇門弟子中最為悲劇的人物。

「蘇門六君子」中，李廌年齡最小，出生於嘉祐四年；結交蘇軾最晚，晚至元豐四年；始終未能出仕，唯一的終身布衣。

然而李廌卻是蘇軾書信往來最多的弟子，尺牘多達十九篇。蘇軾與最得意的弟子秦觀不過七篇，與晁補之甚至沒有留下尺牘。

李廌能夠結識蘇軾，緣於其父李惇。李惇是蘇軾同榜進士，但在李廌六歲時就去世了。李廌長大後，根據先父這條線索給蘇軾寫信，拉開了二人交往的序幕。

元豐四年，李廌親赴黃州拜訪蘇軾，當時蘇軾身處逆境，旁人避之不及，李廌卻隻身犯險，可見其乃性情中人。蘇軾非常讚賞他的文才，稱他的文章奔放跌宕，有飛沙走石之勢，拍著他的肩膀說：「子之才，萬人敵也，抗之以高節，莫之能禦矣。」蘇軾希望他科考出仕，為朝廷效力。

此時李家極度貧困，祖母、母親、前母、父親死後均無錢安葬。但蘇軾也處於貧困，只能解衣為助。直到元豐八年，他們第二次見面，蘇軾又資助十匹絹、百兩絲，李廌才陸續將先人安葬。

蘇軾在黃州給李廌寫過四封信，大多是教導學問。他敏銳地覺察到李廌詩文貪多求全，不夠凝練，勸他當稍有收斂。李廌希望蘇軾能為其父祖撰寫墓表，但蘇軾曾有誓言，因此婉拒了，引經據典勸他先將父祖安葬為宜，還派長子蘇邁前去弔唁。

大約因貧困，李廌沒有什麼朋友，蘇軾為他介紹侄婿王適兄弟、弟子李昭玘等，擴大其交際面，幫助他慢慢融入文人圈。

他們第二次見面時，蘇軾破例為李惇寫了哀詞，高度讚揚李廌「賢而有文」、「出語已精悍」。蘇軾閱讀李廌的詩文，感歎說：「張耒、秦觀之流也。」據《曲洧舊聞》記載，蘇軾曾對幼子蘇過說過：「秦少游、張文潛才識學問，為當世第一，無能優劣二人者。」把李廌和張耒、秦觀並論，已是極致的評價了。

元祐初，蘇軾任中書舍人、翰林學士，仕途走向巔峰。李廌寫信向蘇軾祝賀：

> 惟超然之先生，冠百世而稱傑，操忠而秉哲，執義而全節。文章鮮麗於古今，德行爭光於日月。

其欽佩之情表現得淋漓盡致，不過文辭虛華粉飾，為蘇軾所不喜，回覆說：「前日所貺高文，極為奇麗。但過相粉飾，深非所望，殆是益其病耳。」

這時李廌年紀漸長，急於出仕，多次懇請蘇軾為他舉薦，有時甚至有埋怨的口吻。蘇軾也不見怪，反而「甚愧」，感到對不起這位故人的兒子。但是，蘇軾因此意識到李廌性格中的缺陷，毫不隱諱地予以指正：

深願足下為禮儀君子，不願足下豐於才而廉於德也。若進退之際，不甚慎靜，則於定命不能有毫髮增益，而於道德有丘山之損矣。

對於君子而言，「廉於德」算是很重的批評了。

元祐三年，李廌得到一個難得的機會。這年蘇軾知貢舉，蘇軾的朋友和弟子為參詳官和點檢試卷官，李廌是他們重點關注的對象，然而還是落選了，出乎所有人意料。

考前李廌儼然是狀元的有力競爭者，以至於人人都想提前認識他，沒想到卻名落孫山，眾人無不驚駭、遺憾。蘇軾寫詩給李廌，表示未能錄取他的「愧意」。

得天時、地利、人和而不得及第，李廌只能仰天長歎：「吾道有用舍，無乃天所否。」都是老天爺的安排呀！

據羅大經《鶴林玉露》，考前蘇軾曾將試題透露給李廌，李廌還未來得及看，被恰好來訪的章惇兩個兒子偷了去，所以李廌落榜，章援得了頭名狀元。這則記載過於荒誕，不可信。

很多書籍引申附會，李廌有乳母年七十，聽到李廌落榜的消息，痛哭道：「吾兒碰到蘇內翰尚且不能及第，以後還有什麼指望！」李廌十分絕望，遂自縊而死。也有說李廌責怪蘇軾不舉薦自己，從此自暴自棄，渾渾噩噩、庸碌而終。

這些都不是事實。李廌一如既往地欽佩、尊重蘇軾，事之如父。他不再謀求出仕，而是埋頭著書立說。他晚年寫了一本《師友談記》，記述蘇軾和黃庭堅、秦觀等人關於治學為文的言論，是最有史料價值的宋人筆記之一。

倒是蘇軾的弟子們為李廌落榜而遺憾，有時會怪罪到老師身上。李廌《師友談記》記述：蘇軾上任定州，弟子們為他餞行，李廌沒有參加這次餞行，卻是話題的中心人物。蘇軾罰歐陽棐、陳師錫、常安民酒，理由是他們身為主管卻沒能任用李廌，而張耒也要罰蘇軾酒，理由是蘇軾知貢舉卻黜落了李廌。

古代出仕幾乎是改變生存狀況的唯一途徑，李廌無法出仕，家庭依然貧窮。元祐四年，蘇軾出知杭州時，送給李廌一匹馬。這匹馬乃朝廷所賜，值些銀兩，蘇軾知道李廌一定會因為貧窮而賣掉這匹馬，為了能讓他賣個好價錢，專門寫了一張「憑證」，證明這匹馬曾是御馬。

除了蘇軾作券，蘇軾的朋友、弟子也紛紛伸出援助之手，蘇轍、李之儀為之作賀詩，黃庭堅為蘇軾的券作跋，結果這匹馬身價大漲。後來，李廌果然賣出了這匹寶馬。

李廌當然能體會老師的良苦用心，一口氣寫了十四首送行詩，歌頌蘇軾高尚的品行。如第四首：「紛紛競干祿，汩汩第謀身。先生獨任重，憂道仍憂民。精誠貫白日，孤忠橫北辰。求之千載上，古亦鮮若人。」

蘇軾知潁州時，李廌得知老師與趙令畤、陳師道唱和甚歡，也想移居潁州，從蘇軾遊。蘇軾知道在潁州任上時間不會太長，制止了他。

蘇軾知定州時，李廌最後一次拜訪蘇軾，但相處時間不長。之後蘇軾貶黜嶺南、海南，二人再未謀面。

建中靖國元年，蘇軾去世，據《宋史・李廌傳》：

軾亡，膺哭之慟，曰：「吾愧不能死知己，至於事師之勤，渠敢以生死為間！」

他恨不能追隨老師而去。李廌作祭文云：

> 端明尚書德尊一代，名滿五朝。道大不容，才高為累。惟行能之蓋世，致忌之為仇。久蹭蹬於禁林，不遇故云；遂飄零於障海，卒老於行。方幸賜環，忽聞亡鑑。識與不識，罔不盡傷；聞所未聞，吾將安放？皇天后土，知一生忠義之心；名山大川，還千古英靈之氣。繫斯文之興廢，占吾道之盛衰。茲乃公議之共憂，非獨門人之私議。

這篇飽含真情的祭文打動了萬千讀者，傳遍大江南北，世間「人無賢愚皆誦之」。

蘇軾葬於郟城，葬前，李廌親自前來幫助蘇邁選定墓址。八年後，李廌貧寒而死，年五十一歲，蘇過為他寫了祭文。

李之儀

李之儀，字端叔，因一首〈卜運算元〉廣為人知：

> 我住長江頭，君住長江尾。日日思君不見君，共飲長江水。
> 此水幾時休，此恨何時已。只願君心似我心，定不負相思意。

詞寫得明白如水，卻清新雋永，很有古樂府的韻味。

李之儀出生在楚州山陽，是張耒的遠房舅舅，相知於蘇軾也是因為李常。

蘇軾通判杭州任滿，移知密州，路過揚州拜會李常，遂有「六客之會」。這一年是熙寧七年，蘇軾給李常寫信說：「某已到揚州，此行天幸，既得李端叔與老兄。」不過「六客之會」並沒有李之儀，而且他去年剛上任四明，不可能在揚州。因此所謂「既得李端叔」，應該是李常向蘇軾介紹了李端叔的詩文，受到蘇軾的肯定和讚賞。

直到元豐三年，蘇軾和李之儀才真正開始交往。是年李之儀在家丁母憂，他先委託蘇轍轉呈自己的詩文作品，但蘇軾剛經歷「烏臺詩案」，不願與人來往，沒有回應。李之儀不甘心，再次投書，表達景仰之情，以及想拜入門下的請求。蘇軾寫了回信〈答李端叔書〉說「聞足下名久矣」，聞其名、讀其詩，未能謀其面。

雖是初次通信，但蘇軾對李之儀極其坦率，他介紹了自己求仕經歷及獲罪遭貶的情況，談到眼下的處境：「得罪以來，深自閉塞，扁舟草履，放浪山水間，與樵漁雜處，往往為醉人所推罵。輒自喜漸不為人識，平生親友，無一字見及，有書與之亦不答，自幸庶幾免矣。」

蘇軾對遭遇心有餘悸，信的結尾不忘叮囑李之儀：「自得罪後，不敢作文字。此書雖非文，然信筆書意，不覺累幅，亦不須示人。必喻此意。」

這封書信之後，兩人詩文往來不斷。李之儀丁母憂後，先到鄜延路從軍，元豐六年被委派赴高麗任書狀官。蘇軾關注著他的行蹤，有〈次韻答李端叔〉詩：「若人如馬亦如班，笑履壺頭出玉關。已入西羌度沙磧，又來東海看濤山。識君小異千人裡，慰我長思十載間。」

蘇軾與李之儀第一次見面在元豐八年，這年李之儀從高麗出使回來，任樞密院編修，蘇軾也回到朝廷。據《宋人軼事彙編》：「東坡新遷東闕之第，廌同李端叔、秦少游往見之。」蘇軾搬進了新家，在宮城之東，李之儀和李廌、秦觀去拜訪他。之後李之儀像「四學士」一樣，經常聚集到蘇軾身邊詩酒唱和。李公麟《西園雅集圖》中，「捉椅而視者，為李端叔」，他搬了把椅子，聚精會神地觀看蘇軾書寫。能與「四學士」一起參加這樣的文化聚會，足見蘇軾對李之儀的器重。

元祐八年，山雨欲來，蘇軾出任定州太守以避禍，辟李之儀為管勾機宜文字，讓他跟隨去定州。李之儀視為莫大的榮幸，後來寫道：「元祐末，東坡老人自禮部尚書，以端明殿學士加翰林侍讀學士為定州安撫使，開府延辟，多取其氣類，故之儀以門生從辟。」蘇軾的門生都十分羨慕，張耒介紹說：「元祐八年，蘇先生守定武，士願從行者半朝廷，然皆不敢有請於先生。而蘇先生一日言於朝，請以端叔佐幕府。蘇先生之位，未能進退天下士，故用子如此，然其意可知也。」蘇軾之所以召辟李之儀為幕府，大有深意。是時除了陳師道、李廌不在朝中，「四學士」均任館職，只有李之儀官職最微，蘇軾辟召他有提拔的用意。

李之儀在定州與蘇軾相處融洽。有次他們在公廳舉行歌宴，歌妓演唱了一首柳永的〈戚氏〉，「戚氏」屬冷門詞牌，為柳永所創，之後再沒有人寫過。歌妓想試試蘇軾的才學，請求他也寫一首〈戚氏〉，便有了〈戚氏・玉龜山〉。李之儀為〈戚氏〉作了一篇長跋，敘述當時情形：

> 五人者，每辨色會於公廳，領所事竟，按前所約之地，窮日力盡歡而罷，或夜則以曉角動為期。方從容醉笑間，多令官妓，隨意歌於坐側，各因其譜，即席賦詠。

正如蘇軾與晁補之相處於揚州、與陳師道相處於潁州，與李之儀相處於定州，也是一段師生佳話。

好景不長，不久蘇軾遭貶南遷，李之儀歷任一些小官，元符中也遭罷免。

元符三年，得知蘇軾被赦免北歸，李之儀非常高興，立即寫信祝賀，此後書信頻繁。到蘇軾去世僅一年有餘，雙方通信多達八封。

李之儀還用詩歌表達興奮的心情：

憑陵歲月固難堪，食蘖多來味卻甘。時雨才聞遍中外，臥龍相繼起東南。
天邊鶴駕瞻仙袂，雲裡詩箋帶海嵐。重見門生應不識，雪髯霜鬢兩毿毿。

李之儀想像著他們重逢的情形，自己已經雪染雙鬢，老師恐怕不一定能認出來了。可惜還未等到相見，蘇軾就病逝於常州。

李之儀在崇寧年間，因撰寫元祐黨骨幹范純仁的行狀，被逮捕入獄。他出獄後編管太平洲，居於姑熟（今安徽當塗境內），自稱「姑溪居士」，大約終老於此。

姜唐佐

宋朝不殺士大夫，對官員最重的處罰是貶到海南。蘇軾之前，貶到海南的名臣有宋太宗時期的宰相盧多遜和章獻明肅太后聽政時的宰相丁謂。盧多遜病逝於流所，丁謂好一些，終於熬過了三年，受恩內遷雷州。

對於官員來說，海南無疑是「生死鬼門關」，怎樣活下去是最重要也是唯一的問題，而在海南做些事情，有貢獻於社會，根本不在他們的考慮之內。

蘇軾形容初貶海南的情形：

並鬼門而東騖，浮瘴海以南遷。生無還期，死有餘責……臣孤老無托，瘴癘交攻。子孫慟哭於江邊，已為死別；魑魅逢迎於海上，寧許生還。

一幅生離死別的場景。

蘇軾於紹聖四年七月初二到達儋州即昌化軍，正是一年中最熱的時候。海南炎熱甚於中原，空氣溼度高，汗液不能排出，人的生理機能不能正常運轉；等到海風起時，卻又極寒。忽冷忽熱，很容易生病，蘇軾剛到貶所就病倒了，好一陣子不能起床。加之貶所地廣人稀，沒有熟識的人，居住飲食又極其簡陋，蘇軾靜極生愁，不知該如何面對這樣惡劣又孤獨的生活。

蘇軾是個閒不住的人，很快找到了生活的樂趣——開墾荒地，種植糧食，自食其力。勞動之餘，他到城鄉各處漫遊，因此交結了當地的一些朋友，熟人漸漸多了起來，他的生活逐漸走上了正軌。

海南偏僻荒蕪，當地土著大多沒有受過教育。慶曆四年（一〇四四），宋仁宗推行新政，要求各州府建立學校，儋州也在城東設立了儒學學堂。然而不久，學堂就荒廢了。蘇軾查訪學堂時，學生零零散散，老師無所事事，根本談不上教書育人。

蘇軾的到來，無疑給儋州乃至整個海南的文化發展帶來了新機遇。一些讀書人慕名而至，虛心請教，蘇軾樂於提攜後進，延納學生。海南諸生中，最突出的是姜唐佐。

姜唐佐，字君弼，海南瓊州瓊山縣人，於元符二年閏九月，背著行李、帶著母親來儋州拜蘇軾為師。

姜唐佐剛到儋州，正碰上蘇軾生病，便投以長箋，表達傾慕之情。蘇軾看了長箋，立刻意識到是一位可造之才，抱病回信，對姜唐佐的文才給予很高的評價。

身體恢復後，蘇軾便正式收姜唐佐為徒，悉心教導。十月十三日，姜唐佐陪侍蘇軾聊天，聆聽蘇軾談論詩文，一直到深夜。第二天，他冒雨上山採摘奇荈贈送東坡。蘇軾非常感動，給他一封短箋說：

> 昨日辱夜話，甚慰孤寂。示字承起居安勝。奇荈佳惠，感服至意，當同啜也。適睡不即答，悚息。

奇荈是一種粗茶。海南物資匱乏，喝茶也成難事，而文人又好這一口，姜唐佐才冒雨上山。蘇軾感激之餘，邀請姜唐佐一起品嘗。

十五日，雨過天青，蘇軾用天慶觀乳泉水泡茶招待姜唐佐，說：「只有你能與我一起享用它。」喝完茶，因海南很難買到肉，他們只能吃菜飯，蘇軾對此感到抱歉。

見到老師每日只吃菜飯，姜唐佐心裡過意不去，給老師送來一些酒、麵，並邀請老師次日到自己住處吃飯。第二天，蘇軾果然踐約，還從姜唐佐處借來《煙蘿子》兩卷、《吳志》四冊、《會要》兩冊。

蘇軾性情隨和，沒有架子，經常獨步到姜唐佐處，就像到了自己家裡。

在蘇軾的指導下，姜唐佐學業精進。蘇軾曾在姜唐佐的作業本上批示：

> 雲興天際，欻若車蓋。凝未瞬，彌漫霮。驚雷出火，喬木糜碎。般地爇空，萬夫皆廢。懸溜緶縋，日中見沫。移晷而收，野無完塊。

這段話出自劉禹錫〈楚望賦〉，蘇軾用它來形容姜唐佐的文章氣勢磅礴，飄忽多變。

姜唐佐在儋州學習半年，元符三年三月離儋，打算到廣州參加鄉試。蘇軾手書柳宗元〈飲酒〉、〈讀書〉二詩以贈別，還給姜唐佐題寫了兩句詩：「滄海何曾斷地脈，白袍端合破天荒。」意思是說，海南儘管與大陸之間隔著大海，但文化一脈相承，文化交流從來沒有中斷過；你馬上要參加貢舉了，一定能考中，為海南做一件破天荒的事情。蘇軾承諾如果姜唐佐及第，將續寫詩句將這兩句連綴到詩裡，形成完整的詩篇。

兩人分別不久，蘇軾即遇赦北歸，立即給姜唐佐寫信，告知這一消息，並歸還了所借書籍。當時蘇軾沒打算走瓊州，為此深感遺憾：「無緣更到瓊會見也。」

後來由於天氣因素，行程發生了變化，蘇軾決定由瓊山出海。在瓊山，蘇軾再次見到姜唐佐，送給姜唐佐一方端硯做為留念。這方端硯現收藏在四川眉山「三蘇祠」，硯的背面有姜唐佐親手刻的題記：

元符三年，東坡移廉州，過瓊，端溪硯贈余為別。余得之，不勝寶愛之至，而歲月遷流，追維先生言論，巡不可即，因志之以示不忘云。崇寧元年十月十九日，瓊州姜君弼謹識。

姜唐佐於崇寧元年通過鄉試，獲得省試資格，成為海南第一位舉子，而蘇軾已與世長辭矣。姜唐佐赴京趕考路上，途經潁州，專門拜訪了蘇轍，並將題有詩句的扇子讓蘇轍看。見到兄長遺跡，蘇轍淚流滿面，強忍悲痛代蘇軾續寫了全詩：

生長茅間有異芳，風流稷下古諸姜。適從瓊管魚龍窟，秀出羊城翰墨場。
滄海何曾斷地脈，白袍端合破天荒。錦衣他日千人看，始信東坡眼目長。

蘇轍祝姜唐佐「錦衣千人看」，可惜姜唐佐並沒有考中。直到大觀三年（一一〇九），儋州人符確登進士第，成為海南第一位進士。

雖然不知道什麼原因姜唐佐沒有考中，但他在海南文化和教育史中具有「破天荒」的意義，這一點得到了公認。明中葉，海南人王佐〈東嶽行祠會修志序〉中寫道：「宋以科目取士，而吾鄉人才若姜唐佐者，以白袍倡文運，肇破天荒，後世仰之。」

正是在東坡文風薰陶下，海南科名鵲起。據不完全統計，姜唐佐中舉後一百七十多年中，海南中進士九名，舉人十名。明、清兩代更是人才輩出。不可否認，蘇軾對海南文化教育產生了開拓作用，正如清朝戴肇辰所言：「宋蘇文忠公之謫居儋耳，講學明道，教化日興，瓊州人文之盛，實自公啟之。」

卷七

方外人

鹹酸雜眾好

第二十五章

最與參寥稀

蘇軾平生與佛教結下不解之緣，無論走到哪裡都要拜訪寺院，與僧人交遊，為人為詩深受佛教影響。

據蘇軾自述，他與佛教結緣來自前生。程夫人懷蘇軾時，夢見一個和尚前來投宿，這個和尚一隻眼睛是瞎的。而蘇軾八、九歲時，曾夢到自己是個和尚，往來陝右。

元豐七年，出現了更離奇的故事。

蘇轍貶為筠州鹽酒監，筠州州治在今高安。蘇轍與雲庵禪師、聰禪師過往密切，有天早上，雲庵禪師和聰禪師向蘇轍說夢，二人做了一個相同的夢，夢見五祖戒禪師就要來高安了，請他們迎接。

他們議論方罷，有人前來報信說蘇軾快到高安了。三人大喜，出城到二十里外建山寺迎接蘇軾，告訴蘇軾二人同夢的奇事。蘇軾也講了程夫人和自己小時候的夢，雲庵禪師和聰禪師聽後大驚，因為五祖戒禪師就是陝右人，瞎了一隻眼睛。從此，眾人認定蘇軾就是五祖戒禪師轉世，蘇軾亦毫不懷疑，經常將僧人的衣服穿在身上。

蘇軾一生交往了許許多多和尚，因兩次任職杭州，在吳越交往最多，用他的話說是「吳越名僧與予善者十九」。其中與蘇軾關係最密切、友情最深厚的是杭州西湖孤山智果院的道潛和尚。

道潛本姓何，原名曇潛，蘇軾建議他改名道潛，號參寥，元祐八年朝廷賜號妙總大師，世人多以參寥、參寥子稱之。

參寥真可人

蘇軾熙寧年間在杭州做郡倅，多次路過參寥的老家於潛，有宋人筆記記述二人相識於此時，蘇軾告訴參寥自己前生是山僧，第一次登某山即知山中臺階有多少級。但實際情況是，熙寧年間參寥不在杭州，他們二人相識很晚。

參寥先結交孫覺、秦觀，三人曾同遊和州湯泉山，他從孫、秦二人口中聽到蘇軾的才學和趣事，由是產生崇敬之心。元豐元年四月，秦觀赴京趕考，轉道徐州拜入蘇門，並向蘇軾推薦了參寥。秋天，參寥隻身前來徐州謁見蘇軾，寫了一首〈訪彭門太守蘇子瞻學士〉詩，讚美蘇軾道：

少年著書即稽古，經緯八極何崢嶸。未央宮中初射策，落筆遊刃揮新硎。
翰林醉翁發奇歎，臺閣四座爭相驚。逡巡傳玩騰眾手，一日紙價增都城。
同時父子擅芳譽，芝蘭玉樹羅中庭。風流浩蕩播江海，粲若高漢懸明星。

蘇軾和詩一首：「道人胸中水鏡清，萬象起滅無逃形。獨依古寺種秋菊，要伴騷人餐落英。」詩中點明參寥兩種身分：篤誠而純粹的僧人，多才而淡泊的詩人。

參寥有才，於經藏、文史無所不讀，詩文俱佳，特別是詩歌，被評為宋朝僧侶之翹楚，也是古代文學成就最高的和尚之一。參寥的才學淵博和修為澄淨，很對蘇軾的胃口，二人一見如故，一起登黃樓，遊戲馬臺，泛舟百步洪，成為至交。蘇軾給秦觀寫信說：「參寥真可人，太虛所與之，不妄矣。」你推薦參寥，沒有虛言啊。

其實參寥脾氣並不好，性格古怪。他愛拿起「放大鏡」看人，總能發現別人很多缺點，而且說話帶刺，經常弄得場面尷尬，讓人下不了臺。對於凡夫俗子，他更不願與人交往，避之像躲仇人。這樣一個非常自我的人，獨獨佩服蘇東坡，毫不吝嗇對蘇軾的讚美，在他眼中，蘇軾就是完人、偉人。

蘇軾欣賞參寥的詩才，也想試探一下這位怪人能固執到什麼程度。宋人筆記裡講述了彭門相會時一則關乎風月的故事。

蘇軾宴請參寥，歌妓輕歌曼舞，食客高談闊論，場面逐漸達到高潮。蘇軾悄悄指使一名風情萬種的歌妓，上前極盡挑逗之能事，向參寥索詩。一群朋友冷眼私語，等著看參寥笑話。只見參寥面不改色，徐徐吟誦：「寄語東山窈窕娘，好將幽夢惱襄王。禪心已作沾泥絮，不逐春風上下狂。」襄王指楚襄王，曾夢見與巫山神女相遇，但不曾有雲雨之亂。參寥用這首詩婉拒歌妓，表明自己禪心堅定，像落入泥中的柳絮，不會飄忽不定、隨波逐流。

蘇軾對參寥的禪學修養和作詩技巧大加讚賞，說：「我嘗見柳絮落泥中，私謂可以入詩，偶未曾收拾，遂為此人所先，可惜也。」正如李白見崔顥詩：「眼前有景道不得，崔顥題詩在上頭。」

史載參寥「幼不茹葷」，酒肉尚不破戒，何況美色？蘇軾雖然愛開玩笑，但初次見面就以女色試探，情理不通。不過《參寥子詩集》中確實收錄了這首詩，題作「子瞻席上，令歌舞者求詩，戲以此贈」，看來確有此事，是不是在徐州另當別論。

如我與君稀

蘇軾人生最失意時，更加依賴佛學，照他自己說「專讀佛書」，借此紓解心理上的壓力。因是戴罪之身，與官員來往不便，來看望他的大多為方外朋友，有些乃本地新結交的僧人，有些則翻山越嶺不遠千里而來。元豐六年三月間，參寥從杭州來看蘇軾，寓居雪堂整整一年，直到次年四月隨同蘇軾一起離開。

一年時間，足夠他們從容遊定慧院、登武昌西山、泛舟赤壁，在這些地方留下了他們唱和的詩作。蘇軾有一首〈再和潛師〉，寫盡他們肚裡挨餓、嘴上爭鋒的樂趣：

吳山道人心似水，眼淨塵空無可掃。故將妙語寄多情，橫機欲試東坡老。
東坡習氣除未盡，時復長篇書小草。且撼長條餐落英，忍饑未擬窮呼昊。

蘇軾曾向文同稱頌參寥：「其詩句清絕，與林逋上下，而通了道義，見之令人肅然。」蘇軾評價參寥詩「清絕」，可謂中肯。參寥詩追法陶淵明，有「隔林彷佛聞機杼，知有人家住翠微」之句，隔著鬱鬱蔥蔥的小樹林聽見織布的機杼聲，知道山裡面住著煙火人家，詩句乾淨、幽美，傳誦甚廣。京城有人聽說參寥在黃州陪伴蘇軾，給蘇軾寫信：「聽說你天天與詩僧待在一起，難道是『隔林彷佛聞機杼』的那個人嗎？真像是謝安隱居在東山啊。」謝安是東晉士族，出仕前隱居在會稽郡的東山，交遊名士、高僧，白天出門打獵捕魚，晚上閉門吟詩作文。蘇軾把京城的信讓參寥看，參寥不無得意地說：「此吾師七字師號。」

蘇軾與參寥同遊西山時，夢到參寥贈詩，有兩句「寒食清明都過了，石泉槐火一時新」。蘇軾問參寥：「槐火新也就罷了，石泉如何新？」參寥告訴他：「民間風俗，清明時要淘井。」後來蘇軾守杭州，還真的見識了「淘井」。

蘇軾由黃州移汝州，參寥與蘇軾作別，寫了一首〈留別雪堂呈子瞻〉：

策杖南來寄雪堂，眼看花絮老風光。主人今是天涯客，明日孤帆下渺茫。

蘇軾本是雪堂的主人，可現在浪跡天涯，成為旅客，參寥想像他孤帆順江而下、遠影蒼茫的情形。

然而，蘇軾成功說服參寥與自己一起離開黃州，同遊廬山。廬山是佛教聖地，大小寺廟難計其數，來此參拜遊歷的和尚不可勝數。蘇軾與參寥遊覽之處都能看到得道高僧大覺禪師的遺跡。大覺禪師曾被宋仁宗召至化成殿對御，為皇帝說法，很合宋仁宗心意，因此被賜名大覺。治平年間，蘇軾曾與大覺禪師有過交往，之後禪師歸居四明，再未相見，如今看到他的遺跡，不禁感慨時光流逝，人各天涯。

元祐四年七月，蘇軾出任杭州太守，次年春，參寥卜居杭州的智果院，在孤山之下。二人同居一城，雖不像黃州那樣時時見面，但政治上不再灰暗壓抑，相處更加隨性開朗。

智果院裡，從石縫間流出一股涓涓細流，參寥把石壁鑿開，得到一眼清泉，泉水清冽甘美，最宜泡茶。寒食節，龍井新茶採摘，參寥請蘇軾來喝茶，鑽火煮泉招待他。他們想起夢見「寒食清明都過了，石泉槐火一時新」的詩句，茶是新茶，泉是新鑿的泉，恰如夢中所見。一晃九年過去了，二人不禁一番感慨，不知是莊生夢蝶，還是蝶夢莊生。感慨觸動文思，蘇軾取出紙墨，揮筆而就，為這眼石泉寫了一道銘：

在天雨露，在地江湖。皆我四大，滋相所濡。偉哉參寥，彈指八極。退守斯泉，一謙四益。余晚聞道，夢幻是身。

真即是夢，夢即是真。石泉槐火，九年而信。夫求何神，實弊汝神。

參寥把這篇銘刻在石上，立於泉旁，從此這眼石泉就叫「參寥泉」。

元祐六年，蘇軾被召回朝，臨別之際寫了一首〈八聲甘州〉送給參寥：

有情風、萬里卷潮來，無情送潮歸。問錢塘江上，西興浦口，幾度斜暉？不用思量今古，俯仰昔人非。誰似東坡老，白首忘機。

記取西湖西畔，正春山好處，空翠煙霏。算詩人相得，如我與君稀。約它年、東還海道，願謝公、雅志莫相違。西州路，不應回首，為我沾衣。

上闋以錢塘江潮喻人世的聚散分合，下闋回憶與參寥的友情。詞的後兩句，用了謝安的典故。謝安喜歡在東山隱居的生活，即使身居要位也始終不渝。他準備好行裝，打算隨時隱退，然而直到病死建業西州門都未能如願。謝安在世時對外甥羊曇很好，謝安死後，羊曇輟樂彌年，不敢看到西州門，有次醉酒路過，回憶起往事，悲戚不已，慟哭而去。

蘇軾回朝後，幫助參寥取得皇帝賜號。元祐八年，宰相呂大防奏請，賜號妙總禪師。

不可曉者

紹聖元年，蘇軾被貶到惠州。得知消息，參寥心情沉重，派人專程到惠州問候。蘇軾非常感動，親筆抄寫近作讓使者帶回，還給參寥寫了一封信。蘇軾告訴參寥，自己過得還不錯，就像靈隱寺住持和尚被免職後，換了個偏院居住，沒了權勢，沒了錦衣玉食的生活，但還不至於餓死，這樣過一輩子也好。中原人談嶺南，最顧忌瘴氣，瘴氣常導致瘧疾、痢疾、出血熱、咽喉腫痛等一大堆疾病，人們談瘴色變。參寥擔心蘇軾水土不服，蘇軾勸慰說生老病死，南方、北方都一樣。最後囑咐參寥也要保重。

等到蘇軾再貶儋州，參寥再也坐不住了，要渡海前去看他。蘇軾勸參寥說渡海風險很大，我們不能把自己當作胥靡（獲罪的奴隸），一點也不珍惜生命，這樣冒險沒有什麼價值，況且餘生還有相見的時候。

自古涉足政界便身不由己，黨錮之禍，即使參寥這樣的方外之人也不能倖免。參寥還未啟程，便因「依附蘇軾」而獲罪。浙江發運使呂溫卿是呂惠卿的弟弟，對蘇軾的朋友下手毫不留情。

錢濟明，名世雄，為蘇州通判，與蘇軾交好；廖明略，名正一，是「蘇門後四學士」之一，知常州，二人都被呂溫卿捏造事由，構陷入獄。有位僧人投其所好，檢舉參寥度牒與實名不符。呂溫卿查驗得知，參寥原名曇潛，蘇軾為他改名道潛，辦了度牒。呂溫卿絕不放過任何打擊蘇軾的機會，不僅奏請朝廷收回「妙總禪師」的賜號，還廢除了參寥的度牒，意味著參寥不再是和尚身分，被迫還俗，被編管兗州，失去了自由。

宋徽宗登基後，政策寬鬆，一批元祐黨人得到赦免。蘇軾北歸時得知參寥重新落髮為僧，替他高興。參寥寫信向蘇軾問安，蘇軾已然病重，仍然強支病體，寫了回信：

> 某病甚，幾不相見，兩日乃微有生意。書中旨意一一領，但不能多書歷答也。見知識中病甚垂死，因致仕而得活者，俗情不免效之，果若有應，其他不恤也。

蘇軾在短短不足六十字中，說明了病情，解釋了致仕的原因。這是蘇軾對參寥的最後遺筆。

七月，蘇軾去世，參寥作〈東坡先生輓辭〉數首，表達悼念之意。他把蘇軾的政治才能比作商朝名相伊尹和西周功臣呂尚，把蘇軾的文學才能比作漢朝的班固和揚雄，把蘇軾的辯才比作孔子學生端木賜和東漢名士郭泰，讚揚蘇軾的品德和名聲遠播海外，傾動蠻夷。還回憶了蘇軾的生平，歌頌其在朝廷和地方上的功績。其中第十首刻畫蘇軾的形象最為超卓：

峨冠正笏立談叢，凜凜群驚國士風。卻戴葛巾從杖履，直將和氣接兒童。

蘇軾立於朝堂，令人敬畏；下了朝堂，又和藹可親。這正是參寥眼中的蘇軾，也是所有弟子心中的蘇軾。崇寧政和年間，參寥再次被迫還俗，後不知所終。

蘇軾曾寫過一篇〈參寥子贊〉，認為參寥子是個矛盾體，讓人捉摸不透，至少體現在五處：經濟上貧寒，道行卻很高；口才不行，文才卻很好；外表看起來柔弱，性格卻很堅毅；與人無爭，卻好譏刺朋友缺點；對世事沒有興趣，卻能寫出性情文字。

嘴上說他「不可曉」，其實最了解參寥的還是蘇軾。

第二十六章
原是一山僧

據宋何薳《春渚紀聞》記載，蘇軾在杭州作郡倅時，與參寥遊，登殿拜佛。剛開始拾階而上，蘇軾回過頭對參寥說：「我平生沒有到過這裡，但一磚一瓦都如此熟悉。我記得從下面到懺悔堂，一共九十二級臺階。」參寥不信，邊走邊數，果然九十二級。蘇軾悟道：「我的前世就是這座山裡的僧人。現在的和尚都是我的弟子。」夏天時，蘇軾光著膀子在竹蔭下納涼，仔細觀察他的後背，依稀可以看到星斗狀的紋路，這是仙人的標誌。

這段記述並不準確，蘇軾通判杭州時還不認識參寥，至於背有星斗更是故弄玄虛。

唐、宋佛道很盛行，文人與僧道交朋友非常普遍，但蘇軾走到哪裡都要拜訪寺廟，卻不同尋常。人們信佛，大多是為了從中找到精神寄託，蘇軾也不例外。「烏臺詩案」後，蘇軾在現實生活中碰壁，只能到方外尋找慰藉。同時，他經歷了無常，看破生死，放下功名，如佛家所言，得失隨緣，心無增減，不喜不悲，才能練就在塵世中生存的定力。

佛印

蘇軾與佛印的故事在民間流傳甚廣，遠超參寥，主要是受明代話本小說《三言二拍》的影響。《喻世明言》中有篇〈明悟禪師趕五戒〉，說五世戒禪師破色戒，轉世為蘇軾，明悟為度脫他，亦轉世到人間，幫助他修成了正果。明悟就是佛印。《醒世恆言》中有一篇〈佛印師四調琴娘〉，寫蘇軾為了讓佛印還俗，讓琴娘去色誘佛印，佛印嚴守戒律，臨終不亂，感染了蘇軾。

話本往往比史實更精彩，更符合平民的口味，所以流傳甚廣。真實歷史中，確有佛印其人，他的確與蘇軾有著不錯的交情。

蘇軾一生寫給佛印的書信多達十五封，在方外人中僅次於參寥。查書信往來，二人大約交往於元豐三年夏天，但只是書信往來。元豐五年正月，蘇軾得以與佛印相見，分別時，佛印派人用舟船將蘇軾送回。時佛印在廬山歸宗寺，蘇軾或許曾短暫離開黃州拜訪佛印。蘇軾贈送佛印各式各樣的奇石，放在銅盤裡，注入清水，可以放在案頭做為擺設。奇石大多紅黃相間，上面有如指上螺旋般的圖案，是蘇軾從齊安江裡精心淘選來的。蘇軾為此作〈怪石供〉，一併送給佛印。

蘇軾重獲自由時，佛印已到潤州金山寺做了住持，他寫信約蘇軾同遊。蘇軾恰好奏請定居常州，潤州與常州毗鄰，是常州往來中原的必經之地，蘇軾多次往返，與佛印有了密切接觸，有時在潤州逗留時間比較長，就住在金山寺裡。

蘇軾託佛印為他看地、買地，另外張羅刻印張方平《楞伽經》，也需要佛印幫忙。〈書楞伽經後〉記載：

公（張方平）以為可教者，乃授此經，且以錢三十萬使印施於江淮間。而金山長老佛印大師了元曰：「印施有盡，若書而刻之則無盡。」軾乃為書之，而元使其侍者曉機走錢塘求善工刻之板，遂以為金山常住。

了元是佛印的名字，他俗姓林，字覺老，佛印是朝廷賜號。佛印不但建議將《楞伽經》製成雕版，而且派弟子曉機到杭州尋找刻工，蘇軾則住在金山寺抄寫經文。

回到京城後，蘇軾升任翰林學士，寫信向佛印報喜。讀到佛印來信，則「讀之如蓬蒿藜藿之逕而聞謦之音，可勝慰悅」。透過信的內容可知，二人是交心的好友。

元祐四年六月，蘇軾出知杭州，路過潤州，給佛印捎來禮物——一條玉帶，而佛印則回贈以衲裙。關於贈送玉帶，後人演繹出一些故事，如王文浩輯注《蘇軾詩集》注曰：

佛印禪師，住持金山寺。公便服入方丈。師云：「此間無坐處。」公戲云：「暫借和尚四大，用作禪床。」師曰：「山僧有一轉語，言下即答，當從所請；如稍涉擬議，則所繫玉帶，願留以鎮山門。」公許之，便解帶置几上。師云：「山僧四大本空，五蘊非有，欲於何處坐？」公擬議未即答，師急呼侍者曰：「收此玉帶，永鎮山門。」公笑而與之，師遂取衲裙相報。

從這則故事看，蘇軾與佛印交往，二人關係平等，蘇軾甚至更被動一些。和參寥不同，參寥對蘇軾崇敬有加，非常客氣，甚至可以說執弟子禮。民間將蘇軾與佛印做為機鋒相向的一對，不是沒有道理的。換作參寥，他不可能這麼隨性地與蘇軾互不相讓。

因「四大作禪床」的故事，蘇軾專門寫了一首〈戲答佛印偈〉詩：

百千燈作一燈光，盡是恆沙妙法王。是故東坡不敢惜，借君四大作禪床。

這四句偈語是蘇軾的了悟，芸芸眾生如恆河沙數，只有看破紅塵，才能將四大當作禪床。

而佛印則在金山寺修建了一座「留玉堂」，把那條玉帶放在裡面供人瞻仰。

蘇軾傾心向佛，與家庭影響有關。他的祖母史氏迷信民間神祇，敬天、敬地、敬菩薩，母親程氏則是虔誠的佛教徒。

蘇軾的祖母史氏留下兩件繡幡，原是向菩薩祈福之物，蘇軾將其供奉到佛印主持的金山寺，圓祖母之願。

蘇軾貶往嶺南時，佛印寫信讓人追到南昌送交給他，蘇軾心中鬱結，沒有回信，而在白紙上寫下幾個大字：戒和尚又錯脫也！錯脫指難以超度解脫人世間的苦難。

蘇軾跌入苦海，尚未度脫，佛印已於元符元年圓寂。聽到消息，蘇軾不信，寫信向朋友求證，還關切地問：「其母今安在？」而後又自言自語：「謗者之言，何足信也。」

然而，他們終究未能再見，也未能度脫彼此。

惟簡

蘇軾早年親近佛教，除了家庭影響，與僧侶交遊，對於宋代文人士大夫來說是一種時尚，是超凡脫俗的表現。

蘇軾最早交往、有影響的僧人是成都大慈寺的文雅惟慶和寶月惟簡。蘇軾二十歲時，隨父親晉謁知成都府張方平，而後遊覽成都諸寺，在大慈寺見到惟慶、惟簡兩位大師，為他們的超凡氣度和博學多識所折服。兩位大師讀書不一定比「三蘇」多，但道聽塗說的野史能侃侃而談，這一點讓喜歡歷史的蘇軾痴迷，於是與之交遊，成了朋友。出川之後，蘇軾與寶月惟簡繼續來往，詩文簡牘中卻很少再提起惟慶，不知是文雅大師已圓寂還是另有他故。

寶月惟簡也是眉山蘇姓，與蘇軾是遠房族兄，有助於他們愈走愈近。蘇軾丁母憂，因事到成都，與惟簡交往頻繁，大多關乎佛事，比如向惟簡討要繡觀音等。蘇軾丁憂期滿回京，與惟簡相約在嘉州見面，但惟簡不知何故爽約，蘇軾翹首以盼五、六天，只好遺憾而去。

治平四年九月，蘇軾丁父憂時，惟簡前來拜訪。恰蘇轍帶來一本《蘭亭序摹本》，惟簡要了去，讓人刻在寺院碑石上。蘇軾寫了〈書摹本蘭亭後〉，詳細敘述了摹本的塗改情況，評價說：「又嘗見一本，比此微加楷，疑此起草也。然放曠自得，不及此本遠矣。」

惟簡在大慈寺任中和勝相院住持，蘇軾這位頂流大文豪、大書法家在此，惟簡當然不會放過為寺院宣傳的機會。他請求蘇軾為中和勝相院作記，蘇軾欣然命筆，寫下了著名的〈中和勝相院記〉。為寺院作記，當然應該頌揚佛法，體諒僧眾，但蘇軾在文中對「剟其患，專取其利，不如是而已，又愛其名。治其荒唐之說，攝衣升坐，問答自若」的所謂長老極盡抨擊，也算寺院文字中的另類。

惟簡說服蘇軾將珍藏的愛物捐獻給寺院，「舍施必所甚愛與所不忍舍者」，以超度父親亡靈。蘇軾在鳳翔花費十萬錢買到四塊唐朝畫聖吳道子的畫作，正面是菩薩，背面是天王，原是長安某藏經閣的門板，經戰亂流落到岐山。這是蘇軾手中最珍貴的藝術品，他忍痛將四板畫捐給了大慈寺。惟簡則表示要以自己的生命來守護這些珍貴的畫作：「吾眼可霍，吾足可斫，吾畫不可奪。」、「又盟於佛，而以鬼守之。凡取是者，與凡以是予人者，其罪如律。」惟簡專門花費百萬錢蓋了一座大閣來收藏這四塊畫作，並畫蘇洵像懸於閣中。

蘇軾服除出川後，與惟簡再未相見。不過通判杭州期間，他請託王詵，為惟簡謀求朝廷賜號，得名「寶月大師」，還送給惟簡一幅王詵的親筆畫《古松圖》。

在黃州時，惟簡派弟子悟清來看望蘇軾，並請為勝相院新建的藏經閣作記。蘇軾在記中寫道：

> 有一居士，其先蜀人，與是比丘，有大因緣。去國流浪，在江淮間，聞是比丘，作是佛事，即欲隨眾，舍所愛習。周視其身，及其室廬，求可舍者，了無一物。如焦穀芽，如石女兒，乃至無有，毫髮可舍。私自念言，我今惟有，無始已來，結習口業，妄言綺語，論說古今，是非成敗。以是業故，所出言語，猶如鐘磬，黼黻文章，悅可耳目。如人善博，日勝日負，自云是巧，不知是業。今舍此業，作寶藏偈。願我今世，作是偈已，盡未來世，永斷諸業，客塵妄想，及諸理障。一切世間，無取無舍，無憎無愛，無可無不可。

與〈中和勝相院記〉不同，蘇軾自稱「居士」，慚愧一無所有，沒有物事可以施捨，虔誠之心溢於字間。歷經生死之後，蘇軾對佛教的態度發生了很大的變化，甚至曾萌生出家當和尚的念頭，寫信囑託惟簡：

> 他日天恩放停，幅巾杖屨，尚可放浪於岷峨間也。知吾兄亦清健，發不白，更請自愛，晚歲為道侶也。

儘管在危難困苦中，蘇軾還是送吳道子畫、舍利和唐畫十六大羅漢，讓悟清帶回大慈寺供奉。

惟簡比蘇軾早亡六年，其時蘇軾在惠州，為惟簡作〈寶月大師塔銘〉，並特意選用最好的澄心堂紙、鼠鬚筆、李廷珪墨，以示敬重。

杭僧

「自佛法流入中國，民俗趨之，而南方尤盛。」宋朝時杭州是南方最繁華、最發達的城市，寺院到處可見，有「東南佛國」之稱。蘇軾說過：「錢塘佛者之盛，蓋甲天下。」據統計，元祐三年，杭州有寺院五百三十二座，星羅棋布地散落於杭州各處。寺院裡高僧數量非別處能比。

熙寧四年、元祐四年，蘇軾曾兩次任職杭州。他流連佛寺，結交僧眾，是一生經歷中特殊而重要的一環。除參寥外，熟識的還有辯才、慧辯、梵臻、懷璉、契嵩、惠勤、惠思、清順、可久、惟肅、義詮等僧人。蘇軾說：「杖藜芒履，往來南北山，此間魚鳥皆相識，況諸道人乎？」

兩次都是被迫離京，剛到任時，蘇軾情緒低落。為杭州倅時，他到上天竺寺尋找清靜，結識了海月禪師，即慧辯，清談數日，心中陰霾頓掃，豁然開朗。後來寫有〈海月辯公真贊〉，談到因此開悟。

可久是錢塘門外祥符寺僧人，詩寫得好，但不喜結交，不慕繁華。某個元宵之夜，蘇軾上街觀燈，走到祥符寺附近，摒退侍從，獨自入寺拜訪可久。不料寺內一片漆黑，一點燈火都沒有。蘇軾一個人駐足院中，依稀聞到一縷檐卜花香，靈感湧動，作詩道：

門前歌舞鬥分朋，一室清風冷欲冰。不把琉璃閒照佛，始知無盡本無燈。

離杭五年後，可久想念蘇軾，捎去書信，蘇軾回信，墨蹟至今保存，即著名的《北遊帖》：「承法體安隱，甚慰想念。北遊五年，塵垢所蒙，已化為俗吏矣。不知林下高人，猶復不忘耶。」

元祐初，蘇軾長時間沒有可久的消息，寫雜記懷念他：「予監郡日所與往還詩友也。清介貧甚，食僅足，而衣幾於不足也。然未嘗有憂色。老矣，不知尚健否？」蘇軾不知這時可久已經故去，他守杭州時，已經見不到斯人了。

除了參寥，諸杭僧中，蘇軾與辯才友情最深。

辯才與參寥是同鄉，都是於潛人，法名元淨，辯才是宋神宗賜予的法號。他與慧辯是明智大師的弟子，先在上天竺寺出家，沈遘為太守時讓他做了住持，後來退居龍井寺。

蘇軾描寫辯才法師：

南北一山門，上下兩天竺。中有老法師，瘦長如鸛鵠。
不知修何行，碧眼照山谷。見之自清涼，洗盡煩惱毒。

辯才身材瘦長，兩隻眼睛炯炯有神。蘇軾次子蘇迨身體不好，四歲還不會走路，請辯才為蘇迨摩頂，後來蘇迨走起路來像小鹿一樣飛快。

蘇軾離開杭州，二人書信不斷。蘇軾貶黃州時，辯才專門派人前來問候，使蘇軾倍感情誼深厚。

蘇軾二次任職杭州，拜謁退居龍井寺的辯才。辯才與他講詩論茶，送行時繼續談古論今，不知不覺走過了虎溪歸隱橋，步下風篁嶺。辯才曾為自己立下規矩，送客不出山門，這次早已越界過了歸隱橋。左右提醒他：「遠公復過虎溪矣。」辯才笑曰：「杜甫不是說過『與子成二老，來往亦風流』嗎？」回去之後，辯才在風篁嶺上蓋了一座小亭子，取名過亭，又叫二老亭，為此寫詩：

煮茗款道論，奠爵致龍優。過溪號犯戒，茲意亦風流。
自惟日老病，當期安養遊。願公歸廊廟，用慰天下憂。

蘇軾用其韻和詩，其中有句：

送我還過溪，溪水當逆流。聊使此山人，永記二老遊。

據說，辯才退居期間，發現龍井泉水若甘露，土地肥綿，氣候溫潤，於是組織僧徒在獅峰山上廣墾荒地，開闢茶園，是為龍井茶。辯才因此被奉為龍井茶鼻祖。還在風篁嶺上闢路植竹，修龍井泉，建龍井亭。

元祐六年，辯才趺坐而去，時蘇軾守潁州，作〈祭龍井辯才文〉和〈辯才大師真贊〉。

徑山寺是江南五大禪院之一，北宋前期，其傳承制度為「甲乙制」，即門人師兄弟相繼住持，院內傳承，私相授受。不久，多數寺院實行「十方制」，即延請諸方高僧擔任本院住持，在此過程中，官方的參與逐步增多。據南宋樓鑰〈徑山興聖萬壽禪寺之記〉，蘇軾一手推動了徑山寺改制。蘇軾《東坡志林》記述得更為詳細：

徑山長老維琳，行峻而通，文麗而清。始徑山祖師有約，後世止以甲乙住持。予謂以適事之宜，而廢祖師之約，當於山門選用有德，乃以琳嗣事。眾初有不悅其人，然終不能勝悅者之多且公也，今則大定矣。

蘇軾推行改制，請維琳為住持，起初有人反對，但支持的人更多，最終維琳確立了權威。

維琳為大覺懷璉禪師的弟子，早年在明州出家，蘇軾推舉他住持徑山寺。佛家講事有因果，蘇軾提拔了維琳，而維琳是最後守護蘇軾的僧人。

蘇軾從海南北歸後，不久病重。維琳聽到消息，特意趕到常州探詢。蘇軾自知不久於人世，手書與維琳告別，維琳則為蘇軾說偈：

扁舟駕蘭陵，自懦舊風物。君家有天人，雄雄維摩詰。

我口吞文殊，千里來問疾。若以默相酬，露柱皆笑出。

蘇軾頭腦依然清醒，答偈道：

與君皆丙子，各已三萬日。一日一千偈，電往那容詰。

大患緣有身，無身則無疾。平生笑羅什，神咒真浪出。

建中靖國元年七月二十八日，蘇軾生命到了最後一刻，氣若游絲。維琳在他耳邊大聲說：「端明勿忘西方！」蘇軾最高職級為端明殿學士，西方則是佛家所謂的極樂世界。

「西方不是沒有，但個裡著力不得。」蘇軾努力尋找，仍看不到所謂的極樂世界。

錢世雄在蘇軾身邊侍奉多日，也大聲喊：「至此更須著力！」還要再用些力氣。而蘇軾答道：「著力即差。」愈用力愈無力。

錢世雄又問：「端明平生學佛，此日如何？」

蘇軾：「此語亦不受。」這是蘇軾留在世上的最後一句話。

南華長老

相傳北魏時期，印度人達摩來中原傳教，提出一種新的修行方法，即禪宗。達摩將這一禪法傳慧可，慧可傳僧璨，又傳道信、弘忍。弘忍之後分兩派，北方以神秀為領袖，為北宗；南方以惠能為領袖，為南宗。中唐之後，南宗漸成主流，惠能被尊為六祖。

南華寺是南宗惠能傳道的地方，宋朝屬韶州。

蘇軾被貶英州、惠州，雖然做好了心理準備，但生活上巨大的落差需要很長一段適應期。特別是文化上，嶺南不比中原，連書都買不到、看不到，民眾中讀書人不多，能夠寫詩論文的朋友極少，對於蘇軾這樣一個文化人來說，內心無疑是寂寞的。

好在嶺南也有佛老，為蘇軾提供了強大的精神支撐。

未到貶所，中途路過南華寺，蘇軾畢恭畢敬參拜六祖惠能真身。這是他第一次參訪南華寺，寫下了一首〈南華寺〉：

云何見祖師，要識本來面。亭亭塔中人，問我何所見。
可憐明上座，萬法了一電。飲水既自知，指月無復眩。
我本修行人，三世積精煉。中間一念失，受此百年譴。
摳衣禮真相，感動淚雨霰。借師錫端泉，洗我綺語硯。

蘇軾沿襲自己前身是僧人的說法，「我本修行人」，見惠能真身如見祖師，感動得淚流滿面。他給南華寺重辯禪師的信中說：「竄逐流離，愧見方外人之舊。達觀一視，延館加厚，洗心歸依，得見祖師，幸甚！幸甚！」

南華寺就是蘇軾心目中的聖地，〈寄蘇伯固〉詩云：「水香知是曹溪口，眼淨同看古佛衣。不向南華結香火，此身何處是真依。」曹溪是南華寺旁的一條溪流。

到達貶所後，蘇軾多次找機會遊訪南華寺：「莫言西蜀萬里，且到南華一遊。扶病江邊送客，杖拏浦回口頭。」他不但與南宗禪結下深緣，而且與南華寺的住持重辯禪師結成好友。重辯怕蘇軾初到，物質匱乏，受不了苦，多次派人給他送食物和生活用品。蘇軾〈與龔行信〉中介紹：

辯禪師與予善，嘗欲通書，而南華靜人皆爭請行。或問其故，曰：「欲一見東坡翁，求數字終身藏之。」予聞而笑曰：「此子輕千里求數字，其賢於蕺山姥遠矣。固知辯公強將下，無復老婆態也。」

重辯禪師的弟子爭相做跑腿小哥，有人問其緣故，弟子說：見到東坡老人，求來一幅字，供終身收藏。

紹聖二年，重辯請蘇軾書寫唐王維〈六祖能禪師碑銘〉、柳宗元〈賜謚大鑑禪師碑〉、劉禹錫〈大鑑禪師碑〉，打算刻石立碑於寺中。蘇軾認為王維、劉禹錫的碑格調不高，只書寫了柳宗元的碑，並在碑後書跋。跋文寫道：

柳子厚南遷，始究佛法，作曹溪南嶽諸碑，妙絕古今，而南華今無刻石者。長老重辯師，儒釋兼通，道學純備，以謂自唐至今，頌述祖師者多矣。未有通亮簡正，如子厚者，蓋推本其言，與孟軻氏合。其可不使學者晝見，而夜誦之。故具石請予書其文。

這塊碑跋主體是介紹柳宗元被貶柳州時研究佛法的情況，順帶讚揚重辯禪師「儒釋兼通，道學純備」。此後，蘇軾還為南華寺和重辯禪師寫過〈蘇程庵銘〉、〈卓錫泉銘（並敘）〉等。

建中靖國元年正月，蘇軾從海南返回廣東，再次到南華寺禮拜六祖惠能，此時重辯禪師已去世兩年多了。新任住持明禪師接待了他，請求他為南華寺歷代長老題詞。蘇軾作〈南華長老題名記〉，談儒、佛之間的關係，其中談到明禪師，說：

南華長老明公，其始蓋學於子思、孟子者，其後棄家為浮屠氏。不知者以為逃儒歸佛，不知其猶儒也。

對重辯禪師則強調「儒釋兼通」，對明禪師說「其猶儒也」，此涉及蘇軾思想體系中的一個重要觀點——儒釋融合，相互借鑑。宋朝崛起新儒學，到宋神宗年間形成多個流派，如王安石的新學、洛黨的道學、蘇軾的蜀學等。蜀學的最大特點是包容、開放、自由，具有很強的人情味。相對於傳統儒學，蜀學顯得有些離經叛道，南宋朱熹等道學傳人對其大加排斥。不過，傳統儒學只關注社會倫理，很少關注人的本性和內心感受，新儒學有意無意吸納了佛老哲學精華，儒釋道合流成為儒學發展的趨勢。到明朝王陽明心學強調人心的主體作用，打破了程朱理學人心和道心的二元對立，其中可以看到佛老的影子，也可以看到蜀學的影子。

第二十七章
人生之「道」

北宋曾掀起兩次崇道熱潮，一次是宋真宗時，另一次是宋徽宗時。這兩位皇帝熱衷於製造各種祥瑞，以顯示政權的合法性和治下的國泰民安。在皇帝的提倡下，北宋道教的地位不遜於佛教，有時候皇帝下詔「崇道抑佛」，道士的地位還要高於僧人。

蘇軾接觸道教比佛教早得多，他八歲被送到天慶觀北極院讀書，老師張易簡就是一位道士。晚年在嶺南，蘇軾還夢到過這位老先生。

蘇軾崇奉道家哲學，尤其是莊子逍遙自由的思想。他少年時讀《莊子》，喟然歎息曰：「吾昔有見於中，口未能言，今見《莊子》，得吾心矣。」還說「自言其中有至樂，適意無異逍遙遊」、「清詩健筆何足數，逍遙齊物追莊周」。從本質上講，蘇軾是個自由主義者，渴望無拘無束、灑脫肆意的生活，這一點剛好與道家相契合。他尊崇的是道家的精神境界。

道之道

蘇軾被貶惠州時，路過廣州，下榻天慶觀。天慶觀崇道大師何德順仰慕蘇軾，與蘇軾談詩論道，性情契合。蘇軾記述在何德順屋裡見到了女仙，「賦詩立成，有超逸絕塵語」。蘇軾再貶儋州後，天慶觀東廡建了一座供奉老子的「眾妙堂」，何德順寄書海南，請蘇軾為眾妙堂作文。蘇軾欣然命筆，寫了〈眾妙堂記〉。這篇記集中體現了蘇軾的道教思想。

眉山道士張易簡教小學，常百人，予幼時亦與焉。居天慶觀北極院，予蓋從之三年。謫居海南，一日夢至其處，見張道士如平昔，汛治庭宇，若有所待者，曰：「老先生且至。」其徒有誦《老子》者曰：「玄之又玄，眾妙之門。」予曰：「妙一而已，容有眾乎？」道士笑曰：「一已陋矣，何妙之有。若審妙也，雖眾可也。」因指灑水薙草者曰：「是各一妙也。」予復視之，則二人者手若風雨，而步中規矩，蓋煥然霧除，霍然雲散。予驚歎曰：「妙蓋至此乎！庖丁之理解，郢人之鼻斫，信矣。」二人者釋技而上，曰：「子未睹真妙，庖、郢非其人也。是技與道相半，習與空相會，非無挾而徑造者也。子亦見夫蜩與雞乎？夫蜩登木而號，不知止也。夫雞俯首而啄，不知仰也。其固也如此。然至蛻與伏也，則無視無聽，無饑無渴，默化於荒忽之中，候伺於毫髮之間，雖聖知不及也。是豈技與習之助乎？」二人者出。道士曰：「子少安，須老先生至而問焉。」二人者顧曰：「老先生未必知也。子往見蜩與雞而問之，可以養生，可以長年。」廣州道士崇道大師何德順，學道而至於妙者也。故榜其堂曰「眾妙」。書來海南，求文以記之。予不暇作也，獨書夢中語以示之。戊寅年三月十五日，蜀人蘇軾書。

蘇軾假託於夢，闡述「眾妙」之理。夢見「小學教師」、眉山天慶觀道士張易簡在打掃庭院，孩子們在誦讀《老子》一書，其中有句「玄之又玄，眾妙之門」。蘇軾不太理解，問張易簡說：「玄妙的事物有一件就行了，怎麼能容下萬物？」張易簡和藹地給他講解：「一件玄妙也是胡扯，哪裡有什麼玄妙！既然要說玄妙，不如說萬物玄妙。」他指著正在灑水除草的兩個人說：「他們各得一妙。」蘇軾看時，兩人手腳麻利，有條不紊，一會兒就把庭院整治乾淨，像天空中雲霧霍然散去。蘇軾驚歎道：「這麼妙啊，像庖丁解牛、郢人斫鼻，我相信了。」那兩個灑水除草的人放下手中的活計，走過來理論說：「庖丁解牛、郢人斫鼻是因為技藝純熟，蟬爬樹鳴叫、雞低頭吃米，這是習性，這些都不算妙。蟬脫殼、雞孵蛋，不看不聽、不知饑不知渴，在虛幻中實現了進化，在瞬間完成了突變，這些與技巧和習性無關，才是玄妙啊！」

用西方哲學去解讀，〈眾妙堂記〉講了一個量變和質變的道理。庖丁解牛、郢人斫鼻，雖然高妙，但只是比常人熟練而已，常人用更多時間或許可以達到。但蟬脫殼、雞孵蛋，孕育了新生命，取得了質變，質變的層次顯然高於量變，如非達到玄妙的境界是不可能實現的。

如何實現質變？這就是道家無為而為、渾然天成的道理。庖丁解牛、郢人斫鼻都有努力的痕跡，是刻意人為的結果，但蟬脫殼、雞孵蛋則是事物發生或發展的客觀規律，只要順應這個規律就能實現脫胎換骨，與技巧無關，與習性無關。

蘇軾最後又點出：「可以養生，可以長年。」養生和長壽都要遵循這個道理！

蘇軾對道家哲學和養生之道的理解，都體現在〈眾妙堂記〉裡。「玄之又玄，眾妙之門」，眾人都可以達到這個境界，關鍵看能不能悟道。

養生之道

蘇軾信奉道教，與養生有關。他經常與蘇轍以及朋友們交流養生心得，每每感歎蘇轍養生功夫深厚，這些全賴中醫理論和道教滋養。蘇軾雜文集《東坡志林》中，有很多關於養生的篇幅。

有位李士寧，蓬州人，平時沉默寡語，據說壽命超過了百歲。李士寧能掐會算，在成都見到年輕的蘇軾，預言說：「你將來定會大貴，能考中頭名狀元。」後來蘇軾果然在制科考試中拔得頭籌。

李士寧遊歷天下，在京城待的時間最久，是許多顯貴的座上賓。王安石都對他信任有加，作詩說：「自嗟不及門前水，流到先生雲外家。」而歐陽修卻認為這個人沒什麼立場，沒什麼本事，就是靠一些小把戲糊弄人。他有文〈贈李士寧〉：

蜀狂士寧者，不邪亦不正。混世使人疑，詭譎非一行。平生不把筆，對酒時高詠。初如不著意，語出多奇勁。傾財解人難，去不道名姓。金錢買酒醉高樓，明月空床眠不醒。一身四海即為家，獨行萬里聊乘興。既不采藥賣都市，又不點石化黃金。進不干公卿，退不隱山林。與之遊者但愛其人而莫見其術，安知其心？吾聞有道之士遊心太虛，逍遙出入，常與道俱。故能入火不熱，入水不濡。嘗聞其語，而未見其人也，豈斯人之徒歟？不然言不純師，行不純德，而滑稽玩世，其東方朔之流乎。

李士寧看起來捲入了新舊黨爭，新黨喜歡、舊黨不屑。不過蘇軾並沒有受歐陽修影響，他仍然與李士寧交往，談道學、談性命、談養生。他還把李士寧介紹給蘇轍，蘇轍有次夢到李士寧為自己說鬼怪之事，專門寫詩留念。熙寧十年，李士寧參與宗室趙世居謀逆案，險些波及王安石。

陸惟忠是熱衷於煉丹養生的道士，與蘇軾交情頗深。他是蘇軾的眉山同鄉，字子厚，與章惇同字。陸惟忠一心想煉成長生不老的仙丹，蘇軾認為不現實，便與陸惟忠探討：

世外之道，金丹為上，儀鄰次之，服食草木又次之，胎息三住為本，殆無出此者。嵇中散曰：「守之以一，養之以和，和理日濟，同乎大順，然後承以靈芝，潤以醴泉，晞以朝陽，綏以五弦。」不用其他，舉以中散為師矣。

蘇軾強調的是「世外之道」的「本」——「胎息三住」。胎息即靜養屏神護氣，三住為氣住、神住、形住。蘇軾引用嵇康〈養生論〉，說明胎息三住的重要性。唐、宋道士煉丹，分內外丹，外丹指有形的、吞服的金丹，內丹就是胎息。

蘇軾還向陸惟忠推薦「桂酒」：「桂酒，乃仙方也。釀桂而成，盎然玉色，非人間物也。」蘇軾邀請他同飲，認為道家少量飲酒不算破戒。

陸惟忠對自己煉丹很有信心，相信絕不會死。可蘇軾指出他修煉方法有誤：「子神清而骨寒，其清可以仙，其寒亦足以死。」「骨寒」是陸惟忠煉丹中最大的問題。蘇軾謫惠州，陸惟忠專門去探望，這時他已經瘦成皮包骨。二人繼續討論養生的問題，陸惟忠說：「我大概真的要因骨寒而死了。沒想到研究一輩子養生，卻被養生害死。」蘇軾笑著說：「你要是死了，下輩子還做道士，繼續研究養生。」蘇軾拿出一塊黑玉般的石頭，說：「我用這塊石頭給你寫墓誌吧。」陸惟忠認為是他的榮幸。

不久，陸惟忠果然死了，只活了五十歲。

蘇軾因此相信煉內丹，不相信煉外丹。有位名叫何宗一的道士寄給蘇軾一份煉外丹的藥方，蘇軾回信說：「此不難修制，當即服餌，然此終是外物，惟更加功靜觀也。」

蘇軾《東坡志林》裡還講述了道士陳太初得道飛升的故事，陳太初算是修成正果，長生不老了。蘇軾在天慶觀學習，同學數百名，老師張易簡只稱讚二人——蘇軾和陳太初。但陳太初無意仕途，長大後做了道士。

陳太初不僅道行高深，而且心存善念，大年初一將衣食錢物散於眾人，然後坐化。為了不讓小卒受累，他死後復活，自己走到橋下趺坐去世。蘇軾雖然不相信得道成仙之說，但對這位兒時同窗還是十分讚賞。

文藝之道

道士大約平日比較清閒，有時間、有精力研究文藝。陸惟忠精通詩、棋、醫、卜、術。他第一次拜訪蘇軾在黃州，當時先拿出自己的詩作讓蘇軾批評，然後才開始討論養生，蘇軾稱讚他「詩益工」。

「君子之座，必左琴右書」，蘇軾本人精通琴學，明代張右袞《琴經・大雅嗣音》記：「古人多以琴世其家，最著者眉山三蘇。」他的道士朋友中也有鼓琴高手，就是戴日祥。

據蘇軾〈遊桓山記〉記載「登桓山，入石室，使道士戴日祥鼓雷氏之琴，操〈履霜〉之遺音」，桓山在徐州泗水之濱，傳說為春秋時期宋國司馬桓魋之石室墓。蘇軾讓道士戴日祥鼓琴，戴日祥心存顧慮說於人墓前鼓琴合乎禮制嗎？蘇軾認為合乎禮制，其一古人有先例，其二司馬桓魋是個惡人、愚人，其三墓葬早已化為飛塵，死人哪裡能聽到琴聲。

唐代最著名的斫琴家族姓雷，雷氏之琴成了名琴的代稱。〈履霜〉是古代名曲。尹吉甫的兒子伯奇被繼母攆出家門，沒有吃的、穿的，只好把荷葉圍在身上遮蔽身體，採摘梈花充饑。伯奇早晨踏著霜露，傷心不已，鼓琴而奏，彈起了哀怨的曲子，就是〈履霜操〉。

用名琴，鼓名曲，戴日祥的藝術水準足見高超。

吳復古

吳復古，字子野，號「遠遊先生」，廣東揭陽人，是與蘇軾關係最為親密的道士。

吳復古的父親吳宗統官至翰林院侍講，吳復古也曾躋身官場，但不久就厭倦了，掛冠而去，做了雲遊四方的道士。

蘇軾有位朋友叫李師中。熙寧四年，朝廷調查蘇軾守孝期間販賣私鹽、木材的案件，讓李師中作證，李師中拒絕構陷蘇軾。李師中也是吳復古的朋友，曾與蘇軾談論過吳復古，蘇軾從中了解到不少吳復古的資訊。

熙寧九年年底，蘇軾由密州改知徐州，到齊州探望蘇轍未獲，卻見到了吳復古。二人有共同的興趣——養生，讓他們很快成為朋友。蘇軾記述相識的經過：

與子野先生遊，幾二十年矣。始以李六丈待制師中之言，知其為人。李公人豪也，於世少所屈伏，獨與子野書云：

「白雲在天，引領何及。」而子野一見僕，便諭出世間法，以長生不死為餘事，而以練氣服藥為土苴也。僕雖未能行，然喜誦其言，嘗作〈論養生〉一篇，為子野出也。

這是蘇軾寫給吳復古兒子的信，「白雲在天，引領何及」指李師中預言吳復古能得道升仙。後面表述了吳復古的養生觀念：長生不死、練氣服藥都不是人生的追求。那麼吳復古追求什麼呢？「出世間法」，當然是活得瀟灑自如，超脫生死，不為世事羈絆。「出世間法」是佛教用語，吳復古借此說明他並不在意身分名譽，只在意精神上的解脫。

吳復古先於蘇軾離開齊州，打算回老家揭陽。蘇軾和晁補之送他到齊州邊境，晁補之寫詩贈別：「汶陽我昔見蘇李，人言吳子歸未幾。長嘯春風大澤西，卻望麻田山萬里。」蘇李指蘇軾和李師中，麻田山是吳復古即將隱居的地方，在潮州，離揭陽很近。

吳復古在老家建了一座「遠遊庵」，請求蘇軾為之記，蘇軾作〈遠遊庵銘〉，其銘曰：

悲哉世俗之迫隘也，願從子而遠遊。子歸不來，而吾不往，使罔象乎相求。問道於屈原，借車於相如，忽焉不自知歷九疑而過崇丘。宛兮相逢乎南海之上，踞龜殼而食蛤蜊者必子也。庶幾為我一笑而少留乎？……

銘中流露出濃重的避世思想，想跟著吳復古遊歷四方，這應當是蘇軾不如意時的真實想法。其時恰好文同給蘇軾寄了一卷黃絹，求他書寫近期的詩文作品，蘇軾便把這篇銘文同時抄送給文同。

蘇軾被貶黃州後，不願與親戚朋友相見，卻希望見到吳復古。吳復古正在家裡守孝，不便前來，擔心蘇軾吃不好，派人給蘇軾送來食物，有福建茶、沙魚、赤鯉，均為北方所罕見。

蘇軾回贈了吳復古一件禮物——李明的一幅山水畫，並致歉說實在沒有能拿得出手的禮物，太慚愧了。

元祐年間，朝廷起復蘇軾，吳復古也到了京師。蘇軾春風得意之時，除了朝政，大部分時間都與文士交流詩詞和藝術，道教的出世思想暫時收斂起來，與吳復古交往並不多。

蘇軾被貶惠州，出世思想又氾濫起來，而這時吳復古適時伸出援手，一直安慰、幫助和陪伴蘇軾。

蘇軾南貶，恰好吳復古要到北方去，二人巧逢於真州、揚州。吳復古從思想上開導蘇軾說：

邯鄲之夢，猶足以破妄而歸真。子今目見而身履之，亦可以少悟矣。

盧生在邯鄲旅店住宿，入睡後做了一場夢，享盡一生榮華富貴。夢醒來，小米飯還沒有熟，因有所悟。即「邯鄲之夢」或稱「黃粱夢」，向世人揭示的道理是，所謂的榮華富貴都不可靠，像夢一樣短促而虛幻。吳復古用這個典故讓蘇軾面對現實，不要產生悲戚絕望之心。

蘇軾剛到惠州，吳復古就讓他兒子送來了酒、麵、海產品和荔枝等，還寫信講了一些諸子百家的道理，並告訴蘇軾，自己尚在北方，不過很快會回來看望他。蘇軾稱讚吳復古的兒子「詞氣翛然，又以喜子野之有佳子弟也」。

紹聖三年秋，吳復古與陸惟忠來到惠州，陪伴蘇軾，他們同遊逍遙堂、羅浮道院等地。蘇軾贈送吳復古很多書帖，可考知者有〈遠遊庵銘〉、〈書神守氣詩〉、〈書李承晏墨〉、〈煨芋帖〉等。

吳復古在惠州待了三個多月，除參寥外，他是陪伴蘇軾時間最長的方外之人。他們經常談興盎然，徹夜不困。蘇軾有詩描述其相處的情形：

往歲追歡地，寒窗夢不成。笑談驚半夜，風雨暗長檠。

雞唱山椒曉，鐘鳴霜外聲。只今那復見，彷彿似三生。

其間發生了一些有趣的事，蘇軾〈和陶歲暮作和張常侍〉一詩的引子中將其記錄了下來：

十二月二十五日，酒盡，取米欲釀，米亦竭。時吳遠遊、陸道士皆客於余，因讀淵明〈歲暮和張常侍〉詩，亦以無酒為歎，乃用其韻贈二子。

窮得買不起酒了，就用米釀吧，結果一看，米也沒了。蘇軾尷尬極了，只好寫首詩送給二人，做為補償。

紹聖四年五月，蘇軾追貶海南。這種流放近於被判死刑，想活著回來希望渺茫。很多朋友想去看望，都被蘇軾回絕了，然而吳復古已年過九旬，還是義無反顧地浮槎渡海，到儋州陪伴蘇軾。蘇軾在海南三年，吳復古四次往返瓊州海峽，最後一次帶來宋徽宗登基及赦免蘇軾兄弟的消息，他和秦觀是最早把消息傳給蘇軾的人。

蘇軾北歸時，吳復古陪同，在廣州和英州接壤的地方，九十六歲的吳復古忽患重病，竟微笑而逝。蘇軾作〈祭吳子野文〉：

急人緩己，忘其渴饑。道路為家，惟義是歸。卒老於行，終不自非。送我北還，中道弊衣。有疾不藥，但卻甘肥。問以後事，一笑而麾。飄然脫去，雲散露晞。我獨何為，感歎歔欷。一酹告訣，逝舟東飛。

吳復古對蘇軾似乎只有幫助，沒有所求，正是蘇軾特別感激的地方。蘇軾相信吳復古之逝，像雲一樣散了，像露水一樣蒸發了，像乘著小舟遠遊了。道家看淡生死，蘇軾的這篇祭文把悲傷寓於灑脫之中。

第二十八章

隔世之交陶淵明

儒、釋、道是中國古代哲學的主流，三家之中，只有儒家入世，其餘兩家都試圖跳出世俗之外，遠離教條的禮制，遠離骯髒的權鬥，遠離無休止的貪婪。社會生活中，還有一類人雖然沒有出家，卻盡量不問世事，不為世俗所羈絆，隨心所欲地過著淡泊的生活。這類人通常生活在郊野山林之中，人們稱之為「隱士」。

隱士沒有度牒，沒有道士、和尚的身分，不需要遵守嚴格的戒律，但他們精神上更接近無為而為、無欲則剛的佛道中人，他們都是方外人。

隱逸詩人之宗

中國歷史上最有名的隱士莫過於陶淵明。

陶淵明又名潛，字元亮，號五柳先生，私諡靖節，東晉詩人。陶淵明曾出仕為官，最後一任官職為彭澤縣令，做了八十多天便棄職而去，過上了田園生活。陶淵明傳世作品有詩一百二十五首，文十二篇，代表作有〈飲酒二十首〉、〈歸去來兮辭〉、〈五柳先生傳〉等。

陶淵明生前僅以隱士著稱，不以文學顯達。南朝梁劉勰《文心雕龍》體大慮周，幾乎論及在他之前所有的重要詩人，卻無一字提及陶淵明。鍾嶸《詩品》僅將陶淵明列入中品，不過封了他一個「隱逸詩人之宗」的稱號。直到陶淵明去世一百年後，蕭統單獨編撰《陶淵明集》，盛讚他人格之光輝、詩格之優美、詩德之聖潔，才給予其應有的文學地位和文化尊重。

文學創作上，大詩人鮑照首先關注到陶淵明的詩歌，並與陶淵明穿越時空唱和，作〈學陶彭澤體〉；江淹亦有〈擬陶徵君田居〉，開創了和陶、學陶、擬陶範例。南朝文風繁縟典麗，而陶詩清新質樸，不合時宜，卻給文壇吹進了一絲田園風。

不過，南北朝隔閡，陶淵明走入主流文化人視野，享受一流詩人的待遇，還需要很長一段時間。初唐時，人們論及史上著名作家能夠提及曹植、建安七子、竹林七賢、左思、謝靈運、鮑照、江淹等，卻很少提到陶淵明。直到盛唐，李白十分推崇謝靈運，提及陶淵明時卻寫「齷齪東籬下，淵明不足群」。杜甫也極力貶低陶淵明：「陶潛避俗翁，未必能達道。觀其著詩集，頗亦恨枯槁。」

第一位仰慕陶淵明的大詩人是白居易。他雖然在家庭出身、人生道路、文化思想等方面與陶淵明有雲泥之別，卻自稱「異世陶元亮」。陶淵明是潯陽人，白居易任江州司馬時專門拜訪了陶淵明故居，詩文中提到陶淵明的地方很多，還創作了〈效陶潛體詩十六首〉，在陶淵明接受史上意義重大。

無論初唐、盛唐還是中唐，對陶淵明都有褒有貶，他的詩歌的審美追求和價值追求雖然受到一定程度的肯定和尊重，但唐朝中前期個性張揚、精神奮發，即便隱逸如孟浩然、儲光羲，官場失意如白居易、韓愈、柳宗元，多介於出世與入世之間，很少人能甘於寂寞、不問世事。陶淵明的灑脫和閒趣被人們欣賞，陶詩平淡自然、率真無飾的內核卻很難被效仿。所以唐人對陶淵明欲迎還拒，還沒有從理性上形成更高層次的認知。

到了晚唐，帝國殘陽夕照，與東晉動亂社會有幾分相似，文學界對陶淵明已經很少再有非議。但李商隱、杜牧之輩都活得很累，這一時期主流詩人仿效陶體的更少了。

錢鍾書先生認為，唐人「雖道淵明，而未識其出類拔萃」，「淵明文名，至宋而極」。其中最重要的節點人物，便是蘇軾。

蘇軾對陶淵明評價極高，貶謫嶺南時，曾給蘇轍寫過一封信，較為詳細地闡述了他對陶淵明的看法：

吾於詩人，無所甚好，獨好淵明之詩。淵明作詩不多，然其詩質而實綺，臞而實腴。自曹、劉、鮑、謝、李、杜諸人皆莫及也……然吾於淵明，豈獨好其詩也哉？如其為人，實有感焉。淵明臨終，疏告儼等：「吾少而窮苦，每以家貧，東西遊走。性剛才拙，與物多忤，自量為己必貽俗患，黽勉辭世，使汝等幼而饑寒。」淵明此語，蓋實錄也。吾今真有此病，而不早自知。半生出仕，以犯世患，此所以深服淵明，欲以晚節師範其萬一也。

蘇軾在文中評價了陶淵明的詩和為人，稱頌其詩看起來樸實，其實很華麗，看起來很清瘦，其實很豐滿，曹植、劉楨、鮑照、謝靈運、李白、杜甫這些所謂的大詩人都比不上他。陶淵明的為人，圍繞一個「窮」字，突出了其「性剛才拙，與物多忤」。蘇軾感歎「這毛病我也有啊，只是不自知罷了！」

蘇軾推崇陶淵明在於二人性情、境遇相近。正如蘇轍所言：「嗟夫！淵明不肯為五斗米一束帶見鄉里小人，而子瞻出仕三十餘年，為獄吏所折困，終不能悛，以陷於大難，乃欲以桑榆之末景，自托於淵明，其誰肯信之？」在隱逸這件事上，陶淵明主動而為，蘇軾迫於無奈，但結果有相似之處。黃州之後，蘇軾有意無意模仿陶淵明，不僅在詩歌語言、題材、風格上進行學習，而且在人生態度上趨於認同。

只淵明，是前生

蘇軾在熙寧年間的創作汪洋恣肆、灝氣旋轉，然而「烏臺詩案」讓他的心靈受到極大的摧殘。貶到黃州後，躬耕於東坡，心境發生了變化，過去張揚的儒家思想趨於黯淡，此時更渴望平淡而自由的生活。這種情形下，他需要借助新的力量排遣深重的精神包袱，尋找個體生命的自在律動。而陶淵明詩歌中的平和沖淡、自在率真能夠喚醒他的心靈記憶，為他提供精神依託，他自然而然地想起了陶淵明。

陶淵明曾遊斜川，遠眺南阜，作〈遊斜川〉詩。蘇軾「元豐壬戌之春，余躬耕於東坡，築雪堂居之，南挹四望亭之後丘，西控北山之微泉，慨然而歎，此亦斜川之遊也」。他覺得東坡和雪堂很像陶淵明筆下的斜川，於是寫下一首〈江城子〉：

夢中了了醉中醒。只淵明，是前生。走遍人間，依舊卻躬耕。昨夜東坡春雨足，烏鵲喜，報新晴。
雪堂西畔暗泉鳴。北山傾，小溪橫。南望亭丘，孤秀聳曾城。都是斜川當日境，吾老矣，寄餘齡。

蘇軾把陶淵明認作自己的前生，覺得自己的生活與陶淵明像極了。從整首詞的格調來看，蘇軾對這種田居生活不但認同，而且洋洋自得。

東坡很貧瘠，雪堂很簡陋，被罷免的官員董鉞卻「過而悅之」。董鉞本來要去鄱陽，卻不走了，想和蘇軾卜鄰而居。蘇軾將董鉞引為知音，把陶淵明的〈歸去來兮辭〉譜上曲，「使家童歌之，時相從於東坡，釋耒而和之，扣牛角而為之節，不亦樂乎？」其怡然自樂，不遜陶令風采。

耕作生活中，蘇軾體會到田居的勞苦和快樂，作〈東坡八首〉。這八首詩一改詩人平素豪邁之風，語言樸實平和，如清代紀昀所說：「八章皆出入陶、杜之間，而參以本色。」陶淵明不僅在精神上支撐蘇軾，而且拓展了他的創作風格。

陶淵明好飲酒，有飲酒詩二十首。在〈書淵明飲酒詩後〉，蘇軾找到了與陶淵明的共鳴：

陶詩云：「但恐多謬誤，君當恕醉人。」此未醉時說也，若已醉，何暇憂誤哉！然世人言：「醉時是醒時語。」此最名言。

張安道飲酒，初不言盞數，少時與劉潛、石曼卿飲，但言當飲幾日而已。歐公盛年時，能飲百盞，然常為安道所困。聖俞亦能飲百許盞，然醉後高叉手而語彌溫謹。此亦知其所不足而勉之，非善飲者，善飲者淡然與平時無少異也。若僕者又何其不能飲，飲一盞而醉，醉中味與數君無異，亦所羨爾。

酒是忘憂的歡伯，是失意者的良藥，有了它，可以忘記一切煩惱。被貶黜黃州的蘇軾正需要酒的慰藉。但是，他又不敢飲酒，怕酒後失言，被傳到京城，又惹出禍端。蘇軾便借張方平等人飲酒的情態發表議論：他們都是飲酒中的高手，只有梅堯臣雖能飲百盞，但醉後話多，此「非善飲者」。文章用平淡的閒筆抒發了蘇軾「飲中真味老更濃，醉裡狂言醒可怕」的擔心，乃借陶詩表達自己的無奈和不平。

元豐七年，蘇軾量移汝州，結束了黃州的編管生活。他在〈陶驥子駿佚老堂二首〉中再次提到陶淵明：「淵明吾所師，夫子仍其後。掛冠不待年，亦豈為五斗。」、「能為五字詩，仍戴漉酒巾。人呼小靖節，自號葛天民。」葛天民是陶淵明〈五柳先生傳〉中一個「不戚戚於貧賤，不汲汲於富貴」的人物形象，蘇軾想做那樣的人，希望在無奈的現實裡找到精神上的適意與安樂。

因「烏臺詩案」的人生遭遇，因在黃州的親身耕作，蘇軾從文學和為人上都接受了陶淵明。

我即淵明

終於熬過了黃州的漫漫長夜，蘇軾於元祐中回到朝廷，但旋即又因舊黨分裂，受到圍攻而知杭州、知潁州、知揚州。只要在人生逆境中，他總會產生急流勇退的念頭，總會想起陶淵明。

他羨慕陶淵明來去自由，歎息身不由己。〈書李簡夫詩集後〉中他評價陶淵明：

> 欲仕則仕，不以求之為嫌；欲隱則隱，不以去之為高。饑則叩門而乞食，飽則雞黍以迎客。古今賢之，貴其真也。

他認為陶淵明最可貴的品質是「真」，絲毫不掩飾自己內心的想法，不在意世俗的看法和外在的規則，從而做出完全符合自己性情的選擇。

從隱逸耕作之樂到真我的表達，蘇軾逐漸挖掘出陶淵明及其詩歌最大的文化價值，讓陶淵明的形象更加清晰、豐富和立體。

陶淵明最著名的詩歌莫過於〈飲酒二十首〉，作於晉、宋之交，詩前有序說：「余閒居寡歡，兼比夜已長，偶有名酒，無夕不飲，顧影獨盡。忽焉復醉。既醉之後，輒題數句自娛，紙墨遂多。辭無詮次，聊命故人書之，以為歡笑爾。」說是為了高興才飲酒，實則以酒寄慨，表達對現實的不滿和對田園的喜愛，抒發迷茫、矛盾、晦暗的情緒。

蘇軾在揚州時，繼續遭受洛黨圍攻。賈易彈劾蘇軾作詩欣幸神宗升仙，要求立案勘治。這時的蘇軾和陶淵明一樣陷入矛盾、迷茫和晦暗之中，於是一一唱和〈飲酒二十首〉，作〈和陶飲酒二十首〉。他在序中說：

> 吾飲酒至少，常以把盞為樂。往往頹然坐睡，人見其醉，而吾中了然，蓋莫能名其為醉為醒也。在揚州時，飲酒過午，輒罷。客去，解衣盤礴，終日歡不足而適有餘。因和淵明〈飲酒二十首〉，庶以彷彿其不可名者，示舍弟子由、晁無咎學士。

蘇軾的狀態說不出是醉了還是醒著，心情是歡樂不足而舒適有餘。看起來剛剛好，但妙就妙在醉與醒之間，別人以為醉了，當事人心裡清醒著呢！醉和醒，在古代語境中不僅指飲酒，還代表著處世。蘇軾的醉，是表面上的酒醉；蘇軾的醒，是對現實處境的清醒。唯其清醒，所以痛苦。他在「其十五」中寫道：

> 去鄉三十年，風雨荒舊宅。惟存一束書，寄食無定跡。
> 每用愧淵明，尚取禾三百。頎然六男子，粗可傳清白。
> 於吾豈不多，何事復歎息。

蘇軾把外出做官叫作「寄食」，想起家鄉的舊宅已經荒蕪，田地無人耕種，還不如陶淵明自食其力，自給自足。這種出仕和歸隱的矛盾，從蘇軾出川那一刻起，無時不糾結於心。任鳳翔簽判時就發出「退居吾久念，長恐此心違」的心聲，熙寧間也有「田園處處好，淵明胡不歸」的感歎。但古代社會，讀書人要實現理想和抱負，改善家庭的生活待遇，只有做官這一條道路，真正退居田園需要非凡的勇氣和決心，這正是蘇軾感覺「愧淵明」的地方。

如果說在黃州和揚州，蘇軾雖因無法實現政治抱負而苦悶，尚不能完全熄滅建功立業的雄心，紹聖年間貶居嶺南，早已放下事功之心，更多的是為生活和生存擔憂。他在惠州白鶴峰上蓋房子、建新居，做了定居久住的打算。這時蘇軾的身分雖然仍是官員，卻已經身心疲憊、窮苦潦倒，與陶淵明隱居之時的拮据處境非常相似，陶淵明再次成為其精神慰藉。蘇軾身無長物，「流轉海外，如逃空谷。既無與晤語者，又書籍舉無有，惟陶淵明一集，柳子厚詩文數策，常置左右，目為二友」。

蘇軾〈書淵明東方有一士後〉中寫道：

「東方有一士，被服常不完。三旬九遇食，十年著一冠。辛苦無此比，常有好容顏。我欲觀其人，晨去越河關。青松夾路生，白雲宿簷端。知我故來意，取琴為我彈。上弦驚別鶴，下弦操孤鸞。願留就君住，從今至歲寒。」此東方一士，正淵明也。不知從之遊者誰乎？若了得此一段，我即淵明，淵明即我也。紹聖二年二月十一日，東坡居士飲醉食飽，默坐思無邪齋，兀然如睡，既覺，寫淵明詩一首，示兒子過。

〈東方有一士〉是陶淵明的詩歌，筆下的「東方一士」是位隱居的高人，住在密林深處，白雲之間。詩人去拜訪他，他為詩人彈琴，琴技高妙，能夠讓仙鶴和鳳凰與之律動。蘇軾讀這首詩，悟到詩中的「東方一士」就是陶淵明本人啊！那麼詩中去拜訪東方一士的「我」又是誰呢？還是陶淵明啊！即所謂的「我即淵明，淵明即我」。當然，詩中的「我」也代表了所有嚮往高士生活的人，包括蘇軾。他既是詩中的「我」，又是本真的「我」。「我即淵明，淵明即我」，與在黃州時「只淵明，是前生」遙相呼應，並更進一步。

蘇軾相信自己與陶淵明已融為一體，是生活在不同時代的同一人，即「我即淵明，淵明即我」，二者完全重疊，已經分不出彼此。

這是隔世之交的最高境界了。

既然與陶淵明融為一體，蘇軾便下決心將陶淵明的所有詩歌全部唱和一遍。紹聖二年，「三月四日，遊白水山佛跡岩……歸臥既覺，聞兒子過誦陶淵明〈歸園田居〉詩六首，乃悉次其韻。始余在廣陵，和淵明飲酒詩二十首，今復為此，要當盡和其詩乃已耳」。此後數年，蘇軾完成了這一宏願，一共作和陶詩一百零九首，「至其得意，自謂不甚愧淵明」，寄給蘇轍，囑蘇轍為其寫序，結集成《追和陶淵明詩》。

蘇轍為蘇軾寫的引言中，認為陶淵明比不上蘇軾：「淵明隱居以求志，詠歌以忘老，誠古之達者，而才實拙。若夫子瞻仕至從官，出長八州，事業見於當世，其剛信矣，而豈淵明之才拙者哉？」蘇軾看到弟弟的引言，刪除了這一段，更強調自己不如陶淵明：「淵明不肯為五斗米一束帶見鄉里小兒。而子瞻出仕三十餘年，為獄吏所折困，終不能悛，以陷大難，乃欲以桑榆之末景，自托於淵明，其誰肯信之？」這段話指出自己覺悟太晚，屢受挫折仍不悔過，直到桑榆末景，才悟出陶淵明早已踐行過的道理。

除了和陶詩，蘇軾還有許多讀陶詩的筆記流傳了下來。比如讀〈飲酒其五〉，其中名句「采菊東籬下，悠然見南山」，有版本作「悠然望南山」，蘇軾指出：「因采菊而見山，境與意會，此句最有妙處。近歲俗本皆作望南山，則此一篇神氣都索然矣。古人用意深微，而俗士率然妄以意改，此最可疾！」這句評語流傳下來，影響極大，「望南山」版本遂絕於世。

所有的前世詩人中，對陶淵明，蘇軾熟讀於心，和之以詩，踐之以行，真可謂隔世知音。

師淵明之雅放

在蘇軾的影響下，蘇門弟子幾乎個個都是陶淵明的崇尚者。

元豐三年冬，黃庭堅由大名府移知吉州太和縣，途經陶淵明故里彭澤，瞻仰了陶淵明故居，作〈宿舊彭澤懷陶令〉，感歎陶淵明生不逢時，不為世所用，表達了對陶淵明的景仰。

陶淵明有一首〈責子詩〉，後人讀其詩，認為陶淵明的兒子們不肖，而陶淵明又過於在意兒子能否成才，與隱士超脫之風不符。黃庭堅卻有新見解，跋其詩曰：「觀淵明之詩，想見其人愷悌慈祥，戲謔可觀也。俗人便謂淵明諸子皆不肖，而淵明愁歎見於詩，可謂痴人前不得說夢也。」黃庭堅認為陶淵明戲謔的筆法，表現的是與孩子們沒有隔閡的親情，展示的是天倫之樂。

蘇軾和陶詩結集後，黃庭堅很認同蘇軾與陶淵明乃隔世知音，跋其詩集曰：「子瞻謫嶺南，時宰欲殺之。飽吃惠州飯，細和淵明詩。彭澤千載人，東坡百世士。出處雖不同，風味乃相似。」

蘇軾去世後，黃庭堅像老師一樣，也自比陶淵明：「遠公引得陶潛住，美酒沽來飲無數……與君深入逍遙遊，了無一物當情素。」他對陶詩愛不釋手，「老夫久不觀陶謝詩，覺胸次逼塞」。在那樣一個黨同伐異的年代，如果沒有陶詩作精神慰藉，他怕是要抑鬱了。

蘇軾北歸時，作有一篇〈和歸去來〉，充滿了理性的思考。如其最後一段云：

已矣乎，吾生有命歸有時，我初無行亦無留。駕言隨子聽所之，豈以師南華而廢從安期。謂湯稼之終枯，遂不溉而不耔。師淵明之雅放，和百篇之新詩。賦歸來之清引，我其後身蓋無疑。

蘇軾此時已經超越了生死，超越了個人得失，真正做到「師淵明之雅放」。

蘇軾〈和歸去來〉傳至京師，其門下賓客從而和者數人，其中包括「蘇門四學士」之一的張耒。張耒的和辭最後一段說：「已矣乎，萬物之作各其時，吾獨與時而去留，豈或能力而違之。既往莫或追，來者尚可期。蓋雨暵之在天，豈吾稼之不耔。彼蜀雄之必傳，作猶愧於書詩。」一副聽天由命的姿態。陶淵明的順應自然、無為而為中包含達觀、進取之意，張耒則消沉一些。

有人說在人生態度上，「蘇門四學士」中張耒最接近蘇軾，此言不虛。蘇軾評價張耒「得其易」，平淡沖和、平易自然。張耒雖然評論陶淵明不多，但詩歌風格更接近陶淵明。

「蘇門四學士」中最推崇陶淵明的是晁補之。他晚年隱居齊州，自號「歸來子」，把隱居地稱為「歸來園」，園中所有亭臺草木全在陶淵明〈歸去來兮辭〉中選取詞彙命名。

晁補之的崇陶甚至影響了他的弟子。「蘇門後四學士」之一李格非，其女李清照曾跟隨晁補之學詩，仰慕老師為人，像晁補之一樣，從〈歸去來兮辭〉「審容膝之易安」一句中提取「易安」二字做為自己的號。

因有千年前的陶淵明，蘇軾在最困厄時獲得了精神力量；因有千年後的蘇軾，陶淵明的詩歌為更多文人士子所接受，漸漸攀至文學史的巔峰。

這一切皆源自其相似的人生經歷、相若的文化修養和相近的哲學思考。

參考文獻

《宋詩鑑賞辭典》，上海辭書出版社，一九八七。

《唐宋詞鑑賞辭典》，上海辭書出版社，一九八八。

白化文、張智主編：《中國佛寺志叢刊》，廣陵書社，二〇〇六。

北京大學古文獻研究所編：《全宋詩》，北京大學出版社，一九九八。

陳鼓應注釋：《莊子今注今譯》，中華書局，二〇二〇。

陳鼓應著：《老子今注今譯》，中華書局，二〇二〇。

陳師道撰：《後山居士文集》，上海古籍出版社，一九八四。

程敏政編：《明文衡》，社會科學文獻出版社，二〇一五。

崔銘著：《王安石傳》，天津人民出版社，二〇二一。

戴肇辰撰：《瓊臺紀事錄》，清刻本。

道潛著，孫海燕點校：《參寥子詩集》，上海古籍出版社，二〇一七。

鄧椿撰，李福順校注：《畫繼》，山西教育出版社，二〇一七。

鄧喬彬著：《宋代繪畫研究》，河南大學出版社，二〇〇六。

丁福保輯：《歷代詩話續編》，中華書局，二〇一五。

方健著：《北宋士人交遊錄》，上海書店出版社，二〇一三。

馮友蘭著：《中國哲學簡史》，四川人民出版社，二〇二〇。

蓋非著：《道教內外丹關係研究》，巴蜀書社，二〇一九。

高葉青著：《范祖禹生平與史著研究》，科學出版社，二〇一八。

郭慶藩撰，王孝魚點校：《莊子集釋》，中華書局，二〇一三。

郭瑞祥著：《大宋文官》，現代出版社，二〇二一。

郭味蕖編：《宋元明清書畫家年表》，人民美術出版社，一九八二。

韓國強著：《蘇東坡在儋州》，華夏出版社，二〇〇二。
何士信編：《草堂詩餘》，廣陵書社，二〇二〇。
何文煥輯：《歷代詩話》，中華書局，二〇〇四。
胡仔著：《苕溪漁隱叢話》，人民文學出版社，一九九三。
黃庭堅著，劉尚榮校點校，任淵、史容、史季溫注：《黃庭堅詩集注》，中華書局，二〇一七。
黃庭堅著：《黃庭堅集》，山西古籍出版社，二〇〇七。
蔣一葵撰，呂景琳點校：《堯山堂外紀》，中華書局，二〇一九。
孔凡禮點校：《蘇軾詩集》，中華書局，一九八二。
孔凡禮點校：《蘇軾文集》，中華書局，一九八六。
孔凡禮著：《三蘇年譜》，北京古籍出版社，二〇〇四。
黎靖德編，王星賢點校：《朱子語類》，中華書局，二〇二〇。
李昌憲著：《中國行政區劃通史·宋西夏卷》，復旦大學出版社，二〇一七。
李燾撰，上海師範大學古籍整理研究室、上海師範大學古籍整理研究室點校：《續資治通鑑長編》，中華書局，一九八〇。
李一冰著：《蘇東坡新傳》，四川人民出版社，二〇二〇年。
史月梅著：《李之儀詩詞箋注》，鄭州大學出版社，二〇二〇。
李之儀撰，史月梅箋注：《李之儀文集箋注》，中國水利水電出版社，二〇一九。
李之儀撰：《姑溪居士全集》，中華書局，一九八五。
李廌撰：《四庫全書珍本·濟南集》，臺灣商務印書館，一九七五。
厲鶚撰：《宋詩紀事》，上海古籍出版社，二〇〇八。
梁建國著：《朝堂之外：北宋東京士人交遊》，中國社會科學出版社，二〇一六。
林語堂著：《蘇東坡傳》，湖南文藝出版社，二〇一六。
劉克莊撰，王秀梅點校：《後村詩話》，中華書局，一九八三。
劉琳等點校：《宋會要輯稿》，上海古籍出版社，二〇一四。
劉墨著：《蘇東坡的朋友圈》，人民美術出版社，二〇二一。

劉熙載撰：《藝概》，上海古籍出版社，一九七八。
劉正成主編：《中國書法鑑賞大詞典》，大地出版社，一九八九。
陸心源輯撰，吳伯雄點校：《宋史翼》，浙江古籍出版社，二〇一七。
逯欽立校注：《陶淵明集》，中華書局，一九八二。
馬端臨撰，上海師範大學古籍研究所點校：《文獻通考》，中華書局，二〇一八。
米芾撰：《寶晉英光集》，中華書局，一九八五。
米芾撰：《米芾集》，浙江人民美術出版社，二〇一九。
莫礪鋒著：《漫話東坡》，鳳凰出版社，二〇〇八。
繆鉞、葉嘉瑩撰：《靈谿詞說》，臺灣正中書局，二〇一三。
秦觀撰，徐培均箋注：《淮海集箋注》，上海古籍出版社，一九九四。
饒學剛著：《蘇東坡在黃州》，京華出版社，一九九九。
上海師範大學古籍整理研究所編：《全宋筆記》，大象出版社，二〇一六。
沈邁士著：《王詵》，上海人民美術出版社，一九六一。
舒大剛著：《三蘇後代研究》，巴蜀書社，一九九五。
司馬光編著，胡三省音注：《資治通鑑》，中華書局，二〇一一。
司馬光撰，李文澤、霞紹暉校點：《司馬光集》，四川大學出版社，二〇一〇。
司馬光撰：《傳家集》，吉林出版集團有限公司，二〇〇五。
四川大學中文系唐宋文學研究室編：《蘇軾資料彙編》，中華書局，二〇〇四。
蘇過著，舒大剛等校注：《斜川集校注》，巴蜀書社，一九九六。
蘇軾著，朱孝臧編年，龍榆生校箋：《東坡樂府箋》，上海古籍出版社，二〇一六。
蘇軾著：《東坡書傳》，海豚出版社，二〇一八。
蘇軾撰，薛瑞生箋證：《東坡詞編年箋證》，三秦出版社，一九九八。
蘇軾撰：《東坡易傳》，上海古籍出版社，一九八九。
蘇洵著，曾棗莊、金成禮箋注：《嘉祐集箋注》，上海古籍出版社，二〇一三。

蘇轍著，曾棗莊、馬德富校點：《欒城集》，上海古籍出版社，二〇〇九。
唐圭璋編纂，王仲聞參訂，孔凡禮補輯：《全宋詞》，中華書局，二〇一〇。
唐玲玲著：《東坡樂府研究》，巴蜀書社，一九九三。
陶慕寧著：《青樓文學與中國文化》，東方出版社，一九九三。
陶淵明著，龔斌點校：《陶淵明全集》，上海古籍出版社，二〇一五。
脫脫等撰：《宋史》，中州古籍出版社，一九九八。
王伯敏著：《中國繪畫通史》，生活·讀書·新知三聯書店，二〇〇〇。
王夫之著，舒士彥校：《宋論》，中華書局，二〇一一。
佚名著，王群栗點校：《宣和畫譜》，浙江人民美術出版社，二〇一九。
王士禛撰，勒斯仁點校：《池北偶談》，中華書局，一九九七。
王士禛撰，湛之點校：《香祖筆記》，上海古籍出版社，一九八二。
王水照主編：《王安石全集》，復旦大學出版社，二〇一六。
王曉瑋譯注：《注音全譯老子：附王弼〈老子道德經注〉和蘇轍〈老子解〉》，新華出版社，二〇二二。
王兆鵬著：《唐宋詞史論》，人民文學出版社，二〇〇〇。
魏慶之著，王仲聞點校：《詩人玉屑》，中華書局，二〇〇七。
吳文治主編：《宋詩話全編》，江蘇古籍出版社，一九九八。
佚名著，王群栗點校：《宣和書譜》，浙江人民美術出版社，二〇一九。
楊伯峻譯注：《論語譯注》，中華書局，一九八〇。
葉夢得撰，逯銘昕校注：《石林詩話校注》，人民文學出版社，二〇一一。
余英時著：《宋明理學與政治文化》，吉林出版集團有限責任公司，二〇〇八。
曾棗莊、劉琳等著：《全宋文》，上海辭書出版社，二〇〇六。
曾慥輯，陸三強校點：《樂府雅詞》，遼寧教育出版社，一九九七。
張方平著，鄭涵點校：《張方平集》，中州古籍出版社，一九九二。
張耒撰，李逸安、孫通海、傅信點校：《張耒集》，中華書局，一九九〇。

張宗橚編，楊寶霖補正：《詞林紀事、詞林紀事補正合編》，上海古籍出版社，一九九八。
周義敢、程自信等校注：《秦觀集編年校注》，人民文學出版社，二〇〇一。
周勳初主編：《宋人軼事彙編》，上海古籍出版社，二〇一五。
朱弁撰：《風月堂詩話》，中華書局，一九九一。
朱剛著：《蘇軾蘇轍研究》，復旦大學出版社，二〇一九。
朱熹撰：《四書章句集注》，中華書局，二〇〇三。

參考論文

曹廿：《佛印東坡交往故事流變及其文化意蘊》，《天中學刊》二〇一七年第一期。

陳凱：《略論蘇軾與米芾的交往及對米芾書風不變的影響》，《文物鑑定與鑑賞》二〇一七年第九期。

崔銘：《晁補之初入「蘇門」論析——「蘇門研究」系列之一》，《石油大學學報（社會科學版）》二〇〇一年第五期。

崔銘：《基本人生取向與人格理想：論蘇軾與黃庭堅的內在契合》，《南京大學學報（社會科學版）》二〇〇二年第一期。

戴建國：《「東坡烏臺詩案」諸問題再考析》，《福建師範大學學報（哲學社會科學版）》二〇一九年第三期。

丁建軍、陳羽楓：《蘇軾對王安石變法的理性批判——以〈上神宗皇帝書〉為中心》，《大連大學學報》二〇一五年第四期。

范春芽：《蘇軾與杭州詩僧詩文酬唱及其相互影響》，《南昌大學學報（人文社會科學版）》二〇〇四年第二期。

方蔚：《從「從公已覺十年遲」看蘇軾王安石之恩怨》，《文學教育》二〇一五年第四期。

付嘉豪：《李之儀與蘇軾交遊詳考》，《衡水學院學報》二〇〇九年第五期。

高學德：《蘇軾、王鞏徐州詩歌與交誼述論》，《南華大學學報（社會科學版）》二〇二〇年第五期。

高雲鵬：《蘇軾的陶淵明批評研究》，《江蘇科技大學學報（社會科學版）》二〇一八年第一期。

韓敏：《蘇東坡與姜唐佐》，《海南大學學報（社會科學版）》一九八四年第二期。

韓鑫、金身佳：《蘇軾與道士的交遊》，《江蘇第二師範學院學報》二〇一七年第五期。

蔣凡：《蘇軾的三位妻侍及家世述論》，《天水師範學院學報》二〇二一年第三期。

李景新：《蘇東坡的愛情及其文學表達》，《海南熱帶海洋學院學報》二〇二三年第一期。

李顯根：《蘇軾與秦觀相知相契探因》，《求索》二〇一〇年第十一期。

李旋翠：《從〈方山子傳〉看蘇軾與陳慥》，《烏魯木齊職業大學學報》二〇一八年第四期。

李越深：《蘇軾與杭僧參寥交遊考述》，《浙江大學學報（人文社會科學版）》一九九四年第一期。

梁九明：《文人畫之王詵》，《學理論》二〇一三年第九期。

梁秀坤：《〈赤壁賦〉的擬作及其典型化意義》，《寧波大學學報（人文科學版）》二〇二一年第二期。

劉成國：《王安石與蘇軾關係新論——兼論宋學流變中新學與蜀學之爭》，《東華理工大學學報（社會科學版）》二〇〇一年第二期。

劉宇飛：《蘇轍與王鞏關係探討——以存世書信為例》，《樂山師範學院學報》二〇二〇年第六期。
羅紹文：《米芾為西域人後裔考》，《歷史研究》一九八八年第二期。
馬東瑤：《蘇門六君子眼中的蘇軾》，《四川大學學報（哲學社會科學版）》二〇〇三年第二期。
彭敏：《蘇軾與范鎮交遊述略》，《芒種》二〇一二年第十四期。
彭文良：《蘇軾與李廌交遊考》，《樂山師範學院學報》二〇一五年第二期。
彭瀅燕：《唐宋時期杭州徑山寺的法脈傳承與寺制變革》，《史林》二〇二二年第二期。
祁琛雲：《蘇軾與李廌師友關係論析》，《青島大學師範學院學報》二〇〇九年第三期。
祁深雲：《唐宋變革視野下的進士同年關係與黨爭：立足於蘇軾與章惇關係考述》，《青島大學師範學院學報》二〇一一年第二期。
饒學剛：《締造跨越世界時空意義的東坡文化——蘇東坡與杞縣窮士馬正卿的非凡交往》，《樂山師範學院學報》二〇二一年第六期。
饒學剛：《舉目無親，相待如骨肉——蘇東坡和黃州太守徐君猷的交往》，《黃岡職業技術學院學報》二〇一九年第四期。
饒學剛：《傾蓋如故，抱潔沒身——蘇東坡與黃州太守陳君式的交往》，《黃岡職業技術學院學報》二〇一九年第一期。
宋皓琨：《黃州耕作：蘇軾接受陶淵明歷程中的關鍵因素——在北宋詩學背景下考察》，《中國韻文學刊》二〇一七年第四期。
宋薈彧：《北宋神宗時期徐州文人活動研究——以蘇軾、秦觀、陳師道為中心》，《江蘇廣播電視大學學報》二〇一一年第四期。
田瑞蓮：《蘇軾與陳慥的交誼——兼談蘇軾的崇俠情結》，《太原城市職業技術學院學報》二〇二〇年第十期。
萬新華：《致敬蘇軾——傅抱石東坡笠屐圖讀記》，《收藏家》二〇二〇年第十二期。
王宏武：《從詩文酬唱看蘇軾與黃庭堅的非凡友誼》，《樂山師範學院學報》二〇一三第四期。
王宏武：《蘇軾蘇轍兄弟情結淺析》，《九江學院學報（哲學社會科學版）》二〇一五年第三期。
王連旗：《蘇軾與章惇交往關係初探》，《開封大學學報》二〇一一年第一期。
王團華：《北宋姜唐佐端硯：兼敘蘇東坡與姜唐佐的師生誼》，《南方人物》二〇一一年第四期。
徐曉洪：《千古風流名寰宇，一簑煙雨任平生——三蘇祠館藏〈東坡笠屐圖〉研究》，《黃岡職業技術學院學報》二〇一〇年第五期。
薛穎：《北宋官員蘇軾的經濟狀況探析》，《歷史教學（下半月刊）》二〇一二年第八期。
顏中其：《司馬光與蘇軾》，《東北師大學報（哲學社會科學版）》一九八七年第五期。
楊慶存：《蘇軾與黃庭堅交遊考述》，《齊魯學刊》一九九五年第四期。
楊勝寬：《陳師道與蘇軾交誼考論》，《樂山師範學院學報》二〇〇四年第三期。

楊勝寬：《蘇軾評價司馬光論析》，《樂山師範學院學報》二〇一九年第五期。
楊勝寬：《蘇軾與李常的交往及評價》，《地方文化研究輯刊》二〇二〇年第一期。
楊勝寬：《蘇軾與李公麟交往考評》，《江蘇科技大學學報（社會科學版）》二〇一九年第一期。
楊勝寬：《張方平與蘇軾的契心之交》，《中國文學研究》一九九二年第四期。
喻世華、朱廣宇：《休戚相關，榮辱與共——論蘇軾與王鞏的交誼》，《江蘇科技大學學報（社會科學版）》二〇一三年第二期。
喻世華：《「豈以閭里，忠義則然」——論蘇軾與范鎮家族的四代交誼》，《南京理工大學學報（社會科學版）》二〇一二年第三期。
喻世華：《「早以一日之知，遂託忘年之契」——論蘇軾父子與張方平的交誼》，《西南石油大學學報（社會科學版）》二〇一二年第四期。
喻世華：《堅守與寬容——蘇軾與章惇的交往及身後兩極化評價探析》，《揚州大學學報（人文社會科學版）》二〇一一年第一期。
喻世華：《君子之交，和而不同：論蘇軾與秦觀的交誼》，《南京郵電大學學報（社會科學版）》二〇一二年第三期。
喻世華：《論蘇軾的為師之道——以李廌為例》，《河南科技大學學報（社會科學版）》二〇一二年第二期。
喻世華：《千秋功罪任評說——蘇軾與王安石關係及其評價的審視》，《南京林業大學學報（人文社會科學版）》二〇一〇年第三期。
喻世華：《蘇軾與佛印交遊考》，《江蘇大學學報（社會科學版）》二〇一三年第四期。
喻世華：《蘇軾與沈括的一段公案——沈括「告密」辯》，《湖南城市學院學報》二〇一四年第五期。
曾棗莊：《陳師道師承關係辨》，《文學遺產》一九九三年第三期。
張弛：《閱世走人間，觀身臥雲嶺：論蘇軾傾心向禪》，《社會科學輯刊》一九九二年第二期。
張海沙、趙文斌：《曹溪一滴水：蘇軾在嶺南及其心靈的安頓》，《華南師範大學學報（社會科學版）》二〇〇九年第二期。
張榮國：《王詵生卒年略考及其書法藝術》，《藝苑》二〇一一年第二期。
張宜喆：《「烏臺詩案」的文書運行過程及相關文字屬性考辨》，《復旦學報（社會科學版）》，二〇二一年第二期。
張永芳：《從〈前赤壁賦〉看儒釋道思想對蘇軾的影響》，《文學教育》二〇一九年第四期。
周興祿：《米芾姓氏及民族考辨》，《貴州民族研究》二〇一七年第八期。
朱飛鏑：《蘇軾與章惇之恩怨述略》，《樂山師範學院學報》二〇一三年第三期。
朱剛：《「烏臺詩案」的審與判——從審刑院本〈烏臺詩案〉說起》，《北京大學學報（哲學社會科學版）》二〇一八年第六期。

HISTORY系列132

遇見東坡，是因緣：有趣的靈魂吸引有趣的人

作　　者—郭瑞祥
副總編輯—邱憶伶
封面設計—F E 設計葉馥儀
內頁設計—林樂娟

董 事 長—趙政岷
出 版 者—時報文化出版企業股份有限公司
一〇八〇一九臺北市和平西路三段二四〇號三樓
發行專線—（〇二）二三〇六六八四二
讀者服務專線—〇八〇〇二三一七〇五．（〇二）二三〇四七一〇三
讀者服務傳真—（〇二）二三〇四六八五八
郵撥—一九三四四七二四 時報文化出版公司
信箱—一〇八九九臺北華江橋郵局第九九信箱

時報悅讀網—http://www.readingtimes.com.tw
電子郵件信箱—newstudy@readingtimes.com.tw
法律顧問—理律法律事務所 陳長文律師、李念祖律師
印　　刷—勁達印刷有限公司
初版一刷—二〇二四年七月五日
定　　價—新臺幣五二〇元

時報文化出版公司成立於一九七五年，並於一九九九年股票上櫃公開發行，於二〇〇八年脫離中時集團非屬旺中，以「尊重智慧與創意的文化事業」為信念。

遇見東坡，是因緣：有趣的靈魂吸引有趣的人／郭瑞祥著. --初版. --臺北市：時報文化出版企業股份有限公司，2024.07
400面；14.8×21公分. --（History系列；132）
ISBN 978-626-396-449-5（平裝）
1.CST:（宋）蘇軾　2.CST:傳記
782.8516　　113008449

ISBN 978-626-396-449-5
Printed in Taiwan

也無風雨也無晴

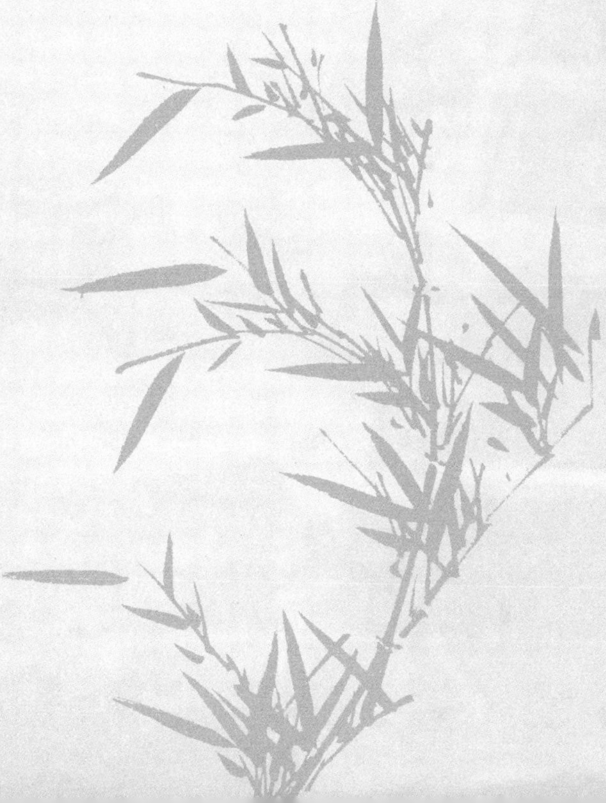